KB027966

HerStory

박영숙을 만나다

김현아 엮음
도서출판 또하나의문화

다른 것을 다르다고 인정하는 것에서 나아가 만나는 것,
열려 있는 공간에 들어가 어우러지는 것,
이것이야말로 여성이 가진 관계성의 고유한 특징이며
우리가 지향하려는 사회를 여성적 관점에서 상상해야 하는 이유다.

박영숙의 집에서는 밥도 성별에 관계없이 나이순으로 퍼 주었다.

관습화된 삶의 방식을 깨트리고 새로운 삶의 양식을 선택한 부모님 덕에 박영숙은

여자라는 이유만으로 받게 되는 차별을 겪지 않고 어린 시절을 보냈다.

◀ 1967년 당시 어머니 윤요순과 일본 자동차 회사에서 대체 에너지를 연구하던 1930년 당시 아버지 박기남. 박영숙이 아홉 살 되던 해, 1941년 스물아홉의 나이로 세상을 떴다. 아버지가 세상을 뜨자 홀몸으로 만주를 오가며 보따리 장사를 시작한 어머니는 낯선 땅에서 벌어지는 신기한 이야기들을 풀어 놓는 주체였다.

육남매 가운데 살아남은 남동생들. 왼쪽부터 정호, 응호, 경호.

▲ 친할머니 림풍숙(아랫줄 가운데)과 작은아버지 박기병(맨 오른쪽)은 박영숙의 든든한 후견인이었다.

차분하게 공부하기에는 어려웠던 시절. 소학교는 입학을 평양에서 했으나

졸업은 만주에서 하고, 다시 평양으로 돌아와 중학교를 다니다가

광주에서 고등학교를 마쳤다. 낯선 환경은 몸과 마음을 긴장하게 했지만

때로 새로운 것에 빨리 적응하는 힘도 길러 주었다.

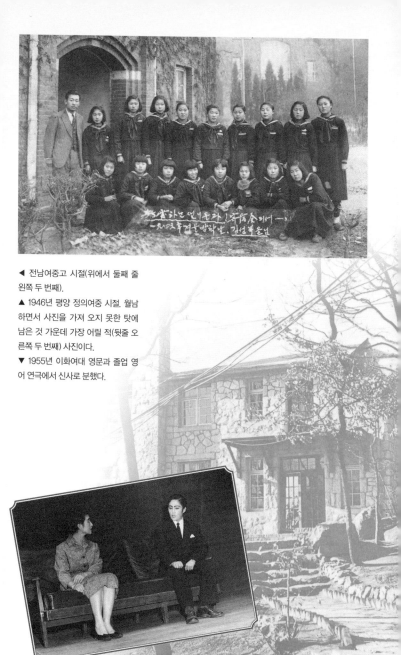

◀ 전남여중고 시절(위에서 둘째 줄 왼쪽 두 번째).

▲ 1946년 평양 정의여중 시절. 월남 하면서 사진을 가져 오지 못한 탓에 남은 것 가운데 가장 어릴 적(뒷줄 오른쪽 두 번째) 사진이다.

▼ 1955년 이화여대 영문과 졸업 영어 연극에서 신사로 분했다.

▲ 대한YWCA연합회 총무 시절 전국
대회 행사장에서.

▶ 크리스마스가 다가오면 직원들과
함께 트리 장식을 손수 만들곤 했다.

▼ 와이틴 캠프에서 식사를 준비하고
있다.

YWCA 시절 박영숙은 시민으로서 기독교인으로서

사회·정치적 책임을 수행하는 법, 대사회적으로 발언하는 방식,

불의와 독재에 타협하지 않고 항거하는 틀을 마련한다.

◀ 왼쪽부터 박영숙, 이태영, 이희호. 평생 여성 운동과 민주화 운동을 함께한 선배요 동지였다.
▼ 여성 교육계의 거목 김활란, 김옥길과 함께(왼쪽 아랫줄 세 번째부터 차례로).

YWCA 시절 호주와 뉴질랜드 출장은 박영숙을 글로벌 인식을 가진 리더로

성장하기 위한 출발점에 서게 했다. 이후로도 이어지는 국제 경험은

박영숙의 시야를 한층 더 넓고 원대하게 만들어 주었고, 다음 세대를 내다보는

미래 지도를 만들어 내는 데도 소중한 자산으로 활용된다.

◀▲ 1967년 YWCA 총무 시절 호주에서 열린 세계YWCA대회에서 회
　　장 우나 포터(왼쪽에서 두 번째)와 함께.
◀▼ 1972년 아시아여성대회 참석차 방문한 인도에서 어린이들과 함께.
▲ 위와 배경 사진은 1963년 덴마크에서 열린 세계YWCA대회.

E 2075

Evangelisches Missionswerk
Nachrichten aus Ostasie

▲ 1967년 명동 YWCA회관 강당에
서 치른 결혼식.
왼쪽은 시어머니 선천댁 정원숙.
▶ 3·1민주구국선언 사건으로 투옥되
었다가 석방된 안병무가 아들 재권과
이야기를 나누고 있는 모습이 독일 개
신교 선교부가 발행하는 동아시아 소
식지에 실렸다.

▲ 1989년 독일 베를린 선교 주간 한국의 날 행사.
▼ 1990년 당시 대학 노래패 '메아리'에서 활동하던 아들이 박영숙 후원의 밤 행사에서 공연을 하는 모습과 구속자가족협의회 가을 나들이.

▲ 구속자가족협의회 회원들은 '공개 재판'을 요구하는 거리 시위를 하고, 재소자 후원금을 마련하기 위해 물고기 목걸이도 만들고 빅토리숄도 만들었다.
▼ 왼쪽부터 빅토리숄을 걸친 이종옥, 이희호, 박영숙.

1976년 3·1민주구국선언으로 민주 인사들이 구속되자

구속자가족협의회가 꾸려졌다. 그녀들이 보여 준 다양한 시위는

일종의 퍼포먼스였다. 세상이 무대였고 모든 사람들이 관객이었다.

그녀들은 온몸으로 노래하고 춤추는 시대의 가인들이었다.

197**6**년 **11**월 **11**일

일기
제목 **꿈**

꿈에
석방되시어
주 기분이
보통때저
쓰시고 코트
인제나 치러
롯고 게
치소에서 나오신 기

▲ 선고 공판을 앞두고 구속자 자녀들이 수감된 아버지가 풀려나기를 기원하는 대자보를 썼다. 배경 사진은 아들 재권이 초등학교 2학년 때 쓴 일기. "꿈에 아버지가 석방되시어 나오셨다. 아주 기분이 좋으신 얼굴로. 보통 때처럼 베레모를 쓰시고 코트를 입으시고 언제나처럼 손에 원고를 들고 계셨다…"

▼ 덕수궁 대한문 앞. 왼쪽부터 이종옥, 공덕귀, 박용길, 김석중, 박영숙, 이희호, 고귀순, 박순리.

내일을위한집

▲ 수원 크리스챤아카데미 여성 중간 집단 교육에 박영숙은 지도자로 참여했다. 중간 집단 교육 프로그램의 간사로 한명숙, 신인령, 장필화, 이정자, 이계경 등이 참여했고, 이미경, 김희선, 이현숙, 이혜경 등은 교육생으로 참가해 이후 한국 여성 운동을 이끌어가는 중추 세력이 된다.

◀ 시인 고은은 수유리 박영숙 집에서 결혼식을 올렸다. 오른쪽에 등을 보이는 이가 주례를 맡은 함석헌 옹이다.

박영숙과 안병무의 집은 완전 개방되어 수많은 사람들이 드나들었다.

수유리 집은 독재에 저항하기 위한 모임이 행해지는 곳이면서

고통을 겪고 있는 사람들에겐 격려와 위로를 주는 공간이었다.

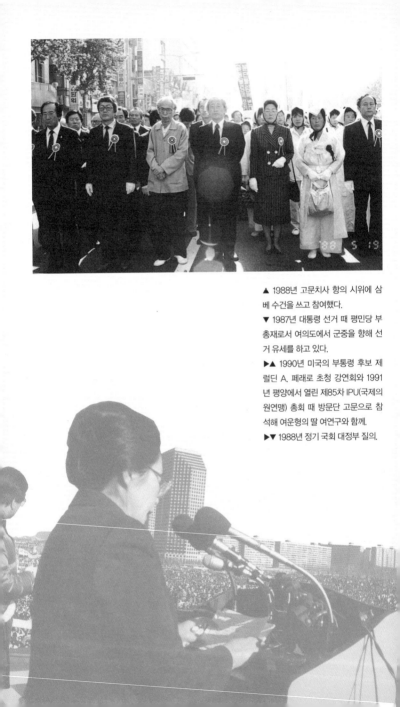

▲ 1988년 고문치사 항의 시위에 삼 베 수건을 쓰고 참여했다.

▼ 1987년 대통령 선거 때 평민당 부 총재로서 여의도에서 군중을 향해 선 거 유세를 하고 있다.

▶▲ 1990년 미국의 부통령 후보 제 럴딘 A. 페래로 초청 강연회와 1991 년 평양에서 열린 제85차 IPU(국제의 원연맹) 총회 때 방문단 고문으로 참 석해 여운형의 딸 여연구와 함께.

▶▼ 1988년 정기 국회 대정부 질의.

박영숙이 실제로 정치 현장에 들어와 보니 정치란 사람들이 살아가는

삶의 조건들을 만들어 나가는 최전선이었다. 그녀는 4년이라는

짧은 공식 정치 활동 기간에 가족법과 남녀고용평등법을 비롯해

생명과 여성 그리고 소수자에 관련 있는 법안 개정에 크게 기여했다.

낯선 환경과 모국어도 아닌 텍스트들이 힘들 법도 하건만

케임브리지에서 보낸 시간은 박영숙에게 더없이 행복한 기억으로 남아 있다.

오랜 세월 현장에서 쌓은 경험과 예순이 넘은 나이에 본격적으로 한 공부는

그녀가 환경 전문가가 되는 데 결정적인 역할을 했다.

▲▲ 영국에 머물며 공부하던 방. 배경 사진은 케임브리지대학
캠퍼스와 박영숙의 친필.

◀▼ 케임브리지대학 지리학 학장 A. R. H. 베커와 함께.
오른쪽은 지도교수 수전 오웰.

▲ 동료 연구자들과 함께 영국의 물 관리 현장 답사를 갔다.

▲ 대통령 영부인 이희호(오른쪽에서 두 번째)가 설립한 사랑의친구들에서 박영숙은 총재로 활동했다. 달동네에 전달할 떡바구니를 포장하는 모습.

▼ 1996년 EM(유익한 미생물균)을 활용한 농사를 짓고 있는 이들을 찾아 다니며 조사 활동 중. 우면동 집 텃밭에 이 농법을 이용해 갖가지 채소를 직접 키우기도 하고, EM에 관한 책 「지구를 살리는 대변혁」을 편역하기도 했다.

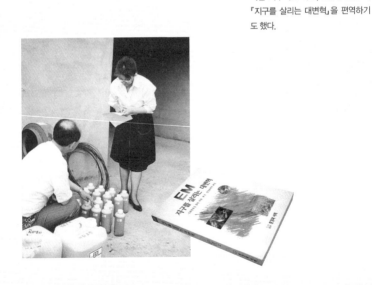

▲ 한국여성재단은 1999년 12월 6일, 딸들에게 밝은 새천년을 열어 준다! 는 기
   치 아래 사회 각계각층 지도자들과 전국 124개 여성 단체들이 모여 설립한
   우리나라 최초의 여성 단체 지원을 위한 민간 여성 공익 재단이다.
▼ 2008년 여성에게 희망을 주기 위한 100인 기부 릴레이 발대식.

"우리들의 꿈이 정당하고 옳다고 해서 그 꿈이 저절로

현실이 되는 것은 아니다. 각자의 영역에서 자신이 할 수 있는

구체적인 실천을 직접 하는 노력이 무엇보다 중요하다.

여성 재단의 탄생 역시 이런 작은 노력에서 시작됐다."

◀▲ 2005년 3월 16일 여성 노숙자를 위한 보금자리 '여성 드롭인 센터 우리들의 좋은 집' 개소식.

◀▼ 2007년 여성 활동가 글로벌 리더십 육성 지원 사업으로 이루어진 정신대대책협의회 회원들의 호주 방문.

▲ 2004년 맑은정치여성기금운동본부 발대식.

▼ 여성 공익 단체 역량 강화 지원 사업인 '짧은 여행, 긴 호흡'에 참여한 안산 지역 내 여성 활동가들로 구성된 연수팀 '왁시화려'.

"지금까지 인류의 이름으로 진행되어 온 역사에 여성은
들어 있지 않았다. 히스토리는 그야말로 '그들'의 역사다.
'환경 운동의 역사'도 마찬가지다. 그러므로 이제부터는
환경 운동의 허스토리가 필요하다."

◀ 여성들이 이끄는 공정 무역 사업인 희망무역은 2006년 명동 YWCA회관에서 패션쇼를 열었다. 패션모델 변정수 등과 행진하는 모습. 희망무역은 (주)페어트레이드코리아로 사업 등록을 하고 2008년 6월 서울 안국동에 첫 매장 '그루'를 열었다.

▲ 2008년 6월 10일. 시청 앞 서울광장에서 열린 촛불 시위(왼쪽에서 두 번째).

▲ 2006년 한국여성재단 송년 파티.
연말이면 박영숙은 일터 식구들을 집
으로 불러들여 파티를 연다.
▼ 박영숙을 기준으로 시계 방향으로
조카딸 정림, 며느리 은정, 아들 재권,
손녀 수완, 정림의 딸들과 사위.

박영숙을 만나다

❧ 차례

박영숙에 대한 다른, 혹은 같은 기억

"70년대에는 거의 날마다 만나고 살았지요. 그 당시엔 우리를 담당하던 형사들이 있었어요. 매일 우리 동향을 파악하고 어딜 가나 따라다녔지요. 그날도 모임이 있어서 박 선생님 집에서 음식을 해 가지고 버스를 탔어요. 자가용이 없던 시절이니 아무리 무거워도 양손에 들고 버스를 타야 했던 시절이었어요. 역시나 형사들이 뒤따라 타는 거예요. 그런데 차가 몹시 만원이라 우릴 놓쳤는지 어쨌는지 우리가 버스에서 내리는데도 이 사람들이 안 따라 내리는 거예요. 그때 박 선생님 담당 형사가 신 형사였는데 박 선생님이 갑자기 뒤를 돌아보더니 '야, 내려.' 하고 큰소리로 불렀어요. 하하하. 그러니까 그 큰 덩치가 부랴부랴 따라 내리는데, 그 옆에서 내가 얼마나 웃었다고. 덩치가 산만 한 형사한테 무서운 표정을 하고 '야, 내려.' 하는데 정말 웃겼다니까요. 하하하. 투쟁 속에 즐거움이 있었어요. 싸우면서도 늘 신나고 즐거운 마음으로 어떻게 투쟁할까 방법을 연구하고 토론했지요."

구속자가족협의회 등 민주화 운동의 대열에 앞장섰던 이종옥

(70대 초, 이해동 목사 부인)은 여전히 에너지가 넘치는 목소리로 1970년대 민주화 운동의 동지 박영숙에 대한 기억을 꺼냈다. 어제 일인 듯 생생한 기억 속에서 박영숙은 용감하고 젊다.

"옳다고 생각하면 밀고 나가는 사람이었죠. 하나를 생각하면 다른 건 전혀 안 보이는 분이셨어요. 집중력이 굉장히 뛰어나 오해를 받을 정도였으니까요. 오해라면 뭐 인사를 했는데 받지도 않더라는 식의 이야기였는데 사실 왜 인사를 안 받았겠어요. 한 가지 문제에 몰입하면 다른 사람이 인사를 하는 걸 못 보고 지나칠 정도로 집중하는 편이라 때로 그런 이상한 오해를 받곤 했죠. 진취적이고 앞으로 나아가는 스타일이었어요. 그래서 한편으론 다른 사람이 일을 못하는 걸 이해하지 못하기도 했던 거 같아요. 나도 야단 많이 맞았어요. 야단맞으면서도 열심히 쫓아다니며 배웠어요. 내 주변에서 쉽게 볼 수 있는 사람이 아니었거든요. 그만한 능력을 가진 사람 옆에서 배운다는 게 귀한 경험이라 생각했어요. 다른 사람이 뭐라 하건 자신의 일을 해 나가는 참 자유로운 사람이기도 했어요."

여성신학자 안상님(70대 중, 『여성신학 이야기』를 썼다)은 조근조근 차분하게 교회 여성 운동 시절과 국회의원 시절의 박영숙에 대한 이야기를 들려주었다. 한 여성이 가진 장점을 인정하고 아끼는 또 다른 여성의 배려가 느껴지는 이야기 속에서 박영숙은 몰입과 집중이 뛰어난, 그러나 조금은 외골수인 활동가다.

"선생님은 나의 로망이죠. 멋있고 영어도 잘하고 일어도 잘하고 게다가 요리도 잘하시잖아요. 그 연세에 청년과 같은 정열과 역사의식, 그리고 전문성을 갖고 있다는 게 불가사의하죠. 젊었을 때보다 훨씬 따뜻해지고 심지어 요즘은 귀여워지기까지 했어요. 얼마나 부지런한지 새벽 3, 4시면 일어나서 공부하시지, 일상도 완전히 친환경적으로 살지. 박 선생님을 볼 때마다 질문해 봐요. 내가 77세에 저렇게 멋있고 유능할 수 있을까, 일에 대한 열정이 있을까, 현역에서 일할 수 있을까, 일할 수 있다면 얼마나 행복할까.

무엇보다 국회의원직을 그만두고 시민운동가로서 역할을 해낸 게 대단한 일이라고 생각해요. 그건 아무나 할 수 있는 일이 아니에요. 선생님은 정말 멋지게 다시 운동가의 삶으로 돌아가셨잖아요. 아쉬운 건 말이죠, 덩치가 달라서 옷을 못 물려 입는다는 거죠. 그 멋진 옷들을 말이야, 하하. 애정을 갖고 존경하는 마음이 들게 하는 선배라고 생각해요. '구구 팔팔'하게 사는 선배로서 모범이 되어 주셨으면 좋겠어요."

국회의원 시절 보좌관을 지내고 한국환경·사회정책연구소 일을 함께한 이상덕(50대 중, 한국폴리텍1대학 학장)은 시원시원하게 때로는 꼼꼼하게 박영숙의 정치 활동 시절을 정리해 주었다. 자랑스러운 상관에 대한 자부심과 지나치게 엄격한 일 처리 방식이 이야기의 근간을 이루었다. 치열했던 시간이 흘러 이제 누군가의 역할 모델 혹은 로망이 되는 박영숙의 얼굴은 조금 편안하고 넉넉하다.

"아마 1994년이었을 거예요, 선생님을 처음 만난 게. 당시 쓰레기 종량제 문제가 사회적 논쟁이 되던 시기였거든요. 한편에선 쓰레기를 줄이기 위해선 종량제를 실시해야 한다는 의견이었고 다른 한편에서는 국가적·지역적 재활용 인프라가 구축되지 않은 상황에서 종량제를 하는 건 안 된다는 입장이었지요. 두 의견이 팽팽히 맞서면서 정부와 시민 단체들이 공청회를 열었는데 저는 그때 그 공청회를 주최한 입장이었어요.

발제와 토론이 끝나고 자유발언 시간에 하얀 머리를 땋아 올린 할머니 — 머리색 때문에 난 그때 박 선생님이 할머니라고 생각했어요 — 한 분이 방청석에서 손을 들더니 영국의 경험을 말하며 단계적 인프라를 구축하지 않고 종량제를 하는 건 리사이클링이 안 될 확률이 높고, 분리 배출을 하더라도 매립이나 소각이 될 가능성이 높기 때문에 위험하다는 말씀을 풀어 가셨는데 굉장히 논리적이고 설득력이 있었어요. 그분이 바로 박영숙 선생님이었어요. 지금 생각해 보면 그때가 영국에서 막 공부를 끝내고 돌아오신 시기였던 거 같아요.

참 대단한 분이었죠. 사실 저명인사들은 자신이 발언하지 않는 자리에는 참석하지 않거나 오더라도 얼굴만 비치고 금방 떠나는 경우가 많거든요. 정당의 부총재까지 지낸 분이 토론회 내내 방청석에 앉아 꼼꼼하게 듣고 계셨던 거지요. 나중에 여성환경연대 일을 하면서 선생님을 다시 만났는데 자신이 관심 있는 영역에는 끝까지 자리를 참석하시는 것이 선생님의 자세였어요. 중간에 나올 것 같으면 아예 처음부터 참석하지 않으셨고요."

여성환경연대 사무국장을 지낸 이미영(40대 초, 페어트레이드 코리아 대표이사)이 기억하는 박영숙은 차별적 리더십을 가진 여성 리더다. 성실하고 깐깐하면서도 후배들에 대한 무한한 애정을 갖고 있는 선배. 아우라가 있고 때때로 몹시 인간적인.

"권위를 내세우는 분이 아니에요. 내가 과거에 이랬는데 하는 게 정말 전혀 없어요. 회의를 할 때 주 발표자에게 의장 자리를 내주는 분이니까요. 대접받으려고 하지 않아요. 사랑의친구들이나 여성재단 행사 때 대통령 영부인이 참석하는 행사들이 있었어요. 그럴 때면 좌석 배치가 무엇보다 중요했어요. 참석자들의 비서들이 전날부터 전화해서 어디에 앉는지 체크하고 보고하고 난리가 아니거든요. 하도 골치가 아프니까 하루는 박 선생님이 오는 순서대로 앉히자고 그러는 거예요. 사실 절대 그럴 수 없는 일이거든요, 그 세계에선. 박 선생님은 특이하게 이런 것에 신경을 안 쓰는 배짱이 있어요.

실무자를 믿으면 의심 없이 맡기죠. 호흡만 잘 맞으면 일하기 좋은 파트너예요. 역할과 책임 선을 명확히 하고는 신경 쓰지 않으세요. 하지만 아기자기하거나 정서적 유대는 어려운 분이에요. 밥을 같이 먹어도 느긋하게 앉아 이런저런 사적인 이야기 나누며 먹는 스타일이 아니거든요. 일 중심으로 평생을 움직이신 분이에요. 일을 중심에 놓고 생활이 세팅되는 분. 우아하고 정경부인 같은 기품이 있지만 성질이 급해서 선생님 질문은 무진장 집중해서 듣고 짤막하게 핵심만 요약해서 대답해야 해요."

사랑의친구들과 한국여성재단에서 함께 일한 이재은(50대 초, 한국여성재단 전 사무처장)은 명징한 목소리로 선생님에 대한 이야기들을 요약했다. 뱃심과 사명감, 사사로운 것들에 대한 의식적인 외면으로 한국 여성 운동과 환경 운동의 길을 걷고 있는 그녀가 보인다.

"연말이면 파티를 몇 번을 하세요. 여성계 모임, 환경 운동계 모임, 게다가 여성재단 모임 등 몇 번에 나누어서 해요. 미래포럼 회원들을 초대하고 재단 실무자들을 위한 모임은 수시로 해요. 일 년 동안 애썼으니 오늘 하루는 진정 당신이 섬기고 싶다며 초대 손님들에게는 그야말로 손끝에 물 한 방울 안 묻히게 하신다니까요. 그날은 정말 제대로 대접을 받고 오는 기분이에요. 미래포럼, 안병무기념사업회, 향린교회, 가족 모임까지 연말연시가 되면 선생님은 그야말로 파티의 여왕이 되죠. 비록 머리는 산발이 되고 땀을 뻘뻘 흘리는 여왕이긴 하지만.

사실 박 선생님 집 모임이 단순한 파티는 아니에요. 이번에는 무슨 논의를 할 것인가가 사전에 준비되고 박 선생님도 손님들이 왔던 보람을 느끼고 가야 한다는 마음으로 모임을 준비하세요. 어떻게 하면 더 많은 여성들이 정치를 할 수 있도록 지원할 수 있겠는가부터 호주제 폐지, 성매매방지법 같은 이야기들이 바로 이 자리에서 논의되죠. 로또 기금 같은 경우도 이 모임에서 먼저 이야기가 나온 경우예요. 로또 기금을 복권 발행 부처끼리만 나누어 가지는 것에 문제 제기를 하고 여성계에서도 가져와야 하는 것 아니냐는 이야기가 박 선생님 집 모임에서 나오면서 본격 진행됐거든요. 박 선생님은 판단이 빠르고 옳다고 생각하면 협의를 거쳐 곧바로 추진하는 스타일이에요. 이때도 모임 하고 나서 바로 공개 토론회 개최하고 공청회와 심포지엄을 했죠. 국회에서는 유승희 의원 주최로 간담회 열고, 당시 고건 총리를 방문하는 등 여성부 장관이 로또 기금을 가져올 수 있는 명분을 만들어 내는 역할을 한 셈이죠. 그렇게 해서 결국 여성가족부도 로또 기금의 혜택을 받게 됐죠."

한국여성재단 사무총장 강경희(40대 후)의 전언이다. 박영숙을 기억할 때면 누구나 말하는 음식에 관한 이야기를 그녀는 아주 소소하고 세밀하게 들려주었다. 음식이 힘이 되고 위로가 되고 위안이 되는 과정을 보여 주는 한 편의 다큐멘터리 속에 박영숙이 땀을 뻘뻘 흘리며 서 있다.

"이모는 등산 갈 때 목표를 정하면 오직 목표를 향해 걷는 사람이에요. 나는 가다가 물도 마시고 경치 좋은 데 있으면 쉬어도 가고 하는데 이모는 목표에 도착하기 전까진 한눈을 안 팔아요. 출장을 가도 회의 장소에 가서 회의만 딱 하고 온다니까요. 이름만 걸어 달라는 요청엔 절대로 안 응해요. 회의 늦는 거 싫어하고 이왕 갔으면 끝까지 앉아 있어요. 바쁘다고 얼굴만 보이는 사람 싫어해요. 교회도 시간 전에 꼭 와서 앉아 있고, 홀몸노인 음식 봉사 활동도 한 번도 안 빠지고 다 해요. 얼마나 열심히 하는지 몰라요. 한 달에 한 번, 12시까지 음식을 해서 아현1동, 공덕1동 돌리는데 그거 끝까지 다 해요. 성실하고 노력파예요. 내 딸이 고3 때 할머니는 나보다 더 열심히 공부한다고 했을 정도니까요. 새벽에 일어나서 공부하고 책도 읽고 글쓰기도 하죠. 밤에는 일을 못하니까 뜨개질을 해요. 목도리와 모자도 뜨고 양말도 뜨고. 손님을 초대하려면 날밤을 한 말씩 사다 까요. 살 많이 깎아 내면 아깝다고 어찌나 얇게 까든지. 손에 마비가 와서 이제 그만 하라고 그랬어요.

아침에 글 쓰고 낮에는 일하고 밤에는 청소하고 밤 까고.

마음이 약해서 잘 울기도 해요. 「풀하우스」, 「황금신부」, 「가을동화」 같이 젊고 예쁜 아이들이 나오는 연속극도 좋아하는데 슬픈 장면이 나오면 눈이 빨개져서 울어요. 우리 딸이랑 같이 송승헌도 좋아해요. 연속극 볼 때는 청와대에서 전화가 와도 '나 없다고 해라.' 할 정도예요. 어떻게 그래. 바꿔 주면 전화를 받아서는 이희호 선생님한테 그래요. '아니, 선생님은 연속극도 안 보세요?'

난 이모가 지금처럼 살면 좋겠어요. 자기 분야가 있고 일을 하고 몸도 마음도 건강하고, 지금처럼만 살았으면 좋겠어요. 일산은 너무 머니까 시내로 집을 좀 옮기고 언제든지 누구라도 무엇인가 할 수 있는 마당을 열어 놓는 할머니가 되면 더 좋겠어요. 이제 음식도 카레라이스나 콩나물밥처럼 간단한 걸로 메뉴를 바꾸고."

사적인 공간에서 50년 넘는 세월을 함께한 조카딸 김정림(50대 후)의 기억이다. 가장 내밀한 공간에서 사사로운 표정의 박영숙이 뜨개질을 하고 밤을 까고 글을 쓴다. 이제 곧 누군가는 그녀의 만찬에 초대받을 것이며, 누군가는 그녀가 떠 준 목도리를 두르고 겨울을 날 것이고, 누군가는 아주 오래된, 그러나 익숙하지 않은 또 하나의 이야기를 듣게 될 것이다.

1. 공적인 삶을 꿈꾸다

(1932~1954)

1932년 평양

까아맣게 내려다보이는 물 위에는 결결이 반짝이는 물결을 푸른 요릿배들이 타고 넘으며, 거기서는 봄 향기에 취한 형형색색의 선율이 우단보다도 보드라운 봄 공기를 흔들면서 내려온다… 대동강에 흐르는 시커먼 봄물, 청류벽에 돋아나는 푸르른 풀어음… 모란봉 일대와, 대동강을 넘어 보이는 가나안 옥토를 연상시키는 장림에는 마음껏 봄의 정다움이 이르렀다.

김동인의 대표작 「배따라기」 서두에 묘사된 고도 평양의 모습은 더할 나위 없이 낭만적이다. 대제국 고구려의 도읍지였던 풍모와 함께 대동강 기슭 모란봉과 을밀대의 정경 또한 일색이라 평양은 수많은 작가들에게 예술적 영감을 불러일으키는 공간이었다. 김동인이 '언제든 유토피아를 생각하지 않을 수 없는' 도시라 칭했던 삼천 년의 고도는 또한 화가 이중섭, 시인 김현승, 소설가 전영택, 주요섭, 기업가 유일한, 독립 운동가 조만식 등 쟁쟁한 인물들의 고향으로도 기억된다. 고당 조만식의 경우 박영숙이 지금도 생생하게 기억하고 있는 것이 있다. 평양의 고려호텔 집 딸이 같은 반 친구인 인연으로 박영숙은 소련 군정에 의해 그 호텔에 연금되어 있는 고당을 호텔 옥상에서 본 적이 있다. 그는 두툼한 솜저고리를 입고 먼 하늘을 바라보고 있었다. 꽁조밥 속에 흰쌀밥을 숨겨 대접하고 있다고 한 친구의 말을 박영숙은 지금도 기억한다.

예술적 풍모와 역사적 기상이 충만한 지형은 시대의 가인들을 품어 키워 내는 자궁이기도 한 걸까, 박영숙 또한 쟁쟁한 인물들의 탯줄이 묻힌 이곳 평양에서 1932년 5월 28일 태어난다. 새벽 두 시, 일명 호랑이 시간. 대동강가의 수양버들은 한껏 푸르고 봄물은 기세 좋게 흐르던 날이었다.

계절은 청명하기 이를 데 없었으나 박영숙이 태어날 당시 조선의 상황은 민족사의 수난기 그 정점에 서 있었다. 부자유와 억압 속에 식민지 백성의 삶을 살거나 험난한 독립운동의 길을 걷거나 조선인들의 삶은 피폐하거나 곤궁하기 이를 데 없었다. 조선의 여러 지역 가운데 평양은 유독 일본인들이 좋아한 곳으로, 한일합병 이전에 이미 일본의 한 출판사가 『평양여행법』이라는 책을 낼 정도였다. 그러다 보니 1910년 조선을 강제 점령한 일본은 평양을 조선 서북 경영의 거점으로 삼아 자신들의 목적에 맞게 근대 도시로 기획하고 건설한 후 요지의 땅 대부분을 차지해 살고 있었다.

사실 일본은 1910년 이전부터 평양에 대한 과도한 집착을 보여 왔다. 일본에게 평양은 서북 조선 시장 진출을 위한 교두보일 뿐만 아니라 1894년 청일전쟁에서 대승을 거둔 지역이기도 했다. 평양은 청군과 일본군의 격렬한 전쟁터가 되었고, 이 전쟁에서 승리한 일본은 본색을 드러내며 이 매혹적인 공간으로 진출하기 시작했다. 이들은 평양의 상권을 잠식해 들어오는 동시에 평양을 개방할 것을 조선 정부에 강력하게 요구했다. 조선 정부가 차일피일 결정을 미루자 1899년 일본 공사 하야시는 반대를 무릅쓰고 멋대로 시장 개방을 선언해 버렸다. 당시 부산, 인천 등 다른 개항장들이 조선 정부의 허락 아래 열린 데 비해 평양은 일본이 일방적으로 문호를 열어 버린 유일한 도시였다. 그만큼 평양에 대한 일본인들의 욕망은 강렬했다. 강을 따라가는 뱃길과 교통의 요충지라는 지정학적 특징과 함께 평양 일대가 광산/금속의 보고인 점도 한몫을 했다.

역사, 문화, 상업의 중심지인 이곳을 점령한 일본인들은 조선의 다른 개항장에서와 마찬가지로 평양에 근대를 이식했다. 그들은 도시 중앙에 백화점, 우체국, 병원을 세워 근대적 시가지를 꾸미고 철도역을 짓고 전찻길을 만들었다. 그리고 야마토마치(大和町), 혼마치(本町), 고도후키마치(壽町: 박영숙이 태어난 곳) 등 일본식 명칭으로 거리의 이름을 부르면서 이 오래된 도시를 점령했다.

박영숙이 태어난 1932년에 평양은 근대 도시의 면모를 완전히 갖추고 있었다. 그러나 민심은 흉흉하기 그지없었다. 박영숙이 태어난 해는 만주사변 이듬해로 시절은 하 수상했고 갖가지 풍문이 끊이질 않았다. 만주에서 중국인들이 조선 사람들을 때려 죽였다는 확인되지 않은 소문이 바람을 타고 들려오면서 조선 사람들이 중국 사람들에게 린치를 가하는 사태가 일어났다. 1931년 벌어진 완바오(萬寶) 산 사건으로, 만주로 이주한 조선 농민들이 만주인들의 밭을 논으로 개간하고자 물길을 내는 과정에서 이를 막으려는 현지인들과 충돌하자 조선 내에서도 중국인들을 집단으로 습격한 것이다.

시절은 술렁대며 어수선했지만 박영숙의 유년은 다복했다. 대동강변을 끼고 있던 집에서 한 골목 건너로 평양의 최고 번화가가 자리 잡고 있었다. 호화롭기 그지없는 백화점과 며칠에 한 번씩 간판이 바뀌던 '금천대좌'라는 영화관, 달큰한 냄새가 늘 흘러나오던 유명한 중국집, 사람들로 북적이던 호떡집, 그 사이로 땡땡 종을 울리며 전차가 지나다녔다. 길게 기적을 울리며 질주하는 기차, 많은 아이들을 한꺼번에 모아 놓고 가르치는 학교, 하얀 알약과 주사라는 낯선 의료 형태와 병원이라는 신공간… 박영숙은 이런 근대의 세례를 듬뿍 받으며 자라난다.

토스터와 재봉틀

아버지 박기남은 평양에서 60여 리 떨어진 중화면 출신으로 어려서는 서당 공부를 한 사람이다. 어머니 윤요순도 중화면 사람으로 마을 서당 훈장의 딸이었다. 박기남 아버지와 윤요순 아버지의 언약으로 박기남이 열여덟, 윤요순이 스무 살 되던 해 둘은 혼인을 하고, 박기남이 평양에 있는 일본 자동차 회사(도요타로 추정)에 취직을 하면서 평양에서 살게 된다.

일본 자동차 회사에서 대체 에너지를 연구하던 시절 박기남은 누구보다 먼저 근대의 문물을 받아들인 인물이었던 듯하다. 그는 당시 조선 남자들과는 다른 형식의 삶을 기꺼이 즐길 줄 아는 사람이었다. 갓 구워 낸 빵에 버터를 발라 녹인 뒤 그 위에 빨간 딸기잼을 덧발라 자식들에게 주곤 했다. 지금도 입 안을 감도는 듯 박영숙의 기억에 강렬하게 각인되어 있는 이 맛과 색은 아버지의 향기로 고스란히 남아 있다. 조선에 재봉기(재봉틀)가 처음 등장하자 곧바로 사 온 이도 아버지였다. 그 전까지 조선의 모든 가정에서는 손바느질로 옷을 지어 입었고 바느질은 여자의 일이었지만, 재봉기가 보급되자 누구보다 먼저 이 근대적인 기계를 사들인 박기남은 직접 재단하고 박음질을 해 아내와 아이들에게 옷을 해 입혔다. 게다가 코바늘과 대바늘 뜨개질까지 배워 아이들의 옷을 손수 떠서 입힐 정도였다. 가족이 외출을 하는 날이면 아이들에게 자신이 만든 하얀 블라우스와 바이어스로 마무리를 한 서양식 원피스나 레이스를 덧댄 치마를 입히고 리본을 정성스레 묶어 주었다. 그렇지만 어린 박영숙은 그런 옷들을 입는 것이 쑥스럽고 어색했다. 동무들은 모두 수수한 옷차림인데 혼자 하얀 프릴이 달린 서양식 원피스를 입는 일은 때로 대여섯 살짜리 꼬마들에겐 고역이기도 하다. 아버지는 가끔 독특한 옷을 사 오기도 했는데, 언젠가는 어깨심을 넣은 '유난스러운' 옷을 사다 주었다. 이 옷을 입고 나갈 때면 박영숙은 '어찌나 부끄럽던지' 볼록한 어깨를 계속 누르며 신경을 써야 했다. 다른 아이들이 잠방이를 입고 수영을 할 때 박영숙 남매들이 수영복을 입고 수영을 즐길 수 있던 것도 아버지의 취향에서 비롯되었다.

또 자신은 기독교 신자가 아니었지만 박기남은 아이들을 주일학교에 보냈다. 19세기 중엽 조선에 개신교가 유입되었을 때 누구보다 앞장서서 받아들인 이들이 바로 평양을 비롯한 서북 지역 사람들이었다. 이는 초기 기독교가 조선의 봉건제에 맞서 합리성과 개방성을 갖고 있었고 이 점이 서북인 특유의 진취성, 결집력과 잘 조응했기 때문으로 보인다. 서북인들은 조선 시대 내내 벼슬길을 봉쇄당한 채 핍박받았는데 이러한 차별 정책으로 생겨난 반골 기질이 기독교의 평등 박애 정신과 맞닿아 자연스럽게 수용되었던 듯하다. 평양은 한때 기독교도가 인구의 3분의 1을 차지할 정도로 많았던 까닭에 '동방의 예루살렘'이라는 별칭이 붙었을 정도다. 박영숙의 아버지 역시 당시 기독교의 근대적인 정신을 좋아한 사람으로 아이들이 아플 때도 기독 병원을 먼저 찾았다.

그는 권위와 군림과는 거리가 먼 아버지였다. 자식들이 무언가 잘못을 했을 때도 바로 꾸중을 하지 않고 회초리를 만들어 오라고 시켰다. 아이들은 겁에 질려 회초리로 쓸 나무를 찾으면서 이미 충분히 뉘우친다는 것이 그의 생각이었다. 막상 회초리를 만들어 와서 꿇어앉으면, 한 번 더 이런 잘못을 하면 그냥 넘어가지 않겠다는 약속을 하는 걸로 끝냈다. 아이들에게 직접 체벌을 가하는 것이 아니라 자신의 잘못을 들여다볼 시간을 준 셈이었다. 박영숙은 아버지에게 상소리를 듣거나 맞은 기억이 단 한 번도 없고, 아버지와 어머니가 싸우는 모습을 본 적도 없다.

한번은 아버지가 자식들을 다 불러 모아 놓고 금연을 다짐하며 못 지킬 경우 아이들에게 이러이런 걸 해 주겠다는 약속을 했다. 혼자의 의지만으로 어려운 금연을 아이들과의 약속으로 실행하려고 한 걸 보면, 그는 아이를 그저 '미완의 사람'으로 보지 않고 동등한 인격체로 대했던 인물임에 분명하다.

박영숙의 집에서는 밥도 나이순으로 퍼 주었다. 아버지 밥을 맨 먼저 푸고 그 다음에 나이야 어떻든 아들 밥을 푸는 것이 당시 관례였는데 박영숙의 집에서는 아버지 다음으로 박영숙의 언니, 박영숙, 남동생들 순으로 퍼서 주었다. 다만 어머니는 맨 마지막에 자신의 밥을 펐다. 아버지가 양과자를 사 와도 어머니는 아들이라고 더 주는 법 없이 식구 수대로 여덟 명 분을 똑같이 나눠서 똑같이 먹었다.

관습화된 삶의 방식을 깨트리고 새로운 삶의 양식을 선택한 부모님 덕에 박영숙은 여자라는 이유만으로 받게 되는 차별을 겪지 않고 어린 시절을 보냈다. 사실 부모의 가치관은 아동의 경험으로 체화되어 마침내 그 사람의 삶을 규정하게 되는 경우가 많다. 딸들을 남자와 평등하게 대우했다는 것은 부모의 젠더 감수성을 보여 주는 단적인 예로, 이후 박영숙이 여성 리더로 성장하는 한 뿌리가 된다.

훤칠한 키에 미남형 얼굴, 근대의 젠틀맨이었던 아버지는 박영숙이 소학교(초등학교)에 들어간 즈음부터 시름시름 앓기 시작해 얼마 못 가 자리 보존을 하게 된다. 가솔린의 대체 에너지 연구를 하는 도중 불규칙한 식사와 과로가 병의 원인이 되었던 듯하다. 아버지의 병을 고치기 위해 어머니는 백방으로 뛰어다녔다. 신식 병원에서 민간요법까지 온갖 병구완을 했지만, 아버지는 결국 일어나지 못하고 박영숙이 아홉 살 되던 해인 1941년에 세상을 뜬다.

보따리 무역상

세브란스 병원에서 숨을 거둔 아버지를 화장해 평양으로 모시고
온 이는 어머니 윤요순이다. 지금이야 서울에서 평양까지 두 시간
이면 족하지만 1930년대에 서울과 평양을 오가는 일은 만만한 일
이 아니었다. 게다가 시신을 운반하기에는 가히 멀고도 먼 길이었
으리라.

　당시 서울에서 출발한 열차는 만주가 종착역이었고 평양엔 한
밤중에 섰다. 서른한 살, 홀몸이 된 어머니는 별빛이 총총한 한밤
중 평양역에 내려 대동강 다리를 걸어서 건넜다. 기둥 같던 남편
을 잃고 남은 것은 열한 살부터 젖먹이까지 두 살 터울의 6남매.
매운바람이 뺨을 때렸지만 추운 줄도 몰랐다. 남은 생은 길 것이
며 세상은 이제부터 이 칼바람보다 더 독할 것이다. 어린 6남매가
옹송그리며 기다리는 집으로 돌아오는, 젊디젊은 어머니에게 슬
픔은 차라리 사치였을 것이다.

　장례를 치르고 난 후 6남매의 생계를 책임지는 일이 시작되었
다. 주변에서는 남편의 그늘 아래 살던 여자가 어떻게 6남매를 키

울까 걱정이 많았다. 어느 날 아버지가 다니던 회사의 중역이 박영숙의 집을 찾아왔다. 평소에 고인을 잘 알고 회사로서는 기대도 크게 했었다는 말로 서두를 꺼낸 그는 입양을 하고 싶다는 의사를 밝혀 왔다. 자식이 없던 그는 딸 가운데 하나, 아들 가운데 하나를 입양해서 키우고 싶다고 윤요순을 찾아온 것이다. 잠시 고민을 한 그녀는 아이들과 의논해서 결정하겠다고 답하고, 병아리 같은 여섯 아이를 모아 놓고 이 문제를 의논했다.

아마도 그녀는 잠시 아이들의 미래를 생각했을 것이다. 병구완을 하느라 탕진한, 그래서 앞으로의 생이 어떻게 전개될지 무엇 하나 짐작할 수 없는 여기에서보다 안정적이고 풍요로운 곳에서 어쩌면 이 아이들이 더 행복할 수 있지 않을까. 마음이야 어느 아이 하나 내주고 싶지 않지만 혹시 지금 나의 선택이 이 아이들의 미래를 오히려 불행하게 하는 건 아닐까 잠시 혼란스러웠을 것이다. 큰아이는 그래도 분별을 할 줄 아는 나이니 여러 갈래로 난 생의 길을 보여 주는 것이 몸도 마음도 가난해진 어머니로서의 의무라고 생각했는지 모른다.

박영숙 남매는 옹기종기 모여 어머니의 이야기를 들었다. 그리고 결정을 내렸다. 어떠한 일이 있어도 모두 함께 살기로. 아마 이 젊은 엄마는 몹시 행복하고 몹시 두려운 경험을 찰나에 동시적으로 했을 것이다. 이날 형제 중 누군가는 울었지만 아홉 살 박영숙은 눈물을 흘리지 않았다. 내 삶은 내가 책임져야 한다는 굳은 의지 같은 것이 배꼽 밑에서 꿈틀거렸다. 그리고 그날부터 박영숙은 늘 가족의 생계를 책임져야 한다는 책임감을 어깨에 얹고 산다.

무능력해 보이던 윤요순은 그러나 곧 평양 여자의 기질을 슬슬 발휘하기 시작한다. 그녀가 아이들을 먹여 살리기 위해 시작한 일은 장사였다. 당시 개가한 시어머니 림풍숙, 즉 박영숙의 친할머니가 만주에 살고 있었다. 일찍 사별을 하고 아들 둘을 키운 림풍숙은 박영숙의 아버지가 결혼을 한 후 재혼했다. 하얀 피부에 맵시 있고 눈에 띄는 미인이던 그녀의 상대는 당시 평양에서 꽤 자산가였던 윤해봉이었다. 그들은 결혼 후 만주로 가 자리를 잡았다. 1940년대 만주는 일본의 전시 경제 체제 아래 외형적으로는 놀라운 경제 성장을 보이고 있었다. 그곳에서 윤해봉은 양조장을 경영하면서 당시 만주에서 유일한 누룩 공장을 차려 거부로 자리 잡는다.

처음 얼마 동안 윤요순은 만주를 드나들며 장사를 했다. 만주에서 물건을 사 와 평양에 팔고 또 평양에서 물건을 가지고 만주로 가는 이른바 보따리 무역상이었다. 그녀가 집을 비우는 사이에는 박영숙의 외할머니가 살림을 했다.

1941년 일본이 진주만을 기습 공격하자 미국이 전쟁에 개입하는 등 세계는 2차 대전의 소용돌이에 휘말리고 있었다. 모든 물자는 귀했고 식량도 배급제였다. 외할머니는 배급받은 통밀을 맷돌에 갈아서 떡도 해 주고 수제비도 해 주었다. 매일 똑같은 밀가루로 배를 채워야 했는데, 어머니가 만주에서 돌아오는 날이나 만주로 떠나기 전날엔 고기를 사다 고추장찌개를 해 먹었다. 그럴 때면 6남매는 오랜만에 맛보는 고기 건더기를 서로 먹겠다고 젓가락 싸움을 하기가 일쑤였다.

젊은 여자 혼자 몸으로 만주를 오가며 장사를 하는 게 쉽지 않앉을 테지만 윤요순은 씩씩하게 그 길을 오갔다. 어머니가 만주에서 돌아오면 집은 잔치 분위기였다. 형형색색의 사탕, 털이 달린 부츠, 알록달록한 과자들… 당시 조선에 없던 신기한 물건들이 속속 도착했다. 어머니가 없는 동안은 할머니 밑에서 자라는 초라한 아이들이었지만 어머니가 나타나면 꿈같은 세상이 펼쳐졌다. 먼 곳에서 온 낯선 물건들은 이국의 바람과 향기까지 같이 몰고 와 어린 마음을 설레게 했다. 이곳이 아닌 저곳에 새로운 세계가 펼쳐지고 있음을 박영숙은 어린 나이에 몸으로 경험하며 살았던 셈이다. 선물을 사 올 적에도 어머니는 딸자식과 아들자식을 차별하지 않았고 똑같이 나누어 주었다.

박영숙은 여성들이 가사를 전담하고 자녀를 양육하면서 가정을 평화롭고 정돈된 곳으로 가꾸는 여느 집안과는 사뭇 다른 경험을 하게 된다. 바깥일을 하는 어머니는 때로 낯선 땅에서 벌어지는 신기한 이야기들을 풀어놓는 주체였다. 물론 윤요순 역시 남편이 살아 있을 때는 놋그릇 사는 걸 좋아하고 아기자기 집안 꾸미기를 좋아했던 사람이었다. 그러나 아버지가 돌아가시고 난 뒤 그녀는 올망졸망 살림을 가꾸는 욕망을 포기한다. 대신 그녀에게 주어진 지상 과제는 아이들을 잘 먹이고 훌륭하게 교육하는 것이었다. 적어도 박영숙의 집에서는 성 역할의 경계가 모호해졌다. 마치 지문처럼 선명하게 찍혀 있던 남자 일, 여자 일이란 구분이 박영숙의 집안에선 흔들려 버린 것이다. 어머니는 늘 보따리를 쌀 준비를 하는 삶을 살았다. 해방, 전쟁으로 이어지는 이후 한국의 상황이 그녀의 삶을 더욱 그렇게 만들었다.

모든 경계에는 꽃이 핀다

매번 만주를 왕복하는 어머니에게 윤해봉과 림풍숙은 만주에 와서 정착을 하는 게 어떠냐고 제안해 왔다. 잠시 숙고한 후 어머니는 여섯 남매를 데리고 만주로 이주했다. 만주 시절 박영숙은 당시 유일한 조선 학교이자 윤해봉이 이사장으로 있던 길림의 동영학교에 다녔다. 윤해봉은 똑똑하고 야무진 박영숙을 귀여워했고, 그의 일가친척들도 박영숙 남매를 한 식구로 대했다. 만주에서의 대가족 경험은 박영숙에게 가족의 개념을 확장시켰다. 반드시 피를 나누어야 가족 관계가 이루어지는 것이 아니라 기쁨과 슬픔을 나누고 끈끈한 수고를 아끼지 않는 관계라면 가족과 다름없음을 체험하게 된 것이다.

만주에 정착한 어머니는 집안 살림을 관장했다. 어마어마한 살림 규모 때문에 잠시도 쉴 틈이 없었고, 특히 명절이 되면 일하는 사람들뿐 아니라 가족들도 몸이 두 개라도 모자랄 지경이었다. 박영숙도 몇날 며칠 '앙꼬모찌'를 만들었던 기억이 있다. 설날이 되면 친인척과 지인들에게 앙꼬모찌를 선물로 돌렸다. 백 개씩 한

자루에 담은 앙꼬모찌를 수백 개를 만들어야 했으니 그 일만으로도 가내 수공업 규모였다. 전시 중에도, 아니 전시였기에 양조장은 더욱 번창했고 누룩 공장은 수요를 감당하지 못할 정도였다.

인맥은 자꾸 확장되고 일하는 사람들은 늘어나고 집은 늘 방문자들로 붐볐다. 살림집과 비즈니스 공간의 경계를 넘나들면서 방마다 이야기가 넘쳐나고 새로운 기획과 사업적 공모가 이루어졌다. 그러다 보니 살림 관리자는 체계적인 시스템으로 이들을 먹이고 입히고 재워야 했다. 그중 하나가 저장 음식 마련이었다. 추운 만주에서 겨울을 나기 위해서는 여러 가지 저장 음식이 필요했는데 꿩고기가 그중 하나였다. 그 양이 실로 엄청나서, 몇 십 마리가 아니라 트럭으로 몇 대 분량을 사 왔다. 일하는 사람들이 다 모여 몇 날 며칠 털을 뽑고 뼈를 다지고 해서 마치 김장하듯 여러 개의 독에 저장을 했다. 밥상 규모도 엄청난 데다가 윤해봉 아버지인 노할아버지를 비롯해 남자들은 각각 다른 상을 받았다. 어머니는 제각각 다른 입맛에 맞춰 상을 차려 냈다. 부엌에는 큰 냄비뿐 아니라 조그만 냄비가 즐비했다. 밀려드는 손님들을 감당하느라 부엌은 다지고 썰고 굽고 간을 맞추느라 잠시도 쉴 틈이 없었다.

살림을 총감독하느라 어머니는 새벽부터 밤까지 늘 바빴다. 스웨터 왼팔은 멀쩡한데 오른팔은 닳아 구물같이 될 지경이었다. 이러한 어머니의 살림 경영은 후한 점수를 받았고 얼마 안 가 윤해봉은 시내에 자리 잡은 술 도매상을 그녀에게 맡겼다. 길림 시내의 집을 물려주고 윤해봉 내외는 누룩 공장이 있는 교외로 이사를 하는데, 그때 박영숙을 데리고 가기로 했다.

박영숙은 기꺼이 따라갔다. 사춘기에 막 접어들던 그녀는 늘 사람들로 북적대는 집이 못마땅했다. 아침부터 저녁까지 손님들이 줄을 잇고 시끌벅적한 집에서 혼자 있을 공간을 찾아다녔다. 때론 손님들에게 싸늘하게 대하거나 일부러 인사를 빠뜨리기도 했다. 그럴 때면 어머니에게 몹시 혼이 났는데 어머니에게 유일하게 맞은 기억도 이것 때문이었다.

자존심이 강한 박영숙은 맞으면서도 울거나 도망가지 않고 매를 고스란히 다 맞는 바람에 오히려 독하다며 어머니가 손을 거둘 정도였다. 박영숙이 이렇게 손님들과 불화한 데는 다른 이유도 있었다. 젊고 활기찼던 어머니는 여러 사람들과 잘 지내고 모임을 만들어 함께 어울리기도 했다. 젊은 여성으로서 낯설고 새로운 환경에 적응해 나가기 위해 그녀 나름의 네트워크를 만들고 있는 중이었을 것이다. 이러한 네트워크는 때때로 그녀에게 중요한 정보를 제공하기도 하고 어려운 상황에서 정서적 지지를 하는 역할도 했을 것이다.

하지만 어린 박영숙은 그런 어머니가 못마땅했다. 혹시 어머니가 자신들을 두고 재혼을 할까 봐 불안했다. 감시의 눈으로 어머니 주변을 살피다가 혹시 그녀에게 친절을 베풀거나 다정하게 대하는 사람이 있으면 유독 싸늘하게 대했다. 한번은 새벽마다 어머니가 어딘가를 가기에 미행을 했다. 새벽이슬을 밟으며 어머니가 간 곳은 침술원이었다. 큰 살림을 하느라 허리며 어깨며 안 아픈 곳이 없어 침을 맞으러 다녔던 것인데 낮에는 시간이 없어 새벽에 갔던 것이다. 휴우 안심을 하면서 한편으로 어머니에게 미안하기도 했다. 그래도 박영숙은 어머니 주위에 사람이 많은 것이 싫었다.

이런저런 생각으로 머리가 복잡할 때면 혼자 있고 싶었다. 당시는 전시였기 때문에 집집마다 방공호가 있었다. 박영숙은 집에서 떨어지고 외진 곳에 있는 그 방공호 위에 지어진 방으로 혼자 거처를 옮기기도 했다. 귀신이 나온다는 둥 온갖 말로 가족들이 말렸지만 고집을 꺾지 않았다. 담대하기도 했지만 오롯한 공간을 갖고 싶은 욕구가 그만큼 컸다. 그러니 이 번다한 가족을 떠나 단출하게 살 수 있다면 어디든지 못 갈 것도 없었다.

게다가 할머니는 유독 박영숙을 예뻐했다. 마차가 자동차 역할을 하던 당시, 박영숙은 전용 마차를 타고 등교를 할 정도였다. 흰칠하고 공부도 잘하는 박영숙은 할머니의 자랑이었다. 어릴 때부터 외할머니는 언니 편, 친할머니는 박영숙의 편이었다. 순둥이 언니와 그 언니한테 절대로 지지 않고 자신의 몫을 챙기던 동생을 보며 외할머니는 늘 언니 편을 들었고 친할머니는 조금 드센 기질을 가진 박영숙을 두둔했다. 당시는 전시라 여학생들은 모두 '몸뻬' 바지를 입었는데 할머니는 몸뻬도 줄 세워 다려 줄 정도였다. 도시락도 색을 맞추어 반찬을 해 주고 때로는 식은 밥을 먹이지 않으려고 배달까지 해 주었다. 할머니가 주는 애정으로 몸도 마음도 듬뿍듬뿍 자라는 시기였다.

만주에서 보낸 한 철은 박영숙에게 경계를 넘나드는 삶을 경험하게 했다. 혈연과 비혈연이 한 집안에서 가족처럼 사는 법, 가정집과 비즈니스 영역의 경계가 허물어지는 공간, 한국어와 중국어와 일본어가 아무런 경계 없이 사용되고 일상은 자연스럽게 '다른' 것들이 공존하여 사는 법을 터득하게 했다. 세상의 모든 경계에는 꽃이 핀다 했던가. 국경을 넘나들고 관계의 애증을 오가며 박영숙의 마음에도 빨강, 노랑, 보라 제각각 달라서 예쁜 꽃들이 피어나고 있었다.

전쟁의 긴장과 일상의 나른함 속에 박영숙이 어린아이에서 소녀로 성장하는 동안 조선도 제국주의의 압제를 물리치고 해방의 순간을 맞았다. 1945년 8월 박영숙이 초등학교를 졸업하고 중학교에 갈 즈음 마침내 조선은 해방이 되었다.

만주에서도 일본군이 물러나고 중국 정부가 들어서는 등 뒤숭숭한 분위기에서 박영숙의 어머니는 평양으로 돌아가기로 결정한다. 사업을 지속하기에 중국의 정세는 복잡했고 아이들의 교육도 만주보다는 평양이 나을 것 같았다. 보따리를 꾸려 길림에서 만포진을 거쳐 수십 개의 터널을 지나 조선으로 돌아오는 길은 멀고도 험난했다.

기차 안에 있던 조선인들 대부분이 목적지에 이를 즈음에는 은밀하게 숨긴 걸 제외한 많은 것들을 빼앗긴 후였다. 귀국하는 사람들이 가산을 정리하여 돌아가는 길이라는 걸 잘 알고 있던 중국인 기관사는 터널 한가운데 기차를 멈추고 승객들에게 돈을 요구했다. 깜깜한 터널 안에서 사람들은 보따리를 풀어 돈이 될 만한 것들을 내놓을 수밖에 없었다. 일본 치하에서 조선인보다 못한 대우를 받으며 근근이 생명을 이어 가야 했던 억울함에 대한 분풀이도 한몫했다. 전시하의 만주에서 일본인은 1등급 파란 통장, 조선인은 2등급 노란 통장, 중국인은 3등급 붉은 통장을 이용해 배급을 받았다. 1등급 통장을 갖고 있던 일본인은 설탕과 생과자까지 받을 수 있고, 조선인은 그것을 제외하고 받았으며, 중국인은 생존에 필요한 정도의 물품만을 받으며 조선인들보다 극심한 차별을 받았다. 수십 개의 터널마다 똑같은 과정을 거치고서야 중국인 기관사는 기차를 움직였다.

해방된 조국으로 가는 길은 멀고도 간험했다. 그 험난한 길을 거쳐 마침내 고향으로 돌아왔지만 고향 또한 옛 고향이 아니었다.

탈주와 이주 속에 공적인 삶을 꿈꾸다

박영숙 일가는 조그만 집을 얻어 고향에서 삶을 시작했다. 박영숙
도 다시 학교에 들어갔다. 당시 평양에는 여학교가 셋 있었다. 일
본 사람들이 세운 서문여고, 기독교 계열의 미션 스쿨인 정의여고
와 숭실학교였다. 북조선 정부는 정의여중을 제일여중, 서문여중
을 제이여중으로 개칭했는데, 박영숙은 제일여중 2학년으로 편입
했다. 나중에 알고 보니 우리나라 최초의 여성 변호사 이태영도
이 학교 졸업생이었다.

  어수선한 해방 정국에서 학생들은 매주 매스 게임에 동원되었
다. 몇 백 명의 학생들이 기계처럼 움직이는 매스 게임을 하느라
공부는 뒷전이었고 몸은 파김치가 되었다. 늘 정치 집회가 열리고
어떤 모임에는 의무적으로 참여해야 하는 상황이었다. 3·1절 동
맹 휴업을 선언한 날, 대강당에서 눈물을 흘리며 마지막으로 애국
가를 부른 기억이 떠올라 박영숙은 지금도 애국가를 끝까지 부르
지 못한다. 이런 상황에서도 절친한 친구들과 이야기를 나누며 미
래를 꿈꾸고 상상하는 것은 즐거웠다. 학교를 마치면 박영숙은 대

동강 다리를 건너 집으로 왔는데 다리를 다 건너도록 이야기가 끝나지 않으면 대동강 둑에 앉아 긴 이야기를 하곤 했다.

그 시절 열다섯 살 소녀 박영숙은 '공적인 삶'을 살겠다고 친구들에게 선언한다. 그녀에게 공적인 삶은 두 가지 의미였다. 첫째는 어머니처럼 살지 않는 것. 아이를 키우고 살림을 관장하느라 늘상 고단한 어머니를 보면서 박영숙은 자식들을 먹여 살리는 데 온 힘을 쏟느라 다른 삶을 꿈꿀 엄두조차 내지 못하는 어머니의 생을 반복하지 않겠다는 생각을 한 것이다. 시집가서 아이를 낳아 기르는 일이 당시 소녀들에게 숨을 쉬는 것만큼이나 자연스러운 것이었는데 박영숙은 이러한 틀을 넘어서는 일을 하고 싶다는 욕망을 가지게 된 것이다. 둘째는 헌신하는 삶에 대한 동경과 선망이었다. 당시 평양에는 고아원이 있었는데 박영숙은 이곳에서 봉사 활동을 하는 여자들을 보면서 자신을 헌신하며 사회를 위해 일하는 삶, 숭고한 이상을 실현하는 삶의 전형을 발견했다.

박영숙이 이렇게 미래를 꿈꾸는 동안 평양의 정세는 날로 어수선해지고 있었다. 공산 정권이 점점 강화되는 것을 보고 어머니는 남쪽으로 갈 것을 결심한다. 생계에 대한 대안도 찾을 수 없는 데다가 박영숙의 작은아버지 박기병이 남한에서 한국군 창군에 참가한 고위 장교였던 터라 이북에 남아 있는 것이 이로울 일이 없었다. 이미 삼팔선의 경계가 그어져 있었고 월남이나 월북이 금지되어 있었기 때문에 남한 이주는 안내원을 구하고 선을 대는 등 꼼꼼하고도 치밀한 준비를 해야만 했다. 만주로 이주한 경험이 마음속의 불안을 그나마 누그러뜨려 주었다.

어머니는 치밀하게 계획을 짜고 실행에 옮겼다. 세 팀으로 나누어 월남을 하기로 하고 첫 번째로 박영숙과 막내를 내려 보냈다. 이러저러한 경고와 주의를 들은 박영숙이 막냇동생을 데리고 기차에 타자 어머니가 멀리서 손을 흔들었다. 어머니의 손에 쥐여 있던 빨간 부채가 보이지 않을 때까지 박영숙은 그녀를 돌아다보았다.

안내원과 함께 기차를 타고 한참을 가는데 어느 역에선가 정차를 했다. 어디쯤일까 하는 호기심에 판자로 된 기차 창문을 살며시 열고 밖을 내다보는 순간 순시하는 군인과 눈이 마주쳤다. 순간적으로 깜짝 놀라 얼른 문을 닫았지만 군인은 이미 소스라치게 놀라는 소녀의 표정을 본 후였다. 군인은 박영숙과 동생을 차에서 끌어내렸다. 그녀를 인도하던 안내원은 벌써 어디론가 사라지고 없었다. 군인들 처소로 끌려가면서 박영숙은 침착하자고 다짐했다. 막상 군인들 앞에 서니 심장은 두근거렸지만 담대한 마음이 생겼다. 그녀는 할머니를 뵈러 간다고 차분히 대답했다. 몇 가지 이어지는 질문에도 앞뒤를 맞춰 조리 있고 재치 있게 대답하자 군인들도 더 나올 것이 없다고 판단했는지 박영숙과 동생을 풀어주었다.

군인들의 막사에서 나오니 밖은 이미 깜깜해져 있었다. 평양역을 떠날 때 안내원의 요구대로 가진 돈을 모두 맡긴 처지라 수중에 돈 한 푼 없이 낯선 곳에 떨어졌다는 생각에 몸이 졸아드는 것 같았는데, 어둠 저편에서 안내원이 걸어왔다. 안내원은 이들 자매가 잡혀 가는 것을 보고 그 주위를 맴돌고 있었던 것이다. 안내원을 다시 만나 자매는 삼팔선을 무사히 넘을 수 있었다. 안내원이 끝내 자신들을 기다려 남쪽으로 데려다 준 그 기억은 박영숙의 마음에 사람에 대한 깊은 신뢰를 심어 주었다.

이후로 가족들이 차례로 월남하면서 그들 역시 어려운 상황을 견뎌 내야 했다. 두 번째로 내려오던 남동생은 도중에 구치소에 유치되는 상황까지 갔지만 무사히 도착했다. 어머니가 마지막으로 도착하면서 마침내 온 가족이 다시 재회했다. 게다가 해방이 되고도 만주에 남아 있던 친할머니까지 우여곡절을 겪으며 맨몸으로 남하해 가족과 합류했다.

남쪽으로 온 박영숙 일가는 작은아버지가 살던 광주에 정착했다. 그는 당시 16사단의 사단장으로 재직하고 있었다. 시동생이 마련해 준 집에서 살며 어머니는 제과점을 열고 박영숙 남매들은 다시 학교에 들어갔다. 박영숙은 당시 6년제 전남여중에 4학년으로 편입해 의과대학에 진학하기 위한 준비를 하며 새로운 환경에 적응해 갔다. 아홉 살 이후, 그러니까 입양 제안 이후 박영숙은 늘 가족의 생계를 책임져야 한다는 의무감 같은 걸 강박처럼 갖고 있었다. 가족을 책임지려면 전문직을 택해야 했고, 의대 진학은 그 고민 끝에 나온 결론이었다.

공부에 전념하기 위해 기숙사에 들어가 수험 준비에 몰두하던 어느 날, 밤 열 시가 다 되어 작은아버지가 기숙사로 면회를 왔다. 여순 사건의 와중이라 집에 들어갈 시간조차 없이 바쁜 중에 굳이 박영숙을 찾아온 건 진로에 대한 의논을 하기 위해서였다. 박영숙은 박기병이 특별히 좋아하는 조카딸이었다. 생긴 것도 유난히 닮아 박기병을 아는 사람이면 누구나 그녀를 알아보았기 때문에 영화 구경도 제대로 못 갈 정도였다. 밤늦게 찾아온 작은아버지는 여자가 의과대학에 가게 되면 평생 고생하니 가정과를 가는 것이 어떠냐고 제안했다. 여자란 무릇 자녀를 돌보고 어른을 모시는 등 가족을 위해 봉사하는 삶을 살아야 하는 것이 당연시되던 시절이었다. 어려서부터 유독 박영숙을 예뻐하고 하고 싶은 일을 다 할 수 있도록 조건을 마련해 주면서도 그 역시 내재화한 규범들까지는 어쩌지 못한 듯하다. 박영숙은 갈등했지만 끝까지 자기주장을 펴지는 못했다. 결국 의과대학과 가정대학 사이에서 타협을 본 것이 영문과였다. 의과대학을 준비하다가 영문과로 진로를 바꾸니 영어 실력이 뒤처졌다. 잠을 줄이고 공부를 했지만 처음부터 영문과를 목표로 공부한 친구들을 쉽게 따라잡을 수 없었다. 결국 박영숙은 재수를 하게 되는데 이때 만난 영어 선생님이 정인보였다. 얼마나 철저하게 교육을 했는지 박영숙은 영어책을 통째로 외워야 했는데 이때 영어의 기본이 잡혔다고 볼 수 있다. 박영숙은 이듬해, 1951년에 이화여대 문리과대학 영문과에 입학한다.

돌이켜 보면 차분하게 공부를 하기에는 어려운 환경이었다. 소학교는 입학은 평양에서 했으나 졸업은 만주에서 하고, 다시 평양으로 돌아와 중학교를 다니다 광주에서 고등학교를 마쳤다. 그야말로 한반도와 만주를 떠돌며 살아온 셈이다. 늘 새로운 학습 방식에 적응해야 했고, 말이 다르고 정서가 다른 친구들과 사귀어야 했다. 낯선 환경은 몸과 마음을 긴장하게 했지만 때로 새로운 것에 빨리 적응하는 힘도 길러 주었다. 또한 문화 접변을 몸으로 경험함으로써 다양성을 인정하고 수용하는 품성도 은연중에 생겨났다.

난중에 태어나 난중에 자란 아이

박영숙은 만주 사변 즈음에 태어나 아홉 살 무렵엔 태평양 전쟁을 겪고, 다시 청춘의 시작 지점에서 한국 전쟁을 만났다. 어머니의 말대로 그야말로 난중에 태어나 난중에 자란 셈이다. 서울에서 전쟁을 맞은 박영숙은 이러저러한 위기를 넘기며 광주로, 다시 제주도로 피난을 다니며 전쟁을 겪는다.

눈앞에서 죽은 시체를 보기도 하고 부상당해 신음하는 사람들을 목격하기도 한다. 부모를 잃고 몸부림쳐 우는 아이, 자식을 잃고 망연자실한 부모들, 어제의 이웃이 오늘의 고발자가 되는 현실… 전쟁은 참혹하기 이를 데 없었다.

비참하고 끔찍한 현실을 경험하며 박영숙은 이 절망적이고 비극적인 생에 맞서 어떻게 살아가야 하는가에 대한 문제와 홀연 마주했다. 부조리와 불합리로 가득 찬 세계에 발가벗겨져 던져진 자신의 모습을 동정 없는 시선으로 바라보게 된 것이다. 인간 삶이란 결국 이해되지 않는 세상을 비루하게 살아가는 것인가, 의심하고 회의하고 허무에 빠지기도 했지만 박영숙은 결국 '절망이 없이는 사랑도 없다'는 생각에 다다랐다. 인간은 참으로 모순적인 존재이기도 해서 야만의 본성과 마주치는 순간 또한 가장 숭고한 본성도 발현하게 된다. 세상은 죽음과 혼란으로 얼룩졌지만 이제 막스무 살을 넘긴 박영숙의 가슴속에는 인간에 대한 연민과 애정이 솟아났다. 인간에 대한 분노와 회의가 고개를 드는 만큼 존재에 대한 슬픔과 사랑도 커져 갔다.

피난지 부산에서 이화여대가 문을 열자 박영숙은 가족들이 있는 광주를 떠나 부산으로 옮겨 가 학교에 다녔다. 피난지 학교에서 박영숙이 열성을 기울인 것은 학과 공부보다 전쟁고아와 피난민들을 돕는 자원 활동이었다. 박영숙은 수업 시간을 제외한 모든 시간을 자원 활동으로 보냈다. 고단하고 힘든 줄도 몰랐다.

휴전 후 학교가 다시 서울로 돌아오자 박영숙도 서울로 와 기숙사에 들어갔다. 전쟁이 휩쓸고 간 서울은 폐허나 다름없었다. 학교도 마찬가지였다. 그렇지만 부서지고 무너진 옛 건물의 잔해 앞으로 학생들이 모이자 학교는 다시 이상과 낭만이 깃든 공간으로 변하기 시작했다. 폭력을 행하는 것도 인간이요, 그것을 치유하는 것도 인간이었다. 박영숙은 기숙사 앞마당을 다독여 꽃을 심었다. 척박하고 황량한 시절이었기에 청춘은 오히려 빛났다. 공부를 하는 한편 박영숙은 누구보다 열심히 전후 복구 사업에 참여했다.

대학생 YWCA 회원이 되어 여름방학이면 농촌 계몽 활동에 나섰다. 활동 기간 내내 뙤약볕 아래 밭도 갈고 길도 닦았다. 여성들을 대상으로 위생적인 생활과 능률적이고 효율적인 살림살이에 대한 강의도 하고 밤 시간을 이용해서는 글도 가르쳤다. 겨울에도 봉사 활동을 갔는데 농한기라 한가한 틈을 이용해 여성들에게는 재봉을 지도하고 아이들에겐 한글 교육과 놀이를 가르쳤다. 변변한 장난감 하나 없는 마을에서 대학생들은 학교에서 배운 아동 교육 이론을 바탕으로 재미있는 놀이들을 가르쳤고 아이들은 수줍어하면서도 이 새로운 존재들을 마음으로 환영했다. 당시 산골 마을에선 좀처럼 보기 힘든 '여자 대학생'이란 존재는 여자 아이들에겐 새로운 세상을 보여 주는 역할 모델이기도 했다.

당시 여성들에게 고등 교육은 일반적으로 누릴 수 있는 것이 아니었다. 대학 진학은 한 가정의 기둥이 되는 남성에게 돌아가는 특별한 혜택이었다. 대학에서는 남성의 비율이 절대적으로 높았다. 남녀 공학 대학에선 학생회의 간부를 '자연히' 남학생들이 맡았다. 때때로 이 질서를 거스르는 여성들이 나타나곤 했지만 이들은 조직 속에서 지지받지 못했다. 기존의 관행에 대해 문제를 제기하거나 주체적 태도를 취하는 여성은 조직 속에서 기이한 존재가 되었다. 남성이 하면 리더십을 발휘하는 것으로 인정되는 행동도 여성이 하면 지나치게 공격적이고 남성적이라는 등의 비난을 들어야 했다. 반대로 또 너무 '여성스럽게' 행동하면 일을 하기에는 너무 연약하다고 비난받았다. 1950년대 대학에서 여성들이 주체성을 가지고 활동을 하는 건 쉬운 일이 아니었다.

그랬기 때문에 당시 여자 대학은 여학생들이 자신의 신념을 실험하고 구체화하여 실현할 수 있는 유일한 공간이었다. 여자 대학은 남성을 리더로 생각하는 본능에 가까운 관념을 깨 주었다. 여대에서는 학생회 리더도 모두 여자들이 맡았고, 여성이라는 이유로 따돌림을 당하고 기회를 얻지 못하고 고의적으로 제외되지도 않았다. 이런 경험을 하면서 여학생들은 다른 사람을 신뢰하고 동지애를 형성하고 일에 대한 성취감과 높은 만족도를 경험했다. 박영숙과 친구들은 행사를 기획하고 조직하고 실현해 내는 주체로서 성장하고 노련해졌다. 청년기의 특징인 모험성, 도전성, 개혁성과 같은 장점은 칭찬, 격려, 인정, 배려에 의해 진정한 자신의 힘으로 내재화된다.

박영숙 역시 여러 선생님들의 격려와 지지 속에서 자신에게 주어진 시대적인 사명은 무엇인지 또한 소명은 무엇인지 진지하게 고민했다. 여름과 겨울에 진행되는 농촌 활동과 일상적인 자원 활동 속에서 박영숙은 세상에 대한 이해의 폭을 확장시키고 환경에 지배받기보다는 환경을 자신의 것으로 활용하는 법을 터득했다. 동등하게 주어진 기회 앞에 박영숙은 누구보다 성실히 누구보다 열정을 다해 한 땀 한 땀 청춘을 직조해 냈다.

성실하고 매사에 최선을 다하는 박영숙을 눈여겨보는 사람은 많았다. 그중에는 당시 YWCA를 이끌어 가던 박에스더 고문도 있었다. 박에스더는 대학 시절 내내 대학 YWCA 간부였던 박영숙에게 학교를 졸업하면 YWCA에서 일을 하는 게 어떠냐고 제안해 왔다. 그런데 졸업이 가까워지자 박영숙은 당시 학생처장이던 서은숙으로부터 학교에 남아 달라는 청을 듣게 된다. 마침 박에스더 고문이 안식년을 맞아 미국에 가 있는 시기였다. 박영숙은 먼저 한 약속이 있으니 박에스더 고문이 귀국하면 직접 물어보고 나서

정하겠다고 했다. 박에스더 고문이 귀국하던 날 박영숙은 비행기
트랩에서 내리는 그녀에게 달려가 인사도 빼먹고 질문부터 했다.

"선생님, 학교에 남을까요? YWCA에 갈까요?"

박에스더 고문은 미소를 지었다.

"YWCA에 와야 합니다."

그제야 박영숙은 인사를 했다

"건강하게 잘 다녀오셨습니까?"

2. 평생 멘토를 만나

(1955~1969)

젊은 날의 멘토 박에스더[1]

YWCA 역사는 산업 혁명과 깊은 관련이 있다. 산업 혁명이란 말 그대로 산업(생산)에 큰 변혁이 일어났다는 것인데, 즉 집에서 만들어 썼던 물건들을 공장에서 대량 생산하게 됨을 의미했다. 산업 혁명은 1차 산업 위주의 구조를 2차, 3차 산업의 구조로 바꾸며 거대한 공업 도시를 만들어 냈다. 이에 따라 산업 단지가 조성된 도시의 인구가 폭발적으로 증가하는데, 산업 혁명이 먼저 일어난 영국에서는 한산하던 맨체스터에 1870년 한 해 동안 약 50만 명의 인구가 몰려드는 현상이 벌어졌다. 이 50만 명의 인구 중에는 여성들도 많았다. 19세기 중반 영국 방직 공장 노동자 중 23%만이 남자였고 나머지는 여자와 아동이었다.

산업 혁명은 여성에게는 이중적으로 작용했다. 가사 노동과 육아라는, 여성에게 부여된 전통적 의무 외에 임금 노동자의 삶까지 살아야 하는 이중의 착취 구조 속으로 본격 진입하게 되는 한편, 집을 나온 여성들이 다른 여성들을 만나면서 억압에 대한 공동의 이해를 하고 연대의 지점을 모색하는 계기가 되기도 했다. 여성들 스스로 단결된 힘의 필요성을 깨닫게 되었다는 면에서 산업 혁명은 여성 운동사에서도 매우 중요한 '사건'이었다.

일자리를 찾아 도시로 진출한 사람들에게 맨체스터뿐 아니라 런던, 리버풀 등 주요 공업 도시의 주거 환경은 열악하기 이를 데 없었다. 한꺼번에 너무 많은 사람들이 모여들어 주택이 모자라고 위생 시설도 부족해서 콜레라, 장티푸스 같은 전염병이 유행했다. 또 도시마다 거대한 빈민가가 형성되면서 대도시는 빈곤과 범죄의 대명사가 되었다. 도시의 새로운 주민인 노동자들의 삶 또한 비참하기 그지없었는데 특히 여성과 아동들에 대한 처우는 이루 말할 수 없을 정도였다. 하루에 12~20시간 노동을 하고도 제대로 먹고살기 힘들 정도의 임금을 받아 생활하는 여성들이 태반이었다. 그런데도 '여성 노동자'는 도시의 구성원으로 정착하면서 나날이 그 수가 늘어났다.

한편 당시 크리미아 전쟁에서 활동하다 돌아온 간호사들 또한 도시의 새로운 노동 계층으로 자리 잡으면서 주거 문제 등 여성들을 위한 대책 마련이 요구되었다. 1877년 런던의 일부 뜻있는 사람들이 젊은 여성들을 위한 기숙사를 마련하고 직업 교육을 시작한다. YWCA(Young Womens Christian Association, 여자기독교청년회)는 여기서 기원한다. 비슷한 시기에 독일 YWCA가 설립되고, 뉴욕에서도 여성기독교회(Ladies' Christian Association)가 활동을 시작하는 것을 바탕으로 1894년에는 영국·노르웨이·스웨덴·미국 등 지역 YWCA가 연합하여 세계 YWCA를 조직한다.

1차 세계 대전의 발발은 YWCA의 활동을 확장하고 활성화시키는 계기가 되었다. 전쟁터로 떠난 남성들의 빈자리를 메우기 위한 여성의 사회 참여가 두드러지면서 YWCA의 역할은 더욱 커진다. 전장에서 YWCA는 간호사 등 전쟁에 직접 참전하는 여성들을 위한 여성 전문 클럽을 열었고, 전쟁이 끝난 후에는 '돌아온 그녀들'을 위한 숙소 마련과 직업 훈련에 힘썼다. 한편 당시 영국의 식민지였던 인도·말레이시아·스리랑카에서도 YWCA 운동이 시작되고 이후 타이·필리핀 등에도 소개되면서 아시아에서도 본격적으로 YWCA 활동이 시작된다.

조선 YWCA는 1922년 6월 22일 김필례와 김활란, 유각경의 주도로 창설되었다. 이들은 당시 중국에서 열린 세계기독학생대회에 다녀오는 걸 계기로 세계 YWCA의 정신을 계승하여 조선 YWCA를 창립하는 한편, 식민 지배와 가부장제라는 이중의 억압에 시달리던 식민지 조선 여성들의 의식 계발과 지위 향상을 목적으로 활동을 시작한다. 그러므로 조선 YWCA는 학생 운동으로 시작됐다고 볼 수 있다.

조선 YWCA의 초기 활동은 주로 계몽, 교육, 생활 개선, 여권 신장, 민족 운동 등에 집중되었다. 특히 당시 여성들을 괴롭히던 조혼, 공창제 폐지와 축첩제 반대 등을 통해 여성들의 권익 보호에 열과 성을 다했다. 1928년에는 독자적으로 농촌부를 설치해 농촌 여성들의 삶을 개선하고 계몽하는 운동에 심혈을 기울였다. 심훈의 소설 『상록수』에 나오는 주인공 최영신은 당시 YWCA가 수원 샘골에 파견했던 농촌부 간사 최용신의 삶을 모델로 한 것이다. 시민 단체는 물론 변변한 여성 단체가 없던 시절인지라 YWCA는 전국적으로 학생 청년회와 지회가 조직되면서 날로 번성한다. YWCA가 활발한 활동을 해 나가자 일제는 집요하게 조선 YWCA를 일본 YWCA의 한 지부로 가맹하도록 압력을 넣으며 온갖 간섭과 방해 공작을 펼친다. 결국 1938년 이후 조선 YWCA는 일본 YWCA에 통합된다. 그러나 세계 YWCA는 계속 조선 YWCA를 인정해 일본 YWCA와 통합하지 않았다.

해방 이후 혼란한 정국 속에서 YWCA의 옛 지도자들은 YWCA를 재건하려는 노력을 하지만 재정난과 인력 부족으로 어려움을 겪을 수밖에 없었다. 이즈음 미국의 하와이 YWCA에서 일하고 있던 박에스더가 고문 총무로 오면서 한국 YWCA는 질적으로나 양적으로 눈부신 성장을 이루게 된다.

박에스더는 서구 열강이 한반도를 둘러싸고 각축을 벌이고 있던 1902년 평안남도에서 태어났다. 그녀가 나기 한 해 전인 1901년 조선은 가뭄으로 인해 식량 사정이 몹시 어려웠고 전염병마저 창궐해 민심이 흉흉한 상태였다. 사람들은 희망을 찾아 새로운 지역으로 혹은 국경을 넘어 만주와 연해주, 시베리아 그리고 하와이로 이주해 가기도 했다.

1904년 박에스더의 가족도 추운 겨울이 없으며 돈도 벌 수 있다는 하와이로 가는 이민선을 탄다. 어린 에스더는 오빠와 하와이에서 태어난 두 동생과 함께 부모의 일터인 사탕수수 밭에서 자랐다. 박에스더 아버지는 후에 한인 이민자들의 안식처인 한인 교회의 목사가 되는데, 나눔과 보살핌의 정신으로 이민자들을 위해 헌신하는 부모는 박에스더의 삶의 전범이 된다.

부모 곁을 떠나 기숙사 생활을 하던 그녀는 1922년 고등학교를 졸업하고 여학생 동기생 중에 유일하게 하와이대학교 사범대학에 진학했다. 졸업 후 교직 생활을 시작한 박에스더는 하와이라는 특수한 환경에서 다양한 사람들과 어울리며 피부색과 인종에 대한 편견과 고정관념을 깨고 다문화 사회를 학습하는 경험을 한다.

그녀가 YWCA에서 일하게 된 것은 1928년 유색인종으로는 최초로 와이틴(Y-Teen, 10대 소녀들)의 전문직 간사로 임명되면서였다. 12년간 직책을 담당하면서 박에스더가 직면한 가장 큰 문제는 회원들 간의 인종 갈등이었다. 당시 하와이 YWCA의 와이틴 그룹은 여러 인종의 학생들로 구성되어 있었다. 원주민인 폴리네시아인과 미국 본토에서 온 소수의 백인들, 1880년 이민을 오기 시작하여 확고한 지반을 가지고 있던 중국인과 일본인, 거기에 한국 사람들과 필리핀 사람들이 가담을 하게 되니 하와이는 마치 인종 전시장 같았다. 다른 문화가 접변하면서 갈등을 야기하는 건 당연했다. 박에스더는 이 소녀들이 인종 간의 편견을 없애고 서로를 이해하고 교류할 수 있도록 지도하고 이끌었다. 그 방식 중의 하나가 캠프 활동이었다. 함께 먹고 함께 자고 함께 과제를 해결해 가는 캠프 활동을 경험하면서 학생들은 서로를 이해하게 되고 소통하는 법을 배워 나갔다. 이후 12년간을 박에스더는 와이틴 간사로 일한다. 시원한 눈매에 타고난 명랑함과 유쾌한 기질, 게다가 친절하고 재능 많은 박에스더는 와이틴 여학생들 사이에서뿐만 아니라 지역 사회에도 널리 알려지며 유명해졌다.

1940년 박에스더는 전문성을 향상하기 위해 YWCA에 휴직계를 제출하고 오하이오 주 클리블랜드에 있는 대학교에서 사회사업학을 공부해 석사 학위를 취득하고 나서 호놀룰루 YWCA 청년부 간사로 복귀했다. 1947년 미국 YWCA는 한국 YWCA 요청으로 박에스더를 한국 YWCA의 고문 총무로 파송했다. 그녀는 그동안의 지식과 경험을 조국을 위해 활용하리라 다짐하고 귀국길에 올라 그해 11월 17일 고르지 않은 일기와 태풍까지 만나는 한 달간의 항해 끝에 서울에 도착했다. 어머니의 품에 안겨 이민선에 실려 갔던 갓난아이가 성숙하고 유능한 여성 리더가 되어 44년 만에 조국의 품에 돌아온 것이다.

"1947년… 실제 한국 YWCA에 와 보니… 열성은 있었으나 사무적으로 되어 있지 못했으며, 교회처럼 부흥회 같은 성격을 못 벗고 있었다. 또 여기에 해방 후 여성 단체가 많이 생겨 지도력이 분산되어 있었으며 물자난까지 겹치고 있다."

박에스더가 한국 YWCA에 도착해 첫 소감을 기록한 글이다. 이에 비해 세계 YWCA는 훨씬 진일보해 있었으니, 이미 1938년에 캐나다에서 열린 세계 YWCA 대회에서는 다음과 같은 정책을 결의한 바 있다.

"'이웃을 네 몸과 같이 사랑하는 것'은 단지 어려운 사람을 도와주는 것만이 아니라 모든 인종, 계급, 국가의 사람들을 동등한 가치를 가진 한 사람으로 대하는 일이다. 이 계명들은 모든 인류가 한 형제로서 살 수 있도록 사회적, 경제적 조건을 형성하는 책임에 우리가 관여할 수밖에 없게 만드는 것이다."

박에스더는 마치 교회 사업의 일부인 양 오해받고 있던 YWCA

의 성격을 혁신하기 위해 업무와 프로그램을 체계적으로 바꿔 나가면서 YWCA 본래의 목적에 맞는 활동을 펼쳐 나갔다. 이 모든 일을 위해 가장 중요한 것은 '사람'이었다. 박에스더는 지도자 양성을 무엇보다 중요한 사업으로 삼았다. 능력 있는 지도자는 조직을 살리고 활성화한다는 것을 누구보다 잘 알았기에 대학 졸업생 중에서 훈련 간사를 선발해 전문 지도자로 꼼꼼히 성장시켰다. 해방 직후 혼란한 정국의 와중에 박에스더는 젊은 여성들의 멘토 역할을 훌륭히 해낸 셈인데, YWCA 초기 지도자이자 한국 여성 운동의 리더들이 박에스더에 의해 발굴되고 훈련받으며 성장했다.

멘토링은 남녀 모두에게 중요하지만 특히 여성에게 더욱 중요하다. 남성 중심의 사회적 네트워크에서 소외되고 각종 정보에서 차단되어 권력 기반이 취약한 여성에게 멘토링은 역할 모델을 제시하면서 동시에 네트워크를 구축할 수 있는 힘이 된다. 또한 멘토링은 그 조직의 규범과 가치관, 문화를 한 세대에서 다음 세대로 자연스럽게 전수하는 방법이다. 그러므로 멘토링은 어떻게 살아야 할지, 어떻게 행동해야 할지 모델을 제시하는 셈이다. 해방의 열기와 좌우익의 갈등으로 혼란스러운 정국에서 진로 탐색을 함께해 주고 사회 활동을 활발히 할 수 있도록 지원해 주는 선배 여성은 흔치 않았다. 박에스더는 합리성과 진정성을 갖춘 드문 여성 리더로 당시 한국 여성들에게 멘토 역할을 다했다. 박영숙이 오늘의 여성 지도자로 성장할 수 있었던 것도 박에스더의 멘토링이 있었기에 가능했다.

"와이는 건물이 아닙니다. 와이는 사람입니다. 와이는 사업이

주가 아닙니다. 사람에게 어떤 변화가 일어나는가가 중요합니다. 와이 회원들이 자기중심의 이기적인 생각에서 벗어나서 더 넓은 시야를 갖게 되고 이웃과 사회에 봉사하는 생활을 하는 것이 가장 중요한 것입니다."

박영숙이 박에스더 고문에게서 배운 것은 여성 활동가로서의 지도력만이 아니다. 지금 박영숙이 화초를 즐겨 키우고 때마다 음식을 장만해서 나누어 먹으며 새로운 일을 만들어 내는 것을 즐겁게 하고 있는 것은 어머니의 성품에서 유래된 점도 있지만, 그보다는 박에스더 고문이 보여 준 삶에서 물려받은 것이다.

YWCA 실무자

박영숙 역시 박에스더가 정성을 기울여 키운 인재였다. 학생 시절
부터 박영숙을 눈여겨본 박에스더는 졸업 후 YWCA에서 일할 것
을 제안하고 이후 그녀 삶에 영향을 끼치는 멘토가 되었다. 박에
스더는 서류를 작성하는 것에서부터 조직을 관리하는 법, 네트워
크를 구축하는 방식, 국제 교류와 연대, 그리고 무엇보다 이상적
인 세상에 대한 비전을 보여 주었다. 박영숙은 박에스더의 멘토링
을 통해 체계적인 실무 훈련뿐만 아니라 넓은 세계와 조우하는 법
을 배워 나갔다. 좋아하는 일이라면 집중력이 뛰어나고 성실하기
이를 데 없던 박영숙은 하나를 가르치면 둘을 기획하고 실행하는
사람으로 성장한다.

　박영숙이 YWCA에서 일을 시작한 1955년은 세계 YWCA가 창
설된 지 100년째 되는 해였다. 창설 당시 네 나라가 참여했던 이
국제 여성 운동은 100주년을 맞아 회원국이 67개국으로 늘어났으
며, 스위스 제네바에 본부를 두고 세계적 단체로서 영향력을 행사
하고 있었다. 런던에서 열린 기념식에서 세계 YWCA는 국제 여성

운동의 이념과 방향을 평화 정책, 인권과 인종 문제, 여성의 직업과 노동에 관한 문제로 정리해 각국 YWCA에서 시행할 것을 촉구했다.

그중 여성 문제에 관해서 세계 YWCA는 여성 직업 교육의 질을 높이기 위한 프로그램 개발을 권고하는 동시에 결혼한 여자들이 가정생활에만 묻히지 말고 사회 참여를 함으로써 지역 및 국가 사회 발전에 이바지하며, 자신들의 사회적 성장을 하는데 YWCA가 공헌할 것을 강조했다. 이러한 세계 YWCA의 정책 방향은 한국 YWCA에 큰 자극이 되었다. YWCA가 기독교 신앙을 바탕으로 한 계몽적 여성 운동에서 적극적 사회 참여를 통해 여성의 권리를 신장하는 사회 운동으로 발돋움하는 시기에 박영숙은 실무 간사로 활동을 시작한다.

훈련 간사 3개월 과정을 마친 박영숙은 청년부 간사를 맡았다. 당시 청년부에서 하는 대표적인 일은 직업훈련원을 운영하는 것으로, 여성과 청소년들에게 기술을 가르쳐 직업을 가질 수 있도록 하는 것이 목적이었다.

한국 전쟁 이후 홀몸 여성이 급증했는데 대다수가 극빈 상태에 처해 있었다. 더욱 심각한 문제는 그녀들이 극빈 상태를 벗어날 기반이 되는 기술이나 지식, 사회 경험이 없다는 것이었다. 빈곤의 문제는 그녀에게 딸린 부양가족, 특히 어린 자녀들의 생계와도 직결되었다. 웃음소리조차 담장을 넘기면 안 된다고 교육받은 여자들이 어느 날 갑자기 올망졸망 달린 자식들을 먹여 살려야 하는 상황에 내동댕이쳐진 것이다. 당연히 이들에게 돌아갈 일자리는 없었다. 정부의 지원도 전무했다. 도시에 거주하는 이들은 주로 행상이나 시장 한구석에서 좌판을 벌이는 일용직 노동에 종사했다. 농촌의 경우는 더 심각했다. 생계에 필요한 충분한 경작지를 소유하지 못했거나 의지할 시가나 친정이 없는 이들은 정부의 구호 양곡(1일 1인당 3홉)에 의지하며 비참하게 생계를 유지해야 했다. 특히 농촌에 거주하는 이들의 상당수는 인습에 따라 시가나 친정에 의탁하여 자녀들과 함께 생계를 유지했는데, "아이들은 우리가 맡을 테니 나가 달라."는 시부모의 노골적인 요구로 쫓겨나기도 했다.

이러한 상황에서 여성들을 위한 직업 훈련은 당장의 생계와 관련되는 중차대한 문제였다. YWCA에서는 무엇보다 전쟁 후 홀몸이 된 여성을 위한 직업 훈련에 중점을 두었다. 박영숙은 그 책임자로 부산으로 내려간다. 당시 직업훈련원 원장은 외국에서 파견된 사람들이었는데 캐나다인 바버라 브로드 훗이 기술 담당, 영국인 비올라 윌리엄스가 농업 담당이었다.

한국 측 대표 실무자였던 박영숙은 구체적인 프로그램을 마련하고 조직을 구성했다. 여성들을 위한 가장 실무적인 직업 교육에서부터 실질적인 구직 활동을 매개하는 일까지 종횡무진 활동했다. 서류를 작성하는 일에서부터 조직 관리, 프로그램 운영 등 실무에서부터 관리까지 책임지고 일했던 이 기간에 박영숙은 조직이 추구하는 목적을 분명히 인식하고 조직의 생리를 이해하게 된다. 때로 외국인 원장이나 기술 고문들과의 관계에서 갈등을 겪기도 했다. 당시 기간 시설과 제반 여건이라곤 전혀 갖추어지지 않은 한국을 그저 모든 것이 하루 빨리 개선되어야 할 낙후한 곳으로만 보는 시선에 대해 박영숙은 한국의 특수한 상황을 인식시키고 '다른' 의견을 개진해 조율해야 했다. 이 과정에서 박영숙은 생각이 다른 사람들과 조절하고 협상하는 법을 배운다. 기차가 목적지에 도달하기 위해 터널도 지나고 바닷가도 달려야 하는 것처럼 협상도 준비와 인내를 가지고 이루어 내야 한다는 것을 알아 가면서, 박영숙의 내부에서는 리더십의 자질이 차곡차곡 쌓여 간다. 리더십은 단기 과정을 통해 만들어지지 않는다. 조직 내에서 자기 역할을 분명히 인식하고 조직 내 다른 역할과의 상관성을 파악해 내며 조직 전체를 보는 안목을 키우는 과정에서 한 집단과 조직을 이끌 수 있는 힘이 쌓이는 것이다.

1955년 6월부터 1956년 9월까지 1년여에 걸쳐 박영숙이 여성들의 직업 훈련에 관련된 일을 하는 동안 여성 노동에 대한 사회의 시각도 차츰 변해 갔다. 여성들의 경제 활동이 더는 금기시되지 않았고 사회의 또 다른 경험으로 축적되었다. 즉 여성의 노동은 남편의 위치를 '대신'하는 것이라는 기존의 개념이 조금씩 바뀌면서 여성 역시 실질적인 가장으로서 경제 활동에 종사하고 사회와 교섭하는 주체로 등장하기 시작한 것이다. 이는 곧 여성이 단순히 남편을 보조하는 입장에서 벗어나 가계를 책임지는 적극적인 의미의 경제 활동에 나서게 됨을 의미하는 것으로, 한국 사회에 여성 노동자의 등장을 예고하는 신호탄이기도 했다.

글로벌 리더십

1956년 8월 박영숙은 호주와 뉴질랜드로 파견 교육을 떠난다. 당시 한국 YWCA를 지원하고 있던 두 나라를 방문해 한국의 상황을 알리는 것은 물론 교류와 연대의 지점을 모색하는 막중한 임무가 주어졌다. 박영숙은 태어나 처음으로 외국으로 향하는 비행기에 올랐다. 당시는 호주행 직항편이 없고 홍콩이나 도쿄, 싱가포르를 거쳐야 했다. 다행히 YWCA는 각 나라마다 본부와 지부가 있고 어느 도시를 가든 YWCA가 운영하는 호스텔이 있어 숙소 걱정은 없었다. 100여 년 전 도시 여성 노동자들의 숙소로 이용되던 숙소가 여행자들을 위한 호스텔로 운영되고 있었다. 싱가포르를 거쳐 호주에 도착할 즈음, 여행 가방의 끈이 떨어져 버렸다. 당시 국내에서 생산한 가방의 품질 수준은 싱가포르까지가 한계였다.

호주 서부의 중심 도시 퍼스에 도착하니 공항에 그 지역 YWCA 사람들이 총출동하여 마중 나와 있었다. 당시 호주 YWCA에서는 한국 YWCA 지원 운동을 하고 있었다. 자신들이 지원하는 아시아의 작은 나라에서 온 실무자한테 한국의 소식을 듣고자 많은 사람들이 나온 것이다. 담대하고 침착한 성격의 박영숙이었지만 처음으로 하는 외국 경험은 낯설고 당황스러웠다. 게다가 한국말을 하는 사람은 단 한 사람도 없었고 모든 걸 혼자 판단하고 처리해야 했다.

박영숙은 당시를 '사전적인 영어'를 쓰던 시절로 기억한다. 옷감이란 말을 할 때도 그냥 '클로스' 하면 될 것을 '텍스타일'로 말하는 등 구어체가 아닌 책에서 익힌 영어로 정확하고 공식적인 문장을 구사했다. 문어체 영어를 정확하게 쓰려 애쓰는 아시아의 젊은 여성 실무자를 호주 YWCA 사람들은 따뜻하게 맞아 주었다. 박영숙은 회의와 모임에 참석해 한국의 상황과 한국 YWCA의 상황을 브리핑하고 질문을 받고 대화를 나누어야 했다.

멀쩡한 얼굴로 첫 회의를 마치고 웃는 얼굴로 사람들과 헤어진 후 박영숙은 혼자 산에 올라가 펑펑 운다. 마음의 준비야 하고 왔지만 막상 와서 일을 하려니 고생도 이만저만이 아니었다. 음식이 입에 맞고 안 맞고 하는 건 문제도 아니었다. 파랗고 노란 수많은 눈동자가 주시하는 가운데 자신의 경험과 조직의 운영, 전망에 대해서까지 영어로 연설을 해야 했다. 게다가 TV에도 출연해야 했다. 이국의 낯선 산자락에 주저앉아 엉엉 큰소리로 울고 나자 속이 시원해졌다. 그리고 다시 뱃심이 생기면서 여유가 생겼다. 주눅 들지 말자. 어차피 영어는 내 나라 말이 아니니 조금 더 틀려도 상관없다는 배짱도 생겼다. 강박을 풀어 버리니 마음도 좀 편안해졌다.

퍼스를 시작으로 7개월 동안 호주와 뉴질랜드를 순회하면서 박영숙은 단 한 번도 같은 곳에서 밥을 먹은 적이 없을 정도로 강행군을 해야 했다. 한 번 두 번 연설을 하는 횟수가 늘어날수록 조금씩 여유도 생겨났다. 호주식 영어도 차츰 귀에 들어왔다. 그렇다고 긴장이 사라진 건 아니었다. 여전히 밥 먹기 전에 하는 스피치는 초긴장을 불러일으켰고 밥을 먹는 중에도 늘 질문을 받았기 때문에 식사를 제대로 하지 못했다.

호주 사람들은 한국 YWCA의 이야기뿐만 아니라 박영숙 개인의 경험에도 큰 관심을 보였다. 만주에서 살던 이야기, 이북에서 월남한 이야기, 전쟁의 경험 등 박영숙의 이야기가 곧 한국의 이야기였다. 게다가 당시만 해도 동양인을 처음 보는 사람들이 대부분이라 박영숙의 외모와 태도에도 관심이 많았다. 호주 사람들이 박영숙을 통해 한국을 이해했다면 박영숙은 그들의 시스템을 배우고 문화를 경험했다. 땅콩으로 앵무새 인형을 만들어 아이들에게 나누어 주면 금방 친해진다는 것도 알게 되고 한국 음식을 만들어 파티에 참여하기도 한다.

박영숙이 깊은 인상을 받은 건 캠프 활동이었다. 호주에는 곳곳에 캠프장이 있고 어린아이에서부터 청소년에 이르기까지 다양한 캠프 활동에 참여하고 있었다. 박영숙은 이런 캠프에 직접 참여하면서 캠프를 통해 육체의 활동을 왕성하게 할 뿐만 아니라 자기 내면을 살피는 경험을 하게 된다는 걸 배운다. 이때 체험은 이후 와이틴 활동을 하면서 다락원 캠프를 진행하는 데 많은 도움이 되었다.

박영숙이 머무는 동안 멜버른에서 올림픽이 열렸는데 박영숙으로선 기이한 경험을 하게 된다. 올림픽 기간 동안 외국에서 온 선수나 스태프는 쇼핑을 할 수가 없었다. 저녁 7시만 되면 모든 가게들이 문을 닫았기 때문이다. 결국 올림픽을 구경하러 온 관광객들이 호주 정부에 며칠만이라도 저녁 시간에 상가를 개점해 줄 것을 건의하지만 시민들의 반대로 뜻을 이루지 못한다. 저녁 시간과 휴일을 개인 시간으로 철저히 지키는 그들로서는 외국 손님들의 편의를 위해 자신들의 시간을 할애하는 것을 용납할 수 없다는 입장을 취한 것이다. 돈을 버는 것보다 개인 생활, 가정생활을 중시하는 그들의 태도는 당시 '대한민국 국민' 박영숙에게겐 놀라운 일이었다. 한편으론 자신의 나라를 방문한 사람들한테 예의가 아니라는 생각이 들기도 했다. 이 경험은 국민의 복지를 유보한 채 국가의 경제 성장만을 추구하는 한국 사회를 살아갈 박영숙에게 국가의 발전이 과연 누구를 위한 것이어야 하는지를 지속적으로 고민하게 하는 계기가 된다.

호주와 뉴질랜드 연수는 힘들긴 했지만 다른 세계를 만나고 다른 문화를 만나는 기회였다. 끊임없는 이동과 연속되는 회의로 몸은 힘들었지만 그 과정을 통해 사람들 사이의 차이점과 유사점은 무엇인지, 그런 차이점과 유사점이 세상을 바꾸는 데 어떤 영향을 미치는지, 또 이런 사실을 어떻게 이해하고 활용할 것인지를 배울 수 있었다.

한편으론 개인의 역사가 곧 그 나라의 역사라는 것을 이해하는 계기도 되었다. 호주 사람들이 박영숙의 개인사라는 프리즘을 통해 한국을 이해하듯 박영숙 역시 자신이 만난 한 사람 한 사람이 결국 호주를 이루는 것임을 알게 되었다. 즉 개인의 경험이 모여 국가의 역사를 이룬다는 가장 보편적인 진리를 몸으로 이해하게 된 것이다. 또한 한 나라의 문화 역시 다양한 층위가 있다는 것, 즉 호주라는 한 나라 안에도 계급, 성별에 따라 다양한 문화적 층위가 존재하며 이를 알기 위해선 보이는 부분이 아니라 보이지 않는 부분까지 볼 수 있는 식견을 가져야 함도 짐작하게 되었다. 때로는 한 나라 안에서 다른 문화는 외국의 문화보다 더 이질적이며 이해 불능일 경우도 있다는 것을 인식하게 된 것이다. 결국 국가 문화를 이해하려면 해당 국가의 역사, 지리, 경제, 정치, 종교, 심리 등을 이해해야만 하며 그것은 또한 개인에 대한 이해에서 출발해야 한다는 것이 호주에서 박영숙이 깨달은 것이었다.

호주와 뉴질랜드 출장은 박영숙을 글로벌 리터러시를 가진 리더로 성장하기 위한 출발점에 서게 했다. 글로벌 리터러시란 다양한 문화적 방식으로 보기, 듣기, 생각하기, 행동하기, 운영하기 등을 할 수 있는 상태를 말하는데, 글로벌 리더가 되기 위해 꼭 필요한 자질이다. 이후로도 이어지는 국제 경험은 박영숙의 시야를 한층 더 넓고 원대하게 만들어 주었고, 다음 세대를 내다보는 미래 지도를 만들어 내는 데도 소중한 자산으로 활용된다.

호주 출장을 무사히 마친 그녀는 한국으로 돌아와 보고회를 하는데 이 또한 재미있는 경험이었다. 호주라는 낯선 나라를 소개하는 건 호주에 한국을 소개하는 것만큼이나 많은 생각을 하게 했다. 박영숙은 자신의 체험은 호주의 한 부분만을 경험한 것이라는 전제하에 문화의 차이와 유사성, 연대, 미래의 비전 등을 찍어 온

슬라이드를 보이며 귀국 보고회를 했다. 정해진 시간 내에 자신이 보고 느낀 것을 모두 알리기 위해 말의 속도를 최대한 빨리 할 정도로 열정적인 보고회였다. 박에스더는 말이 빠른 박영숙에게 '천천히'를 입에 달고 살았다. 그녀는 박영숙의 말 한 마디가 1마일을 간다며 '천천히'를 주문했지만 하고 싶은 말이 많았던 박영숙의 말은 어느새 저 멀리 달려가곤 했다.

리더십은 동사다

호주와 뉴질랜드를 다녀온 박영숙은 중고등학생을 대상으로 하는 와이틴 간사로서 전국 조직을 건설하는 일을 시작했다. 당시 YWCA는 수도권 중심의 중고등학교 조직을 전국적으로 확대하는 사업을 전개하는데 박영숙은 슈트케이스를 들고 전국을 직접 발로 뛰어다니며 이 일을 수행했다.

1960년 초반 여자 혼자 지방 출장을 다니기에 한국은 썩 훌륭한 환경이 아니었다. 작은 도시에는 숙소도 마땅하지 않아 난감한 일이 많았다. 미닫이문이 대부분이던 시절 잠금 장치도 제대로 되어 있지 않은 곳에서 묵을 적이면 박영숙은 가져간 슈트케이스를 문 앞 30센티미터쯤에 세워 놓은 다음에 물이 가득 담긴 물그릇을 두 개 연속으로 놓아 두었다. 혹시 누군가 문을 열고 들어오면 가방이 넘어지고 가방이 넘어지면서 물그릇을 엎으면 벼락같이 일어날 수 있도록 고안한 박영숙식 보안 장치였다. 침구도 지저분한 곳이 많아 언제나 얇은 베갯잇과 홑이불을 들고 다녔다.

키가 훤칠하고 이목구비가 뚜렷한 박영숙은 작은 시골 마을에서 종종 외국인으로 오해를 받기도 하고 심지어 경찰에 잡혀가 조사를 받기도 했다. 한편 지역의 남성들은 젊은 여성이 조직 전문가로 오면 자존심 상해하기도 했다. 하지만 젊은 활동가 박영숙은 분명 그들에게 새로운 바람이었고 새로운 분위기를 만들어 냈다. 그 과정을 거쳐 YWCA는 전국 조직을 이루어 낸다. 박영숙은 이 시절에 조직을 건설하는 법을 배우는 동시에 조직에 대한 이해를 넓히고 바람직한 조직 모델을 실험할 수 있었다.

요즘처럼 충분한 문화 혜택이 없던 시절, YWCA는 청소녀들에게 훌륭한 여가 활동의 장이었다. 특히 1년에 몇 번씩 여는 페스티벌은 소녀들의 축제였다. 캔들 라이트나 캠프파이어를 통해서 소녀들은 자신의 내부를 들여다보며 성찰하는 법을 배우고 자연 속에서 자연과 더불어 살아가는 법을 배웠다. 캠프 기간 동안 산을 오르는 프로그램이 있었는데 팀을 열 개로 나누어 한 팀이 올라갔다 내려오면 다음 팀이 올라갔다. 박영숙은 열 팀이 산에 오를 때마다 늘 동행했다. 하루에 열 번 산을 오르내린 것이다.

와이틴 활동은 청소녀들의 몸과 마음을 균형 있게 발전시키고 캠프를 통해 공동체 정신을 익힐 수 있도록 기획되었으며 특히 그 과정을 거친 청소녀들이 자연스럽게 리더십 훈련을 할 수 있도록 체계적으로 운영되었다. 박영숙은 청소녀들에게 리더십은 타고나는 것이 아니라 성별과 무관하게 누구에게나 내재된 인간의 능력으로 이는 효과적인 훈련과 프로그램 참여를 통해 길러진다는 것을 강조했다. 여성들이 리더십을 발휘하지 못하는 이유는 교육과 훈련이 부재하기 때문이며 리더십은 교육과 훈련으로 발견되고 계발되는 것이라고 지도했다. 소녀들을 위한 리더십 교육은 사실 박영숙 본인에게도 해당되는 이야기였다. 박영숙은 이런 프로그램을 진행하면서 훈련된 리더로 자리 매김하고 있었다.

이렇게 YWCA 청년부와 와이틴 간사를 차례차례 경험하면서 조직 실무자로서 역량을 길러 갔지만 한편으론 체계적인 학습에 대한 욕구가 생겨났다. 이론적인 공부를 더 하기로 결심을 굳힌 박영숙은 YWCA에 휴직계를 내고 1959년 9월 필리핀으로 유학을 떠났다. 마닐라에 있는 필리핀극동대학교에서 국제관계를 공부하면서 대사관 직원과 교포 아이들에게 한국말을 가르치는 아르바이트도 했다. 그러나 박영숙의 공부는 1년 반 만에 중단된다. 1961년 5·16 군사 쿠데타가 일어나면서 박영숙의 학비를 지원해 주던 작은아버지의 신상에 문제가 생기고, 1961년 박영숙은 한국으로 돌아온다.

다시 YWCA로 돌아온 박영숙은 1961년 5월부터 1963년까지 2년 동안 대학 YWCA 간사를 맡아 활동하면서 한국기독교교회협의회 청년부, 대학 YMCA, 기독교단체협의회, 한국기독학생연맹 등의 기독 학생 단체 책임자인 박상증, 강문규, 오재식, 손명걸 등과 함께하게 된다. 이들은 당시 교회가 세계의 평화를 만드는 데 무슨 노력을 했는가에 대한 성찰과 평신도들이 구체적으로 교회 선교에 어떤 형태로 참여하느냐 등에 대한 첨예한 논쟁을 벌이며 진보적인 기독 학생 운동을 이끌던 핵심 멤버들이었다.

사실 4·19혁명 이전까지 한국 기독교는 자유당 정권을 일방적으로 지지하고 있었다. 특히 한국 개신교의 이승만 정권 지지는 거의 무조건적이었다. 4·19혁명은 이런 한국 기독교에 커다란 충격과 반성의 계기로 작용한다.

전통적인 신학의 개념에 회의를 갖고 있던 기독교인들에게 4·19는 기독자적 참여와 실천을 모색하는 계기가 되었다. 젊은 청년들은 민중을 외면하고 해바라기처럼 권력을 지향하던 기성 교회를 비판하면서 교회뿐 아니라 정치, 사회 문제에 관심을 갖고 행동하게 된다. 즉 사회 문제와 교회 문제를 분리하지 않고 자신들의 문제로 인식하고 실천하기 시작한 것이다. 그러나 4·19 혁명은 곧이어 일어난 5·16 군사 쿠데타에 의해 그 정신이 위태로워지고 말았다. 5·16 쿠데타 후 다시 군에 복귀한다고 공약했던 박정희가 애초의 약속을 어기고 사전 조직된 공화당을 통해 정부를 장악하자, 기독 학생 운동을 주도하던 사람들은 군사 정권에 맞설 힘을 모으는 활동을 시작한다. 당시 기독 학생 지도자였던 박상증은 이렇게 술회했다.

'박정희 정권이 히틀러 식으로 국가를 정비하고 있다. 우리도 단체를 조직해 저항해야 한다.'는 생각으로 모임을 가졌다. 그때 모인 사람은 YMCA 대학생부 강문규 간사, 한국기독학생연맹 김형태 목사, 기독교대한감리회 청년부 손명걸, 기독교단체협의회 오재식 간사, YWCA 대학생부 박영숙 간사였다. 나는 이들과 에큐메니컬 운동의 역사관과 신학적 조류를 공부하며 용기를 얻었다."

에큐메니컬 운동이란 여러 신학적 입장을 가지는 종파들이 고루 참여, 인간과 사회 및 세계의 문제를 분석하고 극복하려는 의도를 분명하게 표방하며 교회 일치라는 큰 목표를 위해 끊임없는 대화를 나누고 실현해 나가자는 취지를 가진 기독교 운동이다. 세계에서 일어나고 있는 '시대의 징표'에 대한 분석과 통찰을 바탕으로 차별과 빈곤과 불의와 폭력을 극복하고 교회가 역사를 바로잡고, 정치를 민주화하며, 경제적 종속에서 해방되어, 인권을 위해 우선적으로 참여하자는 이 기독 운동은 세계 대전 이후 새로운 기운으로 전 세계에 번지며 젊은 기독 청년들을 매료시켰다.

박영숙을 비롯한 박상증, 오재식, 강문규 등 한국의 기독 학생 운동 지도자들 역시 정동교회에 있던 젠센회관을 근거지로 새로운 기독교 운동의 패러다임을 만들어 내고 있었다. 이들은 민족적 민주주의에 대해, 불의에 저항하는 방식에 대해 치열하게 토론하며 나날을 보냈다. 각 교단 지도자들 역시 기독 학생 운동을 지원했기 때문에 대학부의 활동은 어느 때보다도 활발했다. 박영숙은 한국 기독 학생 운동을 주도하던 이들과 함께 전국을 누비며 강연을 하고 토론을 조직하고 새로운 비전을 제시하는 등 활발히 활동했다. 그야말로 겁 없이 소신껏 일하던 열혈 청년 시절이었다. 교회의 사명과 본질에 대한 질문부터 신앙인의 실천은 무엇이 되어야 하는가에 대한 질문과 고민을 함께하던 이들과 박영숙은 이후로도 오랫동안 친구이자 동지로 한길을 걷는다. 우정과 동지애, 오랜 신뢰 속에서 구축된 이 관계는 생의 커다란 자산이자 위안이며 힘이었다. 박상증의 말이다.

"오재식, 강문규, 손명걸, 박영숙과 함께 출장도 엄청 다녔지. 일정이 끝나면 솔직히 우리는 술도 마시곤 했거든. 그러다 보면 출장비가 떨어질 때가 있었어. 그러면 우리 중에 한 사람이 박영숙한테 간다고, 돈 꾸러. 그러면 박영숙이 두말 않고 주었다고. 나중에 그 돈 받았는지 몰라, 하하하. 그렇게 다니면서도 한 번도 다툰 적 없어. 마음이 잘 맞아서 거침없이 일했지."

국제회의에도 함께 참석하는 경우가 많았다. 1961년 인도에서 열리는 세계교회협의회(WCC) 총회에는 강원용, 김활란을 대표로 박상증, 강문규, 오재식, 손명걸, 박영숙이 함께 참석했다. 또 1964년 성탄절에는 필리핀에서 열린 아시아기독교교회협의회(CCA) 주최 아시아 기독청년대회에도 참여했다. 이런 국제회의를 통해 박영숙은 좀 더 넓은 세계와 접속하고 다양한 문화와 사람을 접하며 시야를 확장해 나갔다.

박영숙이 기독 학생 운동 지도자들과 기존의 교회 중심적 활동의 한계를 극복하고 사회 참여를 도모하던 1960년대는 경제 개발 논리가 한국 사회를 급격하게 지배하기 시작한 시기였다. 성장 제일주의가 최고의 가치로 인정되면서 열악한 노동 환경과 인권 탄압 등은 시선의 바깥으로 밀려났다. 강문규, 오재식, 박상증 등은 도시 산업 선교 운동을 벌이며 노동 운동의 한 축을 담당하는 동시에 반독재 투쟁의 주요한 인물이 되는데, 이후 박영숙은 이들과 '다른' 그러나 언젠가는 만나게 되는 길을 걷기 시작했다.

군부 독재 종식이라는 시대적 과제를 신학적·신앙적 사명으로 받아들이는 것은 동일했지만 박영숙은 여기에 여성의 시선이라는 젠더 관점을 분명히 표방했다. 그 길 위에서 이들은 따로 또 같이 만나고 헤어지곤 하는데 박영숙이 1970년대 여성 운동의 핵심이 되는 동안 그들 역시 한국 진보 운동의 리더들로 자리 매김한다. 이들이 신명을 바쳐 활동한 기독 학생 운동은 이후 한국에서 민중 신학이 탄생하는 환경적 기반을 마련하고 한국기독자교수협의회 설립의 토대가 되었다. 지금은 희끗희끗한 머리를 휘날리는 한국 시민 사회의 원로들이지만, 1960년대 그들은 열혈 청년의 모습으로 신과 사회를 고민하고 독재에 저항하고 자신의 신념을 위해 거침없이 나아간 청년 리더들이었다. 이들은 1970년대 민주화 운동을 거쳐 1990년에는 한국 시민 사회 운동의 중추 세력이 된다.

리더십이 원래부터 주어진 것이 아니라 준비하고 훈련해야 하는 것이라면 박영숙은 분명 지속적인 훈련을 성실히 한 리더에 속한다. 이 시절 박영숙은 시민으로서 기독교인으로서 사회·정치적 책임을 수행하는 법, 대사회적으로 발언하는 방식, 불의와 독재에 타협하지 않고 항거하는 틀을 마련한다.

최연소 총무

전국 조직으로 확장하는 등 조직 정비를 하면서 YWCA는 상근 총무 체제로 조직을 개편했다. 이때 초대 상근 총무로 이희호가 부임했다. 1954~58년까지 미국의 램버스대학과 스캐럿대학에서 사회학 학사와 석사 과정을 마치고 귀국해 이화여자대학교에서 사회학을 강의하던 이희호는 당시 여성계의 촉망받는 인재였다. YWCA에서 이희호를 처음 대면했을 때 박영숙은 투사적인 기풍이 엿보인다는 생각을 했다. 소위 통념적인 여성다움이 감돌고 있던 YWCA 분위기에서 이희호의 지사적 분위기는 이색적이었는데, 당시 YWCA 사람들은 그녀가 여성청년단 출신이기 때문이라고 생각했다 한다. YWCA의 상근 총무로 활발한 활동을 전개하던 전도유망한 인재 이희호는 그러나 상근직을 맡은 얼마 후 당시 야권의 대표적 정치인이던 김대중과 결혼을 하면서 YWCA 활동을 접었다.

"1962년 5월 한 남자의 꿈이 꿈으로 그치지 않게 하기 위해 당신이 도와야 한다는 마음으로 이미 결심을 굳힌 이 선생님에게 와이 이사들을 비롯한 주변 동료, 친구들은 그 결혼을 극구 말렸다. 결혼 상대가 이미 국회의원 선거에서 낙선을 거듭했을 뿐만 아니라 1961년 선거에서 드디어 국회의원이 되었지만 5·16으로 인하여 선서조차 하지 못하고 감옥행이 된 전망이 불투명한 정치인이라는 점, 부인과 사별한 사람으로서 전셋집에서 살고 있으며 와병 중인 어머님과 여동생 그리고 어린 두 자식을 거느리고 있다는 것을 들고 있었다. 이 선생님이 자라 온 가정환경과 국내외에서 수학한 학교 배경 그리고 여성 운동가, 사회 운동가로서의 앞날에 무한한 가능성을 무엇 때문에 저버리려 하느냐는 것이었다. 그러나 이러한 간곡한 권유도 그의 결심을 꺾지 못했다. 그가 술회한 대로 그는 앞날을 예측하고도 그 길을 선택했다."[2]

모두의 우려대로 결혼 2주 만에 김대중이 구속되면서 이희호의 엄혹한 가시밭길은 시작된다. 이희호가 사임한 총무 자리는 박영숙이 물려받았다. YWCA 안에서 선·후임자로 첫 만남을 시작한 박영숙과 이희호는 이후 생의 여러 고비에서 다시 만나게 된다. 민주화 운동의 과정에서, 정치권에서 그리고 이희호가 영부인이 된 후 사랑의친구들과 한국여성재단을 함께하면서 이들은 긴 세월 서로에게 힘이 되고 격려하는 관계가 된다. 30년이 넘는 세월 동안 때로는 아주 가까이에서 때로는 조금 떨어져서 생의 동지이자 친구로 한 길을 가게 되지만, 이때만 해도 서로의 미래를 짐작도 하지 못할 때다.

YWCA 상근 총무직을 맡았을 때 박영숙의 나이 서른둘이었다. 45년 역사를 가진 전국 조직의 실질적인 책임자 격인 총무를 맡기에는 지나치게 약관이었다. 게다가 YWCA 총무가 자동적으로 맡게 되는 여러 사회적 역할들이 있었다. 기독교계 활동에 여성 대표로도 참여해야 했고, 기독교 관련 국제회의에도 빈번하게 참석해야 했다. 당시 강원용 목사가 창립한 기독교사회문제연구원의 감사도 맡아야 했다. 처음 박영숙은 이 자리를 고사했다. 나이도 나이지만 YWCA의 총무 자리는 좀 더 연륜과 학식을 겸비한 사람이 해야 된다는 생각에서였다. 박영숙도 단호했지만 박에스더와 와이 이사진도 단호했다. 박에스더는 당시 방한한 세계 YWCA 총무 엘리자베스 파머도 박영숙을 지명했다는 말을 전하며 박영숙에게 그 자리를 맡아 줄 것을 요청한다. 결국 박영숙은 YWCA의 최연소 총무가 된다.

총무는 YWCA의 방향을 설정하고, 각 지방을 순례하며 지도자를 육성해야 하고, 2년마다 한 번씩 전국 대회를 열어야 하고, 4년마다 열리는 세계 YWCA 대회에 참여해야 했다. 박영숙은 임기동안 두 번 세계 YWCA 총회에 참여한다. 회장단 집회도 따로 있지만 총무단도 따로 모여 회의를 했다. 백여 명이 모인 국제회의에서 만난 각국 YWCA 총무들은 모두 50대였고, 유일하게 홍콩 YWCA의 총무가 박영숙과 비슷한 또래였다. 나이 지긋한 쟁쟁한 사람들 사이에서 박영숙은 언제 나이 먹나 했을 정도였다.

그녀가 YWCA 총무로 재직하던 시절은 여러 모로 위기 국면이었다. 박정희 정권이 사회를 옥죄며 독재의 강도를 높이고 있었고, 해방 이후 여러 나라들에서 들어오던 지원이 차츰 끊어지던 시기였다. 유무형의 지원을 하던 외국 단체들은 이제 한국보다 더욱 상황이 열악한 곳으로 지원의 발길을 돌리고 있었다. 박영숙은 이 문제, 즉 재원의 문제를 해결하기 위해 YWCA회관을 지을 것을 제안했다. 반대 의견들도 있었지만 YWCA가 재정적으로 독립할 수 있는 길이라고 판단한 박영숙은 치밀하게 준비하고 사람들을 설득해 나갔다. 1967년 YWCA의 전체 비전을 그리는 연합위원 총회에서 박영숙은 총무 보고에서 회관을 지을 것을 강력하게 주장하고 마침내 동의를 얻어 냈다. 이 제안을 두고 한 이사는 이렇게 말했다.

"박정희의 연두 연설보다 훌륭했어."

두 달 전에 있었던 대통령의 연두 연설을 빗댄 말이었다.

1967년 6월 5일 기공식을 한 후 1968년 11월 마침내 명동성당 앞에 YWCA회관이 세워졌다. 이 시기는 한편 박영숙에게 또 하나의 인생의 큰 전기가 있던 시절이었다. 결혼을 하고 아이를 가지게 된 것이다. 만삭의 몸으로 박영숙은 준공식을 거행했다.

별난 청혼과 평생 멘토 안병무

1967년 12월 29일, 깊어 가는 겨울날, 잔뜩 웅크린 채 명동길을 걸어 서울 YWCA 강당 문을 들어선 하객들은 별난 사람들이 결혼하니 날씨마저 별나다고 농반 진반의 축하인사를 신랑 신부에게 건넸다. 박영숙과 안병무가 서른일곱과 마흔일곱의 나이에 결혼을 한 날은 하객들의 표현대로 유별나게 추웠다.

박영숙이 안병무를 처음 안 건 스무 살 즈음이었다. 부산에서 피난지 대학을 다니던 때 같은 과 친구가 건네 준 『야성』이라는 잡지에서 처음 안병무의 글을 만났다. 안병무는 그 잡지에 글을 쓰는 필자인 동시에 발행인이었다. 세상을 바라보는 시선과 사안에 대한 심층적인 분석이 탁월해 박영숙은 이후에도 안병무의 글이 있으면 열심히 읽었지만 작가와 만날 일은 없었다. 게다가 1956년부터는 안병무가 독일로 유학을 떠났기 때문에 그의 글도 읽을 수가 없었다. 박영숙이 안병무를 처음 만난 건 그가 귀국한 후 열린 전국 기독교 지도자들의 회의에서였다. 당시 박영숙은 YWCA 총무로 일하던 터라 교계 지도자들이 다 모이는 회의에

YWCA를 대표해 참석한 터였다. 그날 프로그램에는 독일 하이델 베르크대학에서 신학박사 학위를 취득하고 막 귀국한 안병무의 성서 강의도 있었다. 연단 위에서 안병무라고 자신을 소개할 때 박영숙은 비로소 그가 학창 시절 감명 깊게 읽은 글의 필자라는 것이 생각났다. 두꺼운 안경 너머로 번득이는 눈빛과 시원한 이마 위에서 펄펄 휘날릴 듯한 가느다란 곱슬머리, 카랑카랑한 목소리 가 인상적이었는데 이윽고 시작된 강의는 그 외모만큼이나 강렬 했다. 몰두해 듣고 있던 박영숙은 곁에 앉아 있던 김재준 목사(기독교장로회 원로 목사, 안병무의 만주 시절 스승)가 낮게 혼잣말하는 소 리를 들었다.

"병무 정말 공부 많이 했군."

온전히 기억하지는 못하지만 예수가 가는 곳에는 어디에나 민 중이 있다는 그날 강의 내용은 장차 기독계에 새바람을 불게 하는 독보적인 성서 해석이었다.

이후 안병무는 각종 모임에 나가 성서 강의를 하기 시작했다. 그의 새로운 해석과 선선한 연설은 교회뿐 아니라 많은 젊은이들 의 인기를 모았다. YWCA도 1967년 전국대회에 안병무를 강사로 초대했는데, 대회준비위원회는 일주일 내내 아침 시간에 성서 연 구와 강연을 하도록 시간표를 배정했다. 나중에 안 일이지만 안병 무는 주로 밤에 일을 하고 새벽엔 아예 일어나지도 못하는 타입이 었다. 안병무의 집은 수유리였는데 그곳에서 대회장인 이화대학 까지는 택시로도 한 시간 이상 걸리는 거리였다. 그러니 아침 강 의를 맡으면 새벽에 일어나야 했지만 안병무는 한 번도 늦지 않고 성실히 책임을 다했다. 박영숙은 대회 기간 중 매일 문밖에 나가 강사들을 기다렸다. 주최 측의 입장이니 혹 강사가 늦을까 걱정이 되어 초조하게 기다렸던 것인데 훗날 안병무는 특유의 장난기를 발휘해 자기가 그렇게 보고 싶었냐고 놀리곤 했다. 게다가 한여름에 대회를 하니 하루 종일 행사를 진행하다 보면 옷이 온통 땀에 절기 일쑤여서 날마다 옷을 갈아입어야 했는데 안병무는 이 또한 자기한테 예쁘게 보이려고 매일 옷을 갈아입었다고 놀렸다. 사실 박영숙으로서는 옷을 갈아입었는지 안 갈아입었는지 생각도 안 나니 매일 옷을 갈아입는 걸 유심히 본 이는 오히려 안병무였던 셈이다.

당시는 모든 원고를 일일이 타이핑하고 등사기로 밀어서 자료집을 만들 때였다. 강사들이 원고를 주면 타이핑을 해서 자료를 만들어 강의 시간에 사람들에게 나누어 주어야 했다. 그런데 안병무의 원고가 끝까지 들어오지 않아 애를 태웠다. 마감 시간에 임박해서 안병무는 직접 자료를 작업팀에 가져왔다. 모두들 일을 하느라 밤을 새던 중이었다. 작업할 때 입는 둘레 치마를 입고 토시를 끼고 땀을 흘리며 등사기를 밀고 있는 박영숙을 물끄러미 바라보던 안병무는 늦게 갖다주어 미안하니 저녁을 한 번 사겠다고 했다. 박영숙은 의례적인 인사려니 하고 그러라고 했다. 안병무는 당시 독신주의자로 널리 알려져 있었고 오히려 그래서 박영숙은 안병무를 더욱 편하게 대할 수 있었다. 사실 박영숙은 이 대회를 마치고 아프리카에서 일하기로 마음먹고 지원을 하려던 참이었다. 아프리카 YWCA에서 일할 사람을 찾고 있었고, 박영숙은 YWCA에서 처음 일을 할 때 영국과 미국에서 와서 도움을 주었던 것처럼 자신 역시 이제는 다른 곳에 가서 일을 하겠다는 결심을 하고 있었다. 박영숙으로서는 한국에서 마지막으로 치르는 YWCA 전국대회라 더욱 공을 들여 준비하고 진행하던 중이었다.

그런데 대회 기간 중에 문제가 발생했다. 안병무의 사회 구원론 강연에 대해 일단의 보수적인 참가자들의 항의가 들어왔다. 주최 측으로서는 어떻게든 일을 해결해야 했다. 회의를 거친 후 박영숙은 안병무에게 전화를 걸어 이 문제에 대해 자신의 입장을 녹음해서 설명하면 어떻겠냐는 제안을 하고, 안병무도 수락했다. 그리고 며칠 후 테이프를 줄 테니 명동 YWCA회관 앞에 있는 로즈다방에서 만나자는 안병무의 전화가 왔다. 박영숙은 먼저 나가 기다렸다. 예나 지금이나 그녀는 약속 시간에 관한 한 철저했다.

차를 마시고 테이프를 받고 돌아오려고 했더니 안병무가 저녁을 사 주겠다고 했다. 평소 존경하는 선생님이 저녁을 사겠다고 하니 박영숙으로서는 거절할 이유가 없었다. 저녁을 먹으며 이런저런 이야기들을 나누었다. 식사를 마치고 돌아가려는 박영숙에게 안병무는 저녁 값을 갚으라며 영화를 보여 달라고 했다. 그것도 예의라는 생각에 대한극장엘 갔더니 매진이었다. 포기하고 가자고 하니 안병무는 기어이 국도극장까지 가자고 했다. 국도극장까지 걸어가 본 영화가 「원앙새 우는 밤」인가 하는 공포 영화였다. 중간에 관이 벌떡 일어나고 소복을 입은 여자 귀신이 화면을 가득 채우는 영화로 첫 데이트에 어울리는 로맨틱한 영화는 아니었다. 그날 이후 박영숙과 안병무는 데이트라는 것을 하게 된다.

함께 만나 저녁을 먹고 비 오는 둔치를 걷기도 하는 조금은 맹맹한 데이트였다.

그리고 어느 날 안병무는 박영숙에게 청혼을 한다. 그런데 그 청혼이란 것이 기이했다. 어머니가 암 수술을 받고 마취에서 깨어나셨는데, 자신이 금년 내에 결혼하기를 원하니 결혼해 달라는 것이었다. 박영숙으로서는 황당했지만 안병무에게는 그것이 사실, 그 자체였다. 안병무는 독신으로 살 것을 결심한 사람이었다. 그런데 안병무에게 어머니만큼 절실한 사람은 없었다. 그의 책 『선천댁』을 보면 안병무가 자신의 어머니를 어떻게 생각하는지 잘 알 수 있다. 어머니와 예수라는 말은 안병무의 눈에서 언제든지 눈물을 흘리게 하는 글자들이었다.

되돌아본 선천댁은 놀랍게도 피동적이 아니라 능동적으로 안씨 집안을 지켜 왔다. 안씨 집안을 자그마한 역사라고 한다면 그는 분명히 역사의 담지자다. 언제나 음지에서 기본적인 인간의 존엄성이나 권리를 철저하게 유린당하면서도 꾸준하고 집요하게 마지막 순간까지 주체적으로 자기의 뜻을 관철했다. 말로 한 것도 아니요 사변으로 한 것도 아니다. 속속 실천에 옮긴 것이다. (중략) 그는 사람들에게 ─ 특별히 남편에게 ─ 그의 여자로서의 존엄성을 밝히고 또 밝혔으나 그로 인해 약해지지도 않고 후퇴하지도 않았다. 일어나고 또 일어나면서 자기에게 맡겨진 일을 했다. 문자족인 남편은 자식들을 위시해 집안을 버리고 또 버리고 배신을 거듭했지만 선천댁은 배신할 줄도 모르고 자신과 이 집안의 역사를 일치시켰기 때문

에 버리려야 버릴 수가 없었다.³

선천댁은 안병무에게 참 민중, 참 역사의 담지자였다. 그런 선
천댁이 암에 걸려 장시간의 수술을 받고 깨어났을 때 안병무는 눈
물을 흘렸다.

"엄마, 나예요. 내가 보여요?"
눈을 뜰 힘이 없는 탓인지 다시 눈을 감고 한참 있다가 다시 눈을
뜨며 좀더 귓가로 가까이 오라는 것이다. 긴급히 할 말이 있는 것으
로 짐작했다. 그런데 예상을 깨고 다음과 같은 주문을 했다.
"병무야, 내 소원이 하나 있는데 들어 주갔나? 꼭."
"네, 엄마. 무슨 소원이든지 들어 드릴게요."
"내가 맏며느리를 못 본 것이 평생의 한이다. 며느리를 얻어 다
오."
이것은 회복실에서는 상상도 못할 압력이다. 그러나 머리 굴릴
새가 없다.
"엄마, 소원대로 될 거예요."
"아니, 금년 중에 결혼한다는 약속을 해라."
"네."
이것이 거의 그대로 기억되는 수술대에서 의식이 돌아온 선천댁
의 말 그대로다.⁴

이렇게 하여 안병무는 독신 생활의 신념을 버리고 박영숙에게

어렵게 청혼한 것이다. 그러나 이렇게 시시콜콜한 이야기까지 알길이 없던 박영숙은 한마디로 거절한다.

"원 구라파에서 오래 있었다는 사람이 별난 결혼관도 가졌군요."

사실 박영숙은 결혼에 그다지 관심이 없었다. 남자와 담을 쌓고지낸 것은 아니었지만 결혼이라는 '시스템' 자체에 큰 매력을 느끼지 못했다. 게다가 박에스더나 대학 시절 존경했던 스승 김활란도 고황경도 싱글 여성으로 살고 있었고 주변에 자신의 일을 하며혼자 사는 친구들도 꽤 있었다. 무엇보다 일에 몰두하느라 다른생각이 별로 없었다. 고독하다거나 외롭다거나 하는 생각이 들지않는 것이 문제라면 문제였다. 그렇지만 할머니를 비롯해 주변에서는 결혼을 권유했다. YWCA 이사들이 점심을 같이 먹자는 초대를 해서 나가면 그 자리에 남자가 나와 있는 경우도 있었다. 이렇게 만난 사람들이 가끔 YWCA 사무실로 무작정 찾아오거나 선물을 보내곤 해서 놀림감이 되기도 했지만 늘 싱겁게 끝나곤 했다.두 번 만나면 바닥이 보이는 느낌이었다.

사실 알게 모르게 많은 사람들이 두 사람을 연결하려 애썼다.안병무가 독일에서 공부하던 시절에도 독일을 방문한 친구들이박영숙에 대한 이야기를 하며 잘 어울릴 것이라고 말하곤 했다.박영숙과 안병무가 몇 번 데이트를 한 걸 모르는 YWCA의 몇몇선생들도 두 사람이 사귀어 보면 어떻겠냐고 제안했다. 이런저런과정 속에서 박영숙과 안병무의 데이트 사실이 드러나게 되는 사건이 일어난다. 인천에서 열린 강의에 함께 갔던 박영숙은 안병무가 지독한 감기에 걸린 것을 보고 약국에서 약을 사 주며 먹고 푹 자라고 한다. 그런데 며칠 동안 안병무한테서 전화가 없었다. 알고 보니 그 약을 먹고 심장 발작을 일으켜 입원을 한 것이었다. 안병무가 원래 심장 계통에 문제가 있던 터라 약이 부작용을 일으킨 것이다. 부랴부랴 병원엘 가 보니 마침 동료 교수들이 여럿 와 있었다. 그 자리에서 두 사람의 관계가 공개적으로 알려지고 말았다. 박영숙이 청혼에 대답을 하기도 전에 결혼이 기정사실이 되어 버린 것이다.

결국 박영숙은 이 매혹적이고도 조금은 기이한 신학자와 결혼하기로 마음먹고 그의 집에 인사를 갔다. 두 사람이 결혼하는 데 결정적인 역할을 한 선천댁을 만나기 위해서였다. 당시 선천댁은 수술 후 방사선 치료를 받느라 몹시 지쳐 있었다. 식사가 매일같이 줄고 거의 몸져누워 있는 상태였다.

박영숙을 보자 선천댁은 가느다란 미소를 지었다. 활짝 웃을 힘조차 없었던 것이다. 선천댁을 본 순간 박영숙은 자신의 할머니를 떠올렸다. 조그마한 몸피와 고운 눈매가 영락없는 할머니였다. 할머니에게 아낌없는 사랑을 받았던 박영숙은 선천댁이 시어머니라기보다는 할머니처럼 친근하게 느껴졌다. 게다가 자신이 좋아할 수 있는 사람을 낳아 준 사람, 박영숙은 이 조그만 여자가 참으로 고맙고 애잔했다.

뭐라도 좀 먹게 하고 싶었다. 박영숙은 퇴근하는 길이면 장에 들러서 평안도 음식을 찾아다녔다. 입맛에 맞을까 싶어 순대며 빈대떡, 굴 등 선천댁이 좋아할 만한 음식을 준비해 가기도 했다. 그럴 때면 선천댁은 고맙다는 표시인지 제법 입맛이 난다며 조금씩 들곤 했다. 선천댁은 선천댁대로 자기 마음에 지닌 호의를 박영숙에게 나타내기 위해 애를 썼다. 단팥죽을 좋아한다는 말을 듣고 거의 매일같이 단팥죽을 쑤어 놓고 박영숙이 올 때를 기다렸다. 또 밤을 좋아한다는 이야기를 듣고는 밤을 깎아 놓고 기다리기도 했다. 두 여자는 아주 오래전부터 알고 지낸 것처럼 서로를 이해하고 보살폈다.

이렇게 맺어진 두 사람의 인연으로 안병무는 박영숙의 삶에 평생 멘토로 확실하게 자리를 잡는다. 안병무가 세상을 떠난 지 10년이 지난 지금도 박영숙은 어떤 일을 해결해야 할 때면 안병무의 목소리가 귓가에 들린다고 한다. 마주 앉아 이야기하는 것처럼.

두 세계의 충돌

박영숙은 가족보다 먼저 박에스더에게 안병무를 소개했다. 시키는 대로 꽃다발을 준비해 "박영숙과 결혼하겠습니다." 말하는 안병무에게 박에스더는 "박영숙이 딴 건 다 좋은데 좀 괴팍해." 하는 말로 두 사람의 결혼을 수락하고 필요한 모든 준비를 다해 주었다. 어찌나 꼼꼼히 준비를 했는지 전날 예행연습까지 시켰다. 천하의 안병무도 결혼을 하기 위해 그 과정을 묵묵히 따라 주었다.

그러나 결혼을 준비하는 과정이 평탄하지만은 않았다. 박정희 정권이 윤이상을 비롯한 독일 유학생들을 간첩으로 조작해 구속하는 사건이 터지면서 안병무 역시 정보부에 끌려가서 조사를 받는 등 고초를 겪어야 했다.

동베를린 유학생들과 관련되어 일명 '동백림 사건'이라 불리기도 했던 이 일은 1967년 7월 교수·유학생·음악가·화가 등 200여명이 검거되는 대규모 간첩단 사건을 이른다. 그해 6월 8일에 있었던 총선에서 부정 선거 시비로 4·19 이후 최대 규모의 데모가 발생하고, 여론에 밀려 결국 공화당 당선자 몇 명이 무효 처리까지 되는 등 박정희 정권이 민심을 잃고 위기를 맞던 여름, 중앙정보부는 이른바 '동백림 거점 공작단 사건'을 발표한다. 이어진 재판에서 검찰은 유럽에서 활동하던 현대 음악의 거장 윤이상 등 6명에게 사형을, 화가 이응로 등 4명에게 무기 징역을 구형한다.

그러나 이 과정에서 중앙정보부 수사 요원이 독일과 프랑스에 가서 관련자들을 직접 체포해 오는 명백한 불법 행위(상대국의 주권 침해)를 저지르면서 '구속자들의 원상 복귀'를 종용하는 독일의 엄청난 압력이 시작된다. 게다가 재판의 전 과정을 감시당하고 '인권 후진국'이라는 오명까지 쓰는 등 박정희 정권은 이 사건으로 국제적 망신을 톡톡히 당하게 된다.

결국 관련자들은 한 명도 남김없이 석방된다. 윤이상 등은 상처를 안고 다시 독일로 떠나고, 관련자로 구속됐던 천상병 시인은 이후 전기 고문 후유증을 앓게 되었다. 독일에서 유학한 안병무 역시 이 과정에서 여러 고초를 겪어야 했다. 무죄로 인정받고 나온 후 만난 박영숙에게 자신이 끌려가 있는 동안 어디로 가 버리면 어떡하나 했다는 말로 그는 박영숙에 대한 애정을 표현했다. 결혼 전 안병무는 자신만 바라보는 해바라기형은 싫다고 말을 한 적이 있는데 박영숙은 속으로 쾌재를 불렀다. 그녀 역시 해바라기로 살고 싶은 마음은 조금도 없었다.

결혼 당일, YWCA 강당이 가득 찰 정도로 많은 하객이 왔다. 김활란은 이제 막 일 잘할 사람을 데려간다고 신랑을 야단치고, 피로연 때는 신부가 케이크를 들고 일일이 찾아다니면서 나눠 주는 진풍경이 벌어지기도 했다. 평소 일하던 습관을 못 버린 박영숙이 자신의 결혼식장에서도 소매를 걷어붙이고 하객들을 대접하느라 바쁘게 움직였던 것이다. 시끌벅적한 결혼식을 마치고 두 사람은 제주도로 신혼여행을 떠났다. 봄, 가을이면 신혼부부로 발 디딜 틈 없는 제주도였지만 12월 말은 비수기였다. 호텔 프런트에는 '신혼부부 25% 할인'이라는 팻말이 붙어 있었다. 숙박비를 계산하며 두 사람은 마주 보고 웃고는 조용히 방으로 올라갔다. 남들이 보기에 중년의 교수가 조교 한 사람 데리고 연구 조사 온 것으로밖에 보이지 않는 행색이니 본인들이 생각하기에도 신혼부부라 하기엔 멋쩍은 커플이었다.

그리고 첫날밤, 두 사람은 목욕탕 문을 사이에 두고 큰소리로 언쟁을 벌였다. 안병무가 YWCA를 두고 부르주아 여자들이 모여서 시답잖은 일을 한다는 식의 얘기를 했고 샤워를 하러 들어갔던 박영숙은 문 밖을 향해 왜 남의 단체의 흉을 보냐며 소리를 질러댔던 것이다. 하나의 세계와 또 하나의 세계가 정면으로 만나는 장면이었다.

안병무가 비판한 건 YWCA의 정치적 입장에 관한 것이었다. 해방과 전쟁의 소용돌이 속에서 부모를 잃은 아이들과 혼자가 된 여성들을 위한 봉사 사업이 주를 이루던 YWCA 활동은 황폐한 시절에 꼭 필요한 일들이었다. 그러나 1960년대 쿠데타와 독재라는 정치적 상황은 시민 사회 단체들에게 시대정신에 입각한 정치적 입장을 요구했다. YWCA는 이승만 정권에 대해서도 중립의 입장을 지켰고, 한일 국교 정상화를 반대하는 각계각층의 운동이 활발할 때도 국제적 기독교 단체로서 세계 YWCA가 취하고 있는 정치적 중립을 지켜야 한다는 이유로 침묵했다.

그러나 독재가 점차 사회 전체를 억압하는 분위기 속에서 시민사회 단체들이 좀 더 적극적으로 저항해야 한다는 것이 시대적 요구의 한 자락이 되었다. 즉 급변하는 사회 속에서 당대의 요청을 받아들일 시기에 YWCA는 너무 안일한 활동만 하는 게 아니냐는 것이 안병무의 입장이었다.

물론 YWCA가 사회적 문제들을 전혀 도외시한 것은 아니었다. 저소득층 여성과 소외당한 여성들을 위한 직업 훈련 및 생활 기술 교육 사업과 프로그램들이 각 지역 YWCA에서 다양하게 실시되었다. 또한 중산층 시민운동도 활발히 이어 나갔다. 박영숙이 총무로 있던 1964년 사회문제부 속에 소비자보호위원회를 구성하여 소비자 운동을 펴는 동시에 부정 불량 상품의 개선을 위한 고발 활동을 시작했다.

이러한 활동들이 시민의 삶의 질을 향상하는 데 분명 도움이 되긴 했으나 YWCA가 정치적 중립을 표방한다는 명분으로 국민을 근본적으로 억압하는 체제나 정책에는 관여하지 않음으로써 억압적인 체제를 유지하는 데 동조한다는 안병무의 비판도 아주 틀린 것은 아니었다. 그러나 변변한 여성 단체 하나 없던 시절 YWCA가 여성들을 위한 운동을 개척해 나간 것은 부인할 수 없는 사실이다. 안병무라고 이걸 모를 리는 없었겠지만 시민운동의 다양성을 이야기하기엔 시절이 지나치게 엄혹했던 터라 YWCA의 총무로 있는 아내의 단체에 쓴소리를 한 것이리라.

안병무와 박영숙 사이에 의견 충돌이 있었던 건 두 사람이 자란 환경과 사회적 경험이 달랐을 뿐 아니라 사안을 보는 시각의 차가 컸기 때문이다.

안병무는 1922년 평안북도에서 한의사인 아버지 안봉식과, 남편의 이중생활로 평생 아들 교육과 생계를 책임져야 했던 어머니 정원숙의 맏아들로 태어났다. 안봉식이 다른 여자와 간도로 떠난다는 소식을 들은 정원숙은 한 살배기 안병무를 업고 역으로 달려가 국경을 넘었는데, 이것이 안병무가 용정에 있는 중학교에서 김재준의 가르침을 받고 훗날 뭇사람들에게 많은 영향을 미치게 되는 윤동주·강원용·문익환·문동환과 조우하며 민족주의적 토양과 신학의 토대를 닦게 된 계기였다.

안병무는 일본의 다이쇼(大正)대학교 문학부에 진학하지만 태평양 전쟁 말기에 학병으로 강제 징집령이 떨어지자 예과 3년을 마친 상태에서 용정으로 돌아왔다.

그리고 해방 이듬해 서울로 와서 서울대학교 문리과대학 사회학과에 들어갔다. 어찌 보면 이때까지 안병무와 박영숙의 동선은 비슷하다. 두 사람 다 평안도 출생이고 어린 시절 만주에서 지냈으며 해방 후 남한으로 온다. 매우 비슷한 과정을 거쳐 남한으로 왔지만 아직 이들이 만나려면 20여 년의 시간이 필요하다.

안병무는 서울대에서 기독 학생 운동에 참여하면서 평생을 같이하는 친구들을 만났다. 그들은 학교를 졸업한 후 교회 개혁을 꿈꾸며 교회를 세우고 설교자가 된다. 그러나 그 무렵 발발한 한국 전쟁은 이들에게 기성 교회에 대한 실낱같은 신뢰마저 저버리게 했다.

이 경험을 통해 안병무는 기성 교회를 떠나게 되지만 참된 교회와 예수의 길은 포기하지 않았다. 1951년에는 옛 동지들과 다시 만나 광야에서 외치는 세례 요한을 생각하며 『야성』이라는 월간지를 내는데, 박영숙이 대학 시절 감명 깊게 읽었다는 그 잡지였다.

서울로 환도한 후 이들은 반수도자적인 생활을 하는 공동체를 시도했으나 이것 역시 가족 이기주의에 밀려 실패했다. 안병무는 이때 결혼을 하여 가족을 만드는 삶이 가족 이기주의를 만들고 종교적 신념도 생의 지표도 흔든다는 생각을 하여 결혼에 대한 부정적인 생각을 하게 된다. 1956년 그는 독일 하이델베르크대학에 유학하여 본격적인 신학 공부를 하고 1965년 고국으로 돌아왔다. 그가 1967년 박영숙과 결혼할 무렵은 박정희 독재 정권의 민주주의 말살의 폭압 정치가 기승을 부릴 때였다. 이 과정에서 실천하는 지성인의 한 사람인 안병무는 1974년 '민주회복국민선언'에 서명한 것을 비롯해 민주화 운동에 적극 나섰다.

이로 인해 안병무는 교수직에서 강제 해직되었고, 1976년 3월 1일 명동성당에서 발표된 '3·1 민주구국선언' 사건으로 다른 서명자들과 함께 구속되었다. 그때 박영숙은 구속자 가족들과 함께 민주화 운동에 적극 참여하게 된다. 1979년 안병무는 교수직에 8월 잠시 복귀하지만 이듬해 다시 해직된다. 그러나 해직되고 나서도 그는 들불같이 일어나고 있던 민주화 운동의 중심에 서서 운동의 정당성을 이론적으로 제시하며 큰 영향력을 발휘했다. 안병무의 수난의 여정은 그와 함께했던 박영숙의 의식 변화에 한몫을 한다.

안병무는 감옥에서 얻은 병으로 심근경색증을 앓고 있어서 모든 회의를 집에서 하고 있었다. 그럴 때면 박영숙이 준비한 정갈한 음식들이 무거운 분위기를 녹이는 역할을 했다. 훗날 이 시절을 기억하는 이들은 그때의 음식에 대한 기억을 함께 떠올린다. 그 많은 외국 방문객, 교수, 목회자, 학생, 구속자 가족들은 박영숙과 안병무의 인간에 대한 '구체적인 애정'을 지금도 그리워한다.

개천가 무허가 집

두 사람의 신혼 생활은 안병무가 이전부터 살고 있던 수유리 집에서 시작됐다. 그 집은 안병무가 독일에서 돌아와 마련한 것으로 개천가의 무허가 집이었다. 신부를 맞이하기 위해 안병무가 한 일은 성에가 끼는 방을 약간 수리하는 것과 회의하러 일본에 갔다가 밥통을 하나 사 온 것이었다. 밥통을 사 온 건 안병무로서는 획기적인 일이었다. 독일에서 유학을 마치고 돌아올 때 그가 가지고 온 것이라곤 책과 헌 넥타이가 전부였다. 어머니나 동생을 위한 선물도 없었다. 10년 넘게 살던 곳에서도 아무것도 가져오지 않은 그였으니 밥통을 사 온 건 결혼에 대한 최대한의 예의였다고 할 수 있다.

처음 결혼을 하고 박영숙은 이런저런 살림들을 장만하려 했지만 안병무는 반대했다. 이 세상 어느 것도 소유하려 하지 말고, 인간 삶에 반드시 필요한 것만 두고 생활하자는 것이 그의 신념이었다. 그릇을 놓을 선반 하나도 새로 짜 넣지 못하게 했다. 천년만년 살 것처럼 무얼 그리 자꾸 만드느냐, 물건들이 많아지면 내 것이라는 애착이 생기고 그것을 지키려는 욕망이 생겨난다는 것이었다. 어느 것도 누군가의 소유가 될 수 없으며 잠시 빌려 쓰다 그 자리에 두고 떠나는 것이 인생이라는 것이 안병무의 삶의 태도였다.

그러고 보니 막상 꼭 필요한 건 몇 가지 되지 않았다. 의식주는 정말 필요한 몇 가지로 해결이 됐다. 안병무는 쌀도 많이 사 놓지 못하게 하고 철에 따라 장만하는 밑반찬도 하지 못하게 하고 심지어 겨울에 연탄도 쟁여 놓지 못하게 했다. '저장하는 삶' '소유하는 삶'을 살지 않겠다는 것이었다. 틀린 말이 아니라고 생각했기에 박영숙은 반대하지 않았다.

그러나 연탄만은 타협할 수 없었다. 엄동설한에 하루에 몇 장씩 사다 채 마르지 않은 연탄을 쓰는 건 고역이었으므로 안병무도 그 것엔 타협을 했다. 현명한 늦깎이 새댁은 대의에는 찬성을 했지만 유연하게 대처하며 살림을 해 나갔다. 반드시 선반을 짜야 할 일이 있으면 안병무가 출장을 간 사이에 하고, 성에가 끼는 방벽은 외국 강연을 간 사이 보수했다. 물론 안병무도 모르진 않았겠지만 그걸 두고 시비를 걸지는 않았다.

40년 가까이 혹은 40년 넘게 혼자 살아왔던 두 사람인지라 함께 사는 일이 만만하진 않았다. 박영숙은 안병무의 말을 듣고 옳다고 생각되면 기꺼이 실천에 옮기고 이해되지 않는 부분이 있으면 끝까지 토론을 해 서로가 납득되는 방식을 택했다. 안병무는 주장을 뚜렷하게 전개하면서도 자신의 예리함을 유머로 감싸 부드럽게 전달하려는 편이었고, 어려운 상황은 회피하지 않고 정면으로 대결하는 용기를 보이면서도 때로는 위트로 반전시키는 지혜가 있었다.

정치적으로나 역사적인 배경에서 본다면 박영숙과 안병무의 결혼은 같은 목적을 위해 노력하는 두 그룹 간의 결합을 의미했다. 안병무가 민중 신학을 기반으로 억압받는 자들의 영토에 있고자 하는 신념 강한 교수였다면 박영숙은 소외받는 자들에 대한 애정으로 살아온 열성적인 휴머니스트이자 여성주의자였다. 교양이나 사고방식, 삶을 대하는 태도에서 두 사람은 금욕적이었으며 타인에 대한 궁극적 사랑을 그 시대의 한국인들 가운데서 가장 두드러지게 가지고 있었다.

두 사람의 바래지 않는 강한 유대감은 이후 민주화 운동에서 정치 활동, 환경 운동으로 이어진다. 결혼 후 박영숙의 사상이나 철학은 안병무의 영향이나 정신적 유산과 뗄 수 없는 것이 되었다. 그러나 그보다 근본적인 요소는 어디까지나 그녀 자신의 지향과 발전 속에 있었다. 그녀는 남편 안병무를 인생의 스승으로, 평생 멘토로 인정하고 일생 동안 존경했다, 열린 마음으로.

박영숙은 안병무의 글과 설교, 연설 등을 통해서 그의 사상을 이해했고, 29년 동안 한 지붕 밑에 살면서 생각과 행동이 일치하는 삶을 지켜보았다. 그의 삶을 똑같이 따라 살 수는 없다 하더라도 지향하고 싶은 삶의 모델을 만난 것을 큰 행운이라고 박영숙은 지금도 생각한다.

젊은 시절 안병무가 쓴 한 편의 시는 지금도 박영숙의 마음을 뜨겁게 한다.

친구여! 가자 십자가의 길을

친구여! 가자 하늘나라로 향해 가자

그 길이 좁으면 내 가진 것 버리고 가자

그래도 좁으면 알몸으로 가자

그래도 안 되면 내 사지를 찢고라도 가자

가자, 친구여! 고독한 이 길로 그대로 가자

이 길은 남이 걷지 않는 길

때로는 나와 내 그림자만이

걸어가야 하는 길

가다가 다리가 아프면

상수리나무 아래서 쉬어서 가자

목이 마르면 야곱의 샘에서 마시고 가자

가다가 날이 저물면

여호와의 장막에서 머물고 가자

가다가 심장이 터지면 목은 십자가에 깔리면서라도

눈은 그 나라로 향하고 가자

이 시와 함께 박영숙이 기억하고 있는 말은 "아무리 타락의 나
락에 빠져 있다 하더라도 자기를 정당화하기 위해서 진리를 왜곡
해서는 안 된다."는 것이다.

늦은 결혼에 나이도 많았던 터라 기대도 안 했지만 1년쯤 지나
아이가 생겼다. 누구보다 아이를 기다린 건 선천댁이었다. 하지만
아이가 2.2킬로그램으로 태어나는 바람에 석 달 동안 병원에 있어

야 했고, 결국 아이를 보지 못한 채 선천댁은 세상을 떠났다. 아이가 태어나니 돌볼 사람이 필요했다. YWCA는 육아를 병행하기에 적합한 직장은 아니었다. 지방 출장도 잦고 야근도 잦았다. 게다가 그때까지 YWCA에는 탁아 시설도 없었다. 규칙적이기는 오히려 안병무 쪽이 나았으나 학교 강의 외에도 집필과 강연 등 그 역시 늘 빠듯한 일상을 영위하는 사람이었다. 아이를 돌보기 위해 누군가 한 사람은 직장을 그만두어야 했다. 논의 끝에 박영숙이 이 활동을 접기로 한다. 1969년 2월, 박영숙은 회원 또는 클럽 지도자로서 봉사 활동까지 포함해 20년의 YWCA 생활을 접는다. 그렇게 열정적으로 사회생활을 하던 사람이 어느 날 갑자기 집에 들어앉으니 사람들이 놀라워했지만 본격적인 육아와 살림 또한 만만한 일은 아니었다. 박영숙의 본격적인 전업 주부 시절이 시작된 것이다.

아이를 키우는 일은 보람 있었지만 박영숙은 자신이 그렇게 훌륭한 어머니라는 생각은 들지 않았다. 재권이 동화책을 읽어 달라고 하면 한 번은 즐겁게 읽는데 두 번부터는 지겨워졌다. 엄마의 마음을 알았는지 아이는 간단한 스토리를 외워 스스로 글자를 깨우쳤고 세 살 즈음에는 혼자 책을 읽을 정도였다. 아들 재권은 부모를 따라 원고지를 채우는 놀이를 하면서 자라났다.

안병무는 재권과 어울리면서 늘 이런 말을 반복하곤 했다. "왜 사람들은 자식에 대해 키운 보상을 바라는지 모르겠어. 자라면서 다 갚고 있는데 말이야."

3. 여성 운동 한복판에서

(1970~1986)

아이와의 타협은 불가능하다

재권이 세 살 무렵 박영숙은 다시 일을 시작한다. 일이 하고 싶던 차에 마침 여성단체협의회에서 사무처장직을 제안해 왔다. 재권을 돌봐 줄 겸 박영숙은 조카딸 김정림에게 집에 와 있어 줄 것을 부탁했다. 박영숙의 언니가 세 자매를 남기고 일찍 세상을 떠나는 바람에 세 자매는 외가인 박영숙의 집에서 자라고 학교도 다녔는데, 정림은 그중 맏이로 특히 박영숙을 따랐다. 어린 조카들을 위해 박영숙은 소풍도 함께 다니고 옷도 만들어 입히고 도시락도 공들여 싸 주었다.

"학교 갈 때 아침마다 머리 땋아 주고 밥을 해서 도시락도 싸 주었어요. 반찬도 색깔 맞춰 예쁘게 싸 주어 반 친구들이 부러워했지요. 옷도 직접 만들어 입혔어요. 이모와 함께 YWCA에 살던 시절엔 그 바쁜 와중에 한잠도 안 자고 인형까지 만들어 붙여 예쁘게 앞치마를 만들어 주었어요. 제 가정 숙제였거든요. 이모 덕분에 바느질이며 뭐며 반에서 제일 잘하는 아이였어요. 성냥개비 가지고 인형도 만들고 그 인형의 옷도 색종이로 만들어 주고, 뭐든지 참 잘했어요.”

비슷한 때에 작은어머니가 돌아가시는 바람에 한때는 조카 셋과 사촌 셋을 박영숙이 돌본 적도 있었다. 그때도 박영숙은 기꺼이 아이들과 함께 지냈다. 힘들었을 법도 하지만 돌아보면 행복한 기억으로 남아 있는 시간들이다. 박영숙에게 가족은 늘 조카들까지 포함된 개념이었고 조카들에게 그녀는 이모이자 엄마였다. 박영숙이 결혼할 당시 정림은 대학생이었는데 재권을 돌볼 겸 박영숙의 집으로 온 이후 오랫동안 박영숙과 함께 살게 된다. 재권을 돌보는 것뿐만 아니라 집에서 모임이 있을 때면 박영숙과 함께 장을 보고 음식을 마련하고 그 많은 설거지를 함께했다.

“이모가 결혼하고 수유리에 같이 살면서는 손님 오고 그러면 학교도 못 갔어요. 해마다 4·19가 돌아오면 수유리 4·19탑을 방문한 분들을 위한 아침 겸 점심 식사 준비하느라 눈도 못 붙이고 밤새 음식을 만들었어요. 팬케이크, 김밥, 샌드위치도 만들고 계란도 삶고 여자 몇 명이 밤을 꼴딱 새고 일을 해야 했어요. 나는 부엌에서 나와 보지도 못해 누가 왔다 갔는지도 몰라요. 내 사촌 재권이는 지금도 김밥 끄트머리가 젤 맛있다고 그래요. 어릴 때부터 하도 먹어서. 구절판 하고 남은 밀가루로 만든 전병도 좋아한다니까요. 이모의 대표적 정서 활동이 음식을 만들어 나누어 먹는 일이었던 거 같아요. 천성적으로 부지런해서 작년까지도 밤을 꼴딱 새면서 음식을 준비하곤 했어요. 이제는 나도 힘들어 죽을 거 같은데 아직도 그렇게 한다니까요.”

가장 가까이에서 가장 오랫동안 박영숙을 지켜본 이는 아마도 그녀일 것이다. 가부장적 사회에서 한 여성이 일을 하는 데는 다른 여성들의 지원과 연대가 반드시 필요하다. 그 후원을 대부분 친정어머니가 맡아 하는데 박영숙의 경우 조카가 그 일을 해냈다고 할 수 있다. 아주 오랜 세월, 그녀들은 서로를 깊이 이해하고 서로의 일을 공감하고 함께 기뻐하고 슬퍼해 왔다.

"이모인지 엄마인지 친구인지 모르겠어요."

이 말은 이들의 관계를 잘 드러내 준다. 어쨌든 조카의 지원과 지지 속에 박영숙은 다시 일을 하러 나갈 수 있게 되었다.

한국여성단체협의회(이하 '여협')는 전후인 1959년 10개 여성 단체가 자발적으로 모여 발족하고 1960년 세계여성단체협의회에 가입한, 당시 한국의 대표적인 여성 단체였다. 그러나 한편으론 관변 단체의 성격도 짙어 정부의 시책을 대변한다는 비판도 있었다. 여협의 젊은 사무처장으로 부임한 박영숙은 조직의 성격을 새롭게 바꾸고자 노력했다. 능률적인 시스템으로 조직을 개편하고 여성들이 공동으로 겪고 있는 문제를 해결하기 위한 아젠다를 내면서 단체를 활기 있게 만들어 갔다.

1970년대 여성 단체들의 주요 활동으로는 가족법 개정 운동과 소비자 보호 운동이 있었다. 1973년 6월에는 여협을 비롯해 61개 여성 단체가 참여해 '범여성 가족법 개정 촉진위원회'를 구성하면서 활발한 활동을 전개해 1977년에는 가족법 중의 일부를 개정하는 성과를 올리기도 했다. 소비자 보호 운동은 1960년대 후반 국가의 경제 개발 계획과 고도 성장 정책에 따라 국내의 생산업자와 유통업자로부터 소비자를 보호하자는 취지에서 시작되었는데, 1965년 한일 국교 정상화에 의해 일본 상품이 국내에 진출할 때는 국산품 사용하기 등의 활동을 전개하기도 했다.

한편 환경 운동도 막 그 싹을 틔우고 있었다. '환경 운동'이란 말조차 생소하던 시절 여협은 세제와 수자원 오염에 대한 문제를 제기하면서 환경 운동의 씨앗을 뿌리는 역할을 하는데, '근대화'가 환경에 미치는 영향을 주시하고 행동으로 실천했다는 면에서 매우 주목할 만하다.

비누나 천연 세제만을 사용하던 이전과 달리 '근대화'의 일환으로 합성 세제들이 쏟아져 나오면서 수질 오염 문제가 수면 위로 떠올랐다. 천연 세제와는 달리 합성 세제는 미생물에 의해서도 잘 분해되지 않으며 물속으로 통과하는 빛을 가로막아 수생 식물의 광합성을 해치고 산소 공급을 차단해 하천의 자정 능력을 현저히 저하시킨다. 또한 합성 세제에 들어 있는 세척 촉진제인 인산염은 식물성 플랑크톤의 영양소로 작용해 하천의 부영양화 현상을 초래하는데 이렇게 되면 물속에 산소가 모자라게 돼 물고기뿐만 아니라 다른 수생 식물마저도 모두 죽는 적조 현상이 나타나 하천을 '죽음의 강'으로 만든다. 여협은 이 문제에 주목하면서 '경성 세제 반대 운동'을 전개해 나갔다. 합성 세제에는 경성 세제와 연성 세제가 있는데 경성 세제는 미생물 분해가 극히 더디기 때문에 당시 세계적으로도 경성ABS를 생분해성이 높은 연성ABS(LAS)로 전환하고 있었다.

박영숙은 이 캠페인을 펼쳐 나가면서 환경 문제에 눈을 뜨기 시작했다. 그녀는 이 문제가 목숨과 직결되는 일이면서 아이들의 미래와 관련 있는 일이라는 걸 단숨에 알아차렸고, 또한 이 문제가 캠페인만으로 해결될 단순한 문제가 아니라는 것도 간파했다. 현란한 광고 속에 판매, 사용되고 있는 합성 세제는 기업의 이익과 긴밀하게 연결되어 있을 뿐 아니라 국제적인 자본 시스템 속에서 판매 유통되는 상품이었다.

차근차근 합성 세제와 환경과 자본의 관계를 공부해 가면서 그녀는 본격적으로 환경 문제에 발을 들여놓았다. 여협은 체험적 교육과 홍보 활동을 기반으로 시민 운동을 전개해 나갔고, 그 결과 경성 세제의 판매가 금지되고 생분해성이 높은 LAS로 전환하는 법률이 마련됐다. 반체제 운동이라고 견제하던 정부를 변화시켰을 뿐 아니라 한국 환경 운동이 기업과 정부를 대상으로 벌여 일군 최초의 승리였다. 물론 그렇다고 해서 모든 문제가 해결된 것은 아니었다. 연성 세제의 사용으로 생분해 효과가 증가해서 이전보다는 하천에서 거품이 줄어들기는 했지만, 여전히 LAS가 분해될 때 생기는 페놀계 물질은 생물에 유독하게 작용하고 하수 처리 시설에 장애를 일으켰다. 여기서 나오는 잔류성 물질은 하수 밑면에 침전, 축적되어 장기간 수질 오염의 원인이 된다. 세월이 흘러 13대 국회의원으로 환경 운동의 최전선에 서게 된 박영숙은 다시한 번 정면으로 수질 오염 문제와 마주 선다.

환경 운동과 더불어 또 하나 사회적으로 부각된 운동은 '가족계획 운동'이었다. 가족계획 사업은 사실 정부가 시작한 시책이었다. 국제적으로는 지구 환경 문제와 결부되어 제기된 것과는 달리 박정희 정부는 1962년 이래 경제 개발 5개년 계획의 일환으로 인구 억제 정책을 추진했다. GNP 등 양적인 경제 성장이 제1의 목표였던 유신 체제 국가는 인구 증가를 소위 조국 근대화의 저해 요인으로 파악한 것이다. 여성의 몸을 정부가 통제한다는 반발도 있었지만 여성 스스로 출산을 조절할 수 있게 되는 건 여성에게도 매우 중요한 일이었다. 환경 문제와 관련해서도 인구 조절 정책은 필요하다고 판단한 여협은 1972년 인구문제특별위원회를 구성해 본격적인 사업을 추진한다. 정부의 시책이 여성을 대상으로 단산 위주 정책을 시행했다면 여협에서는 여성의 몸을 보호하면서 남성을 가족계획 사업에 끌어들이려 고심했다.

여협은 "가족계획에 있어서의 남성의 역할"을 주제로 공청회를 개최하는가 하면 "낳는 것은 여자가, 안 낳는 것은 남자가!"라는 구호를 내걸어 남성들의 참여를 유도하기도 하고, 인구 문제를 남아 선호 사상과 연결시켜 가족법 개정 운동에 속도를 가하기도 한다. 또한 기관지 「여성」지에 "출산 조절에 대한 인공 임신 중절의 기여도"란 기사를 실어 인공 임신 중절 문제에 대한 위험성을 경고하기도 한다. 여성을 사회 구성원의 일원으로써 남성과 동등하게 취급하지 않는 상황에서 여성을 1차적인 정책 대상으로 삼았던 국가의 '여성 몸 통제 정책'은 많은 문제가 있었지만, 한편으로 여성들은 비로소 지나친 출산과 육아에서 자유로울 수 있는 길을 가게 된 측면도 있었다. 경제 성장과 관련하여 국가적으로 계획된 '가족계획 사업'에 부응한 면도 없지 않지만 그런 와중에서도 여협이 여성의 입장에서 출산과 몸의 자율성을 모색하기 위해 부단히 노력했던 것도 사실이다.

그러나 여성 단체가 여성들의 공통의 관심사를 추구하기에 시대는 엄혹했다. 1971년 대통령 선거에서 김대중 후보를 15만 표라는 근소한 차이로 이긴 박정희는 다시 당선되기는 했지만 지속적인 집권에 위협을 느끼게 되었고 장기 집권을 위한 잇따른 조치를 강구하는데 그 결과물이 1972년 공표된 유신 헌법이었다. 민주주의를 송두리째 부정하는 이 법에 의해 정당과 국회는 해산되고 대통령은 국군 통수권, 국회 해산권, 국회의원 3분의 1 지명권, 초헌법적인 긴급조치 선포권 등의 막강한 재량권을 갖게 된다. 게다가 대통령 선거도 지역에서 선출된 통일주체국민회의라는 선거인단에 의해 간접 선거 방식으로 바뀌었다. 박정희 독재는 급물살을 타면서 가속화되었다.

유신 정권은 시민 사회 단체들에게 돈을 지원해 주는 대신 정부 정책을 지지하는 성명서를 내도록 유도하고 이를 거부할 경우 음양으로 탄압했다. 관변화하거나 탄압당하거나, 이것이 유신 체제하 시민 사회 단체의 운명이었고 여협도 이를 피해 갈 수는 없었다. 체제를 옹호하는 발언을 해야 단체가 명맥을 유지할 수 있는 상황에서 여협은 총력안보 사업에 동참했다. 박영숙의 고민은 깊어 갔다. 이런 모순 속에서 여성 운동을 해 나간다는 것은 어떤 의미가 있는가, 체제에 항거하지 않으면서 여성 억압적 상황을 타개해 나가는 것은 가능한가라는 회의가 깊어 가던 시점이었다.

하루는 삼청각에 여러 단체와 유명 인사들이 모여 박정희의 유신 헌법 선포를 지지하는 방송 출연을 하기로 되어 있었다. 마음이 몹시 불편했던 박영숙은 아이가 병원에 입원을 했다고 거짓말을 하고 자리를 피했다. 하지만 아이를 두고 거짓말을 했다는 생각에 두고두고 재권에게 미안했다. 게다가 실제로 재권이 입원하는 사태가 벌어지면서 박영숙은 갈등에 빠지게 된다.

삼청각 일이 있고 얼마 후 출근을 하는데 그날따라 재권이 유난히 떨어지지 않으려고 했다. 같이 가게에 들러 먹을 걸 사 주며 아이가 한눈파는 사이 몰래 출근을 했다. 그리고 저녁에 집에 오니 아이가 열이 펄펄 끓고 있었다. 자기를 속인 것에 대한 아이의 분노라고 생각하니 가슴이 미어졌다. 남편하고는 타협이 가능했지만 어린아이와의 타협은 불가능했다.

박영숙은 일을 그만두기로 마음먹는다. 표면적으로는 육아 문제가 가장 큰 이유였지만 한편으론 체제 내에서의 활동이 본의 아니게 유신 정부를 옹호하고 사회의 모순이 심화되도록 돕는 것이라면 이 활동이 의미가 있는가라는 고민에 대한 답이기도 했다. 여협에선 반상근을 제안했지만 그 월급으론 집안일을 하는 사람에게 주기에도 모자랐다.

박영숙은 다시 집으로 돌아왔다. 보육 문제를 사회적으로 해결하지 않는 한 여성이 직업을 가지고 일을 한다는 건 불가능하다는 경험을 한 시기이기도 했다. 사실 사회는 여성이 자녀를 키우고 살림을 하고 가정의 화목을 도모하고 노인들을 부양하는 일에 실패하지 않는 한도 내에서 직업 세계에 들어가도 좋다고 말한다. 진정으로 남녀가 평등한 사회가 되기 위해선 육아의 사회화가 급선무였다. 박영숙은 육아 고민이 결국 개인의 문제가 아니라 사회의 문제이며 공동체의 미래와 뗄 수 없는 문제임을 결혼을 통해 절실하게 깨달았다. 비슷한 경험을 공유한 사람들만이 다른 사람이 겪는 어려움들을 진정으로 이해할 수 있게 되는 법. 박영숙 역시 이 과정을 거치면서 '일하는 엄마'들의 고민을 몸으로 체험하게 된다.

박영숙이 여협의 사무처장으로 있던 1970년대는 많은 여성 단체들이 국가에 의하여 동원되고 이용되기도 했지만 한편으론 그 억압과 모순의 구조 속에 오히려 여성들의 진정한 각성이 있었던 시기라고도 할 수 있다. 노동 집약적이고 수출 지향적인 국가의 경제 정책에 의하여 노동 시장으로 대거 진출한 여성들은 노동 현장에서 여성 운동을 전개하기 시작했고, 농촌 여성의 상황을 개선하기 위한 움직임이 태동되었다. 대학의 여학생들 또한 소외되고 억압받는 기층 여성들과의 연대 활동을 위한 조직들을 준비하기 시작했다.

이러한 움직임들이 확고한 조직적 기반 위에서 수행된 것은 아니었지만 이후 여성 운동의 전문성을 발현시키는 밑거름이 되었던 것은 분명하다. 원로 여성학자 이효재의 말처럼 "1970년대는 시대적인 민주화의 유대 속에서 여성들의 인간화 운동이 더욱 첨예화하는 한편 저변이 더욱 확대된 획기적 시대"였다. 이러한 움직임에 막강한 기여를 한 것이 크리스챤아카데미의 중간 집단 교육이었다.

크리스챤아카데미

집으로 돌아온 박영숙은 아이를 돌보고 가사 노동을 하는 틈틈이 자신이 할 수 있는 일을 찾았다. 박영숙이 원한 건 어떤 문제들에 진정으로 귀 기울이며 함께 아이디어를 내고, 전략을 세우며, 해결 방안을 나누는 장이었다. 또한 여성 스스로가 다른 여성을 후원하고 격려하면서 서로의 고통을 이해할 수 있는 공간이었다. 당시 이런 고민을 함께할 수 있는 곳이 바로 크리스챤아카데미였다.

1959년 '한국기독교사회문제연구소'라는 작은 모임으로 시작된 이 단체는 1965년 5월 재단법인 한국 크리스챤아카데미로 정식 출범하면서 본격적인 아카데미 운동을 펼쳐 나갔다. 아카데미 운동의 핵심은 '소통'이었다. 당시 독재 정권은 '근대화'의 과정에서 쏟아져 나오는 다양한 의견들을 억눌렀고 소통의 경로를 차단했다. '다른' 생각을 말하면 죄가 되던 시절, 크리스챤아카데미에서는 다양한 집단들이 모여 토론과 대화를 통해 시대를 읽어 내고 미래를 모색하고 있었다. 특히 기관지 『대화』에는 여러 집단의 목소리들이 물꼬를 트며 나오고 있었다. 『어느 돌멩이의 외침』이라는 석정남의 수기를 비롯, 『인간 시장』 등 어떤 언론에서도 받아 주지 않은 글들이 『대화』에 실리고 많은 사람들이 이를 읽었다. 시중에서 판매되는 대중적인 잡지는 아니었지만 최소한의 언론도 확보하지 못했던 시절 '공식적인' 언론에는 보이지 않던 세상의 이면들이 『대화』를 통해 드러나곤 했다. 다양한 집단의 숨구멍 역할을 하던 크리스챤아카데미는 여성들에게도 숨통이 트이는 공간이 되어 주었다.

1970년대를 맞이하면서 크리스챤아카데미가 지향해야 할 목표로 세운 것은 '인간화'였다. 양극화 현상으로 우리 사회가 점점 더 비인간화되고 갈등이 심화되는 상황에서 갈등을 해소하고 조정하는 사람들이 필요하다는 의도에서 시작된 것이 '교육을 통하여 중간 매개 집단을 키워 내자'는 것이었다. 비인간화의 요인이 되는 양극화를 극복하는 길로서 중간 집단을 육성 강화한다는 계획을 세운 크리스챤아카데미는 우선 5개년 계획으로 각 부문의 중간 집단을 교육하기로 한다.

중간 집단 교육이 시작된 1974년 1월은 바로 유신 정권에 의한 긴급 조치 시대가 개막된 때이기도 했다. 정부는 1974년 1월 8일 일체의 개헌 논의를 금지하는 내용의 긴급 조치 1호와 2호를 선포했고, 그 열흘 뒤에는 긴급 조치 3호가 잇따랐다. 민주적이고 합리적인 절차라든지 점진적인 개혁이라는 것이 발을 붙일 수조차 없는 엄혹한 상황에서 과연 중간 집단이라는 것이 존재할 수 있느냐는 회의와 우려 속에서 시작되었지만, 중간 집단 교육은 합리성과 전문성을 가진 운동 세력을 키워 내는 모태가 되었다. 교육이 시작되자 사회 개혁에 관심을 가지고 있는 많은 사람들이 수유리로 모여들었고, 박영숙 역시 크리스챤아카데미로 향한다.

크리스챤아카데미가 교육 대상으로 삼은 중간 집단은 모두 다섯 분야로 종교 단체, 노동자 단체, 농민 단체, 여성 단체, 학생 단체였다. 아카데미는 이 다섯 분야에 뜻을 같이하는 유능한 직원들을 배치해 일을 추진해 나갔는데 각 분야의 중견 지도자들과 학자들이 적극적으로 참여했다. 박영숙은 여성 단체를 교육하는 일에 참여해 이제는 고인이 된 이태영(전 가정법률상담소 소장)을 비롯해 윤후정(이화여대 이사장), 이인호(국제교류재단 이사장) 등과 함께 중간 집단 프로그램의 핵심 지도자로 열성을 다해 활동했다.

그 결과 크리스챤아카데미의 여성 중간 집단 교육은 한국 여성 운동에 한 획을 그었다고 할 만큼 여성 인물의 산실 역할을 해내게 된다. 그때까지만 해도 여성을 대상으로 한 교육이나 운동은 여가 선용이나 자선 활동, 여성의 지위 향상을 위한 운동이 주를 이루었다. 사회적 실천의 열정은 있으나 콘텐츠가 없던 시절 크리스챤아카데미의 프로그램은 여성 문제를 사회 구조적 모순으로 인식할 수 있는 계기를 마련했고 여성들 간의 연대의 길을 열었다.

한명숙(전 국무총리)과 신인령(전 이화여대 총장), 장필화(이화여대 여성학과 교수), 이정자(전 녹색소비자연대 대표), 이계경(여성신문 창간자, 전 국회의원) 등은 중간 집단 교육 프로그램의 간사로서 직접 참여한 인물들이고, 이미경(국회의원), 김희선(전 국회의원), 이현숙(적십자사 부총재), 이혜경(서울여성국제영화제 집행위원장) 등은 교육생으로 참가해 이후 한국 여성 운동을 이끌어 가는 중추 세력이 된다.

여성 노동자들의 활약도 대단했다. 1970년대 노동 운동사에 굵직한 사건으로 남아 있는 원풍모방, 동일방직, 콘트롤데이타, 반도상사, YH 사건의 주동자인 박순이, 이총각, 이영순, 최순영, 한순임 등도 모두 중간 집단 교육을 받은 인물들이다. 1970년대 후반 노동 운동의 주역으로 활동한 이들 역시 크리스챤아카데미에서 여성 의식의 싹을 틔우고 노동자로서의 자기 정체성을 찾았다. 적어도 여성 운동과 관련해 크리스챤아카데미는 최고의 산실이라고 불러도 좋았다. 이후 한국 여성 운동을 이끌어 가는 중추 세력들이 모두 모여들던 수유리에서 박영숙은 참여자인 동시에 지도자로서 수많은 여성들을 배출하는 일에 한몫을 맡았다. 밭을 갈고 거름을 주고 물을 대는 고단한 일이었지만 튼실하게 여물어 가는 열매들을 보는 즐거움이 무엇보다 컸던 시절이었다.

1975년 '유엔 여성의 해'를 앞두고 크리스챤아카데미에 참여하고 있던 여성 지도자들은 아카데미 밖에서도 많은 열띤 모임들을 개최했다. 어느 모임엔가 박영숙은 어린 아들 재권을 데리고 회의에 참여했다. 집에 돌아온 재권에게 안병무가 물었다.

"엄마들이 무엇을 하든?"

"아빠, 큰일 났어. 남자들 다 깔려 죽겠어."

당시 여성들의 회의 분위기를 짐작하게 해 주는 대답이었다.

크리스챤아카데미는 소박한 의미의 환경 운동도 함께 전개해 나갔다. 여협 이후 환경 문제는 박영숙의 주요한 화두가 되었으므로 아카데미가 주목한 공해 문제에도 깊은 관심을 갖고 참여했다. 아카데미에서는 공해 문제가 단순한 환경오염 차원을 넘어 생명의 문제로 인식해 전문가들로 구성된 연구팀을 구성하고 장기적이고 합리적인 안들을 내놓았으나 정부 측에서는 어떤 관심도 보이지 않았다. 더 많은 공장, 더 많은 도로, 더 많은 자동차가 '근대화'의 주요 골자였던 당시 박정희 정권에게 공해는 오히려 근대화의 상징이었다. 환경 문제를 들먹이는 일단의 그룹들에 대한 박정희의 반감은 대단해 한 연설에서 직접 언급을 하며 엄포를 놓을 지경이었다.

생명문화창조운동

1960년대 한국 사회의 주요 관심은 산업화와 성장에 있었다. 무분별한 산업화와 성장 위주 정책으로 인하여 생태 관련 사건들이 발생하기 시작하고 산업화의 부작용에 대한 우려가 대두되기도 했지만 지극히 일부의 우려에 불과했다. 한국 사회의 생태 의식은, 1962년 박정희의 울산 연설에서 나타나듯이, '검은 연기로 하늘이 뒤덮일 만큼' 우리 사회가 산업화되기를 바라는 소망에 비해서는 그야말로 경미한 수준이었다.

하지만 세계적으로는 이미 인간의 오만과 욕망이 생태계 전반을 급속도로 파괴하고 있으며 이는 인류와 지구 행성 전체의 절멸을 가져올 수 있다는 위기의식이 확산되고 있었다. 산업화가 먼저 시작되고 제어되지 않는 자본의 몸 불리기가 무섭게 속도가 붙기 시작한 유럽과 미국에서는 이미 실제적인 생태계 파괴 사건들이 발생하면서 사회적 경고가 힘을 얻기 시작하고 있었다. 1962년 레이첼 카슨이 발표한 『침묵의 봄』은 현대 농업과 화학 산업을 신랄하게 고발하면서, 인간이 다른 생명체에 대해 오만하고 조작적인 태도를 취하는 것은 자신의 삶을 위태롭게 하는 것이라고 경고했고, 이러한 문제의식은 대중적으로 확산되었다.

이와 더불어 생태 문제의 해결을 위해서는 과학적 기술을 통한 환경 개량보다 생태계 위기의 근본적인 원인이 되는 세계관의 전환이 필요하다는 생각이 강력하게 대두되었다. 이 생태주의는 인간 중심적 사고의 경계를 넘어서 인간을 포함한 더 큰 생태계라는 틀에서 세계를 해석하고 나아가 생태계의 보전을 중심 가치로 삼는 시각과 신념이었다. 일찍부터 환경 문제에 주목하기 시작한 박영숙은 전 세계적으로 싹트고 있는 이 운동에 본격적으로 합류했다. 환경 운동은 무엇보다 일상을 성찰하고 일상을 변화시키는 실천을 통해서 세계의 변화를 모색하는 운동임을 누구보다 먼저 자각한 그녀는 생태주의적 삶의 양식을 지향한 가장 초기 환경주의자라 할 수 있다.

그러나 박영숙이 환경 운동을 본격 시작할 무렵 한국은 인간의 진보와 평등에 중점을 둔 사회 정의에 더 높은 관심과 비중을 두고 있었다. 전태일의 분신, 비상계엄과 유신 등 당시 한국의 상황은 민주화와 인권이 무엇보다 당면한 절체절명의 과제였다. 근대를 '성찰'하는 시점에서 비로소 시작되는 환경 문제는 근대성의 가치조차 실현되지 않고 있던 한국적 상황에서 공식적인 담론과는 아주 멀리 떨어진 주변부의 담론이 될 수밖에 없었다. 하지만 박영숙은 환경 운동이야말로 정의와 평화를 창조하는 운동이라고 믿고 실천했다. 이러한 환경 운동 행보는 기독 여성 운동과 맥을 함께하는 것이었다.

여협 일을 그만둔 직후인 1974년부터 박영숙은 기독교장로회 여신도회 부회장직을 맡았다. 그녀는 이 그룹에 속한 여성들과 함께 적극적으로 환경에 대한 고민을 하고 실천적 담론들을 만들어 냈다. 특히 기장 여신도회에서 1978년 안상님과 박영숙이 시작한 '생명문화창조운동'은 시대를 앞서는 운동이었다고 평가할 수 있다. 생명문화창조운동은 '현대 문명의 특징으로 나타나는 다섯 가지 죽음의 문화'에 대해서 여성이 생명의 문화를 창조하여 전 인류로 하여금 사람답게 살 수 있도록 하자는 것을 바탕으로 하고 있다. 다섯 가지 죽음의 문화란 첫째, 힘이 제일이라는 힘의 문화로서 권위주의적 가치 체계, 둘째, 돈이 제일이라는 물질 만능의 가치관, 셋째, 명예를 중요시하는 파벌주의적 가치관, 넷째, 성적 쾌락이 인간의 전부인 양 생각하는 성적 문화, 다섯째, 사람을 종교의 계율로 옭죈 나머지 종교의 노예가 되게 하는 종교의 문화라고 규정하고 있다.

이 죽음의 문화를 생명의 문화로 바꾸는 힘은 개인의 일상에서 실현되어야 했다. '내가 아껴 쓰고 이웃 도와주는 생활하기', '재산은 자녀에게만 물려주지 않고 사회에 환원하기', '혼수품 간소화로 예단 거절하기', '일용할 양식으로 만족하고 소박하게 먹기', '철저한 회개는 나로부터', '권위 의식의 지도자보다는 섬기는 지도자 되기', '안 쓰는 것 나눠 쓰고 에너지 절약하기', '물가 지수 줄이고 보석 안 갖기', '식단 가지 수 줄이고 외식 안 하기', '집 평수를 적절하게 가지기', '이기적이고 개인적인 교육을 지양하고 공동체 형성을 위한 교육으로' 등 생명문화창조운동에서 내세운 행동 강령은 그야말로 일상과 직결된 것들이었다. 독재 타도 민주 쟁취라는 거대 담론 속에서 이런 행동 강령들은 작고 쫀쫀해 보이기까지 했지만, 사실 이런 일상의 민주화가 이루어질 때 비로소 사회적 체제와 시스템이 변하는 것임을 박영숙과 함께한 안상님 등 여자들은 이미 알고 있었다.

자본주의적 욕망의 실체를 정확하게 파악하고, 그에 휘둘리지 않는 인간적인 삶의 실현을 위해 스스로의 일상을 돌아보고 인간과 인간 아닌 것의 관계를 파악하는 데서부터 출발하는 이러한 태도는 그야말로 21세기적 사고방식이었다. 생명문화창조운동에서 시작된 이러한 삶의 방식은 이후 박영숙 삶의 태도와 일치하는데 '자가용 안 갖기'도 그 대표적인 사례. 국회의원직을 수행할 때 승용차를 타고 가야만 했던 경우를 제외하고 지금까지 박영숙은 늘 대중교통을 이용한다. 생명문화창조운동 당시 자동차가 인류와 환경에 미치는 영향을 고려해 지켜 내고 있는 것이다.

생명문화창조운동은 이후 깨끗한 물 보존하기, 공기 살리기, 농토 보존하기, 공해 추방 등을 전개해 나가는데 금성(현 LG) 백조 세탁기에 대한 상업 광고 방송을 중지시킨 것도 이러한 운동의 맥락에서였다. 당시 본격적으로 세탁기가 보급되기 시작하면서 삼성, 금성 등 대기업들의 광고도 경쟁적으로 시작되었는데 1979년 말부터 시작된 금성 백조 세탁기의 광고 내용이 이들 '일부' '여성 환경주의자'들을 불편하게 만들었다. 텔레비전과 라디오를 통해서 방영된 광고의 내용은 "댁의 남편의 애처 지수를 알아볼까요? 청소해 주는 남편은 30점, 설거지해 주는 남편은 50점, 빨래해 주는 남편은 90점, 백조 세탁기 사 주는 남편은 100점"이라는 것이었다. 빨래가 여자들의 일로 치부될 때였기에 세탁기 또한 여성들에게 필요한 필수품이었는데도 '지갑'을 가진 사람을 타깃으로 삼다 보니 남편이 등장하게 된 이 광고는 기장 여신도회의 모니터링에 딱 걸리고 만다. 여신도회 내 생명문화창조운동 그룹은 이를 인간의 애정이나 진실, 성실성보다는 물질 만능의 극단적인 표현으로 보고, 이 광고를 중지하지 않으면 전국적으로 회원을 동원하여 불매 운동을 전개할 것을 금성 홍보실에 통고해 끝내 중단시킨다. '일부' '여성 환경주의자'들의 작은 승리였다.

소박하지만 일상으로 이어지는 실천 활동을 통해 한국 환경 운동사의 초반 역사를 쓰기 시작한 박영숙은 환경 운동 외에 교회 여성 운동에도 새 바람을 불게 하는 데 앞장섰다. 이때 같이한 안 상님과는 지금까지 절친하게 지내고 있다.

"1977년에서 78년까지 일을 같이 했었죠. 한국기독교장로회 전국연합회 교육위원회 일을 함께 했는데 그때 박 선생님은 위원장이었고 나는 총무였어요. 추진력이 대단했었죠. 회의를 하면 일목요연하게 죽 꿰서 정리를 잘하셨어요. 사실 나는 그때까지 아이 키우고 살림 하느라 사회생활 경험이 없었어요. 그때가 7년 동안의 미국 생활을 마치고 막 귀국한 때였어요. 교육위원회에서 마침 영어 통역도 하고 번역도 할 사람을 찾았는데 제가 신학교수 부인이고 영어를 하니까 이런저런 활동을 할 수 있으리라고 생각했던 거 같아요. 아이들도 다 컸고 하니까 시작했지만 사실 내 경력에 맞지 않는 큰 역할을 맡은 셈이었어요. 그야말로 집에서 갓 나온

신참이었으니까요. 발제를 하라고 하는데 어떻게 하는 건지도 몰랐어요. 박 선생님이 하는 대로 따라 배웠죠. 그때는 박 선생님도 살림하면서 자원 봉사를 하고 계셨어요. 그럼에도 그 전에 이미 YWCA나 여성단체협의회 같은 큰 단체 운영의 경험이 있었기 때문에 일을 굉장히 잘 추진해 나가셨죠. 내가 봤을 때 박 선생님은 보통 사람의 다섯 배의 일을 했어요."

기장 여신도회 일을 하면서 1976년 박영숙은 초교파 여성 조직인 한국교회여성연합회 여성특별위원회 위원장으로 활약한다.

저항과 연대

한국교회여성연합회는 1966년 아시아교회여성연합회 총회에 참석했던 한국 대표들이 돌아와 한국에도 교회여성연합회를 조직하기로 합의하고 1967년 8개 교단의 여성들이 기독교 교파를 초월해 창립한 단체다. 교회 여성들이 공동의 목표를 설정하고 공동 관심사에 대해 함께 발언하고 행동하자는 것이 창립 목적이었다.

한국에서 개신교의 역사는 여성을 해방시키면서 동시에 억압하는 이중적인 속성을 드러내며 유지되어 왔다. 조선이라는 봉건 사회 속에서 개신교가 여성의 자율성을 보장하고 여성에게 교육의 기회를 부여하는 등 봉건적 질서를 교란하는 역할을 하면서 여성들에게 새로운 기회와 비전을 제시한 것은 사실이다. 남녀 차별 의식에 근거해 여성들을 교육하지 않던 시기에 딸과 아들을 동등하게 교육한 사람들은 대부분 초기 개신교 신자들이었다. 그러나 남녀를 차별하지 않고 균등하게 교육의 기회를 준 것과는 달리, 교회는 또한 남성 중심적 권력 구조가 가장 견고하고 튼실하게 유지되는 공간이기도 했다. 여성이 교회 구성원의 70% 이상을 차지하고 있음에도 여성은 교회 내에서 늘 부수적인 지위에 머물러 왔다. 교회의 모든 직위는 남성들이 독점해 왔으며 교조적인 성서 해석 속에서 여성의 경험은 배제되거나 종속되었고 목사 안수를 받을 수도 없었다.

교회여성연합은 교회 내의 이러한 구조적 불평등과 차별을 직시하고 그 모순을 해결하고자 한 단계 한 단계 싸워 나갔다. 먼저 1975년 유엔이 정한 '세계 여성의 해'를 기하여 한국기독교교회협의회(KNCC) 총회에 여성대표를 40% 참석시켜 줄 것을 요청하는 건의문을 보냈다. 이는 그해 베를린에서 열린 세계교회협의회(WCC)가 성차별주의 극복을 교회의 선교 과제로 채택한 것에 힘입은 것이었다. 그러나 KNCC는 WCC의 한국 채널로서 WCC의 '여성의 평등한 참여 운동'을 잘 알고 있었음에도 여성들의 이 요구를 묵살한다. 당시 민주화 운동과 인권 운동에 열심이었던 KNCC였지만 젠더 감수성은 다른 보수주의 진영과 다름이 없었다.

여성들의 소리에 귀를 꽉 막고 있던 KNCC의 반응에도 불구하고 여성들은 교회를 민주적인 공간으로 만들어 내기 위해 지속적으로 싸워 나갔다. 당시 세계적인 분위기가 큰 힘이 되어 주었는데, 1975년 WCC에서는 제5차 나이로비 총회에서 '교회 안에서의 여성과 남성 공동체'라는 연구 과제를 설정하고 이를 진행하고 있었다. 물론 이 또한 각 나라 여성들이 적극적으로 연대하여 싸운 결과였다. 이에 힘입어 1977년 박영숙이 여성특별위원장으로 있던 교회여성연합은 NCC에 '여성분과'를 개설하고 실행위원에 교회여성연합회 대표를 포함하라는 청원을 보냈다. 교회 여성들의 끊임없는 요구와 세계 교회의 흐름을 외면할 수 없었던 KNCC는 에큐메니컬위원회 산하에 여성분과를 신설했다.

이후 교회여성연합회는 1980년에 KNCC 모든 위원회에 여성 대표를 참석시켜 달라는 건의문을 다시 냈다. 사실 이 건의문들은 교회가 얼마나 남성 중심적인 공간이었는지를 알 수 있는 문서들로, 몇 년에 걸친 이 과정을 되짚어 보면 결국 KNCC의 실행위원은 모두 남성들이었으며 모든 위원회에 여성은 포함되지 않았다는 것을 증명한다. 1960년대 KNCC의 여성 위원은 YWCA연합회 대표로 참여한 박영숙뿐이었다. 길고 긴 시간을 거쳐 마침내 1982년 KNCC 31차 총회에서 에큐메니컬위원회 소속이었던 여성분과가 여성위원회로 승급했다. 이는 한국기독교교회협의회 안에서의 여성의 위상이 높아졌음을 반영한 것이며, 교회 여성들이 얼마나 큰 활약을 했는지를 보여 준 것이었다.

그렇다고 교회여성연합회가 교회 내에서 여성의 위상을 제고하는 운동만 했던 건 아니다. 1970년대 교회여성연합은 이 사회의 가장 힘없고 가난한 여성들의 고통을 외면하지 않고 적극적으로 연대했다. 동일방직, 남영나일론 등에서 일어나는 노사 분쟁에 교회여성연합은 적극적인 연대의 움직임을 보인다. 여성 노동자 14명을 구타하고 해고한 남영나일론 사건의 가해자인 남자 직원들을 처벌해 줄 것을 요청하는 건의문을 보낸 것은 물론 방림방적 노동자의 싸움에도 함께한다. 교회여성연합회는 방림방적 여성 노동자들과 함께 사내 시설, 임금, 노동 시간 등 14개 조항의 시정을 요청하는 진정서를 사장 앞으로 보내고 직접 상무와 면담하여 이를 시정할 것을 요구했다.

또한 농촌 여성의 문제에도 관심을 갖고 농림부 장관에게 추수 수매가의 현실화를 위한 진정서를 보냈다. 이 진정서에서는 외국 농산물을 수입하는 것이 우리나라 농업을 파멸시킬 뿐 아니라 식량 문제의 대외적 의존은 국가 안보와도 연관이 된다는 내용도 담겨 있는데, 이러한 인식은 2000년대 FTA 협정과 관련한 식량 안보를 둘러싼 논란과 맥을 같이하는 것이다. 교회여성연합은 농촌 여성 문제 해결과 동시에 식품 공해 추방을 위한 시도의 하나로 무공해 식품 생산자와 소비자를 직접 연결해 주는 농산물 직거래 사업도 펼쳐 나갔다. 이는 1980년대 후반 생협 운동으로 이어진다.

한편 자본주의 사회 제도와 가부장제 사회의 이중적인 희생자인 성매매 여성에 주목하면서 기생 관광 문제를 본격 이슈화한 것도 교회여성연합회다. 1973년 12월 3일 성명서를 통해 "경제 제일주의의 개발 정책이 우리나라를 일본의 경제적 속국으로 만들고 있을 뿐만 아니라 관광 진흥이라는 명목하에 우리나라의 여성들을 상품화하고 있다. 이와 같이 여성의 인권을 유린하고 한국을 일본 남성의 유곽 지대화하는 매춘 관광 사업을 즉각 중지할 것"을 요구한다. 동시에 성매매 관광 실태 조사 및 심포지엄 등을 개최해 기생 관광 문제를 개인적인 차원에서가 아니라 잘못된 사회 구조의 모순 속에서 파악하고 한국 정부가 성매매를 조장하고 있는 것을 규탄했다. 이들은 한일교회협의회에 서한을 보내 이 문제가 한국과 일본의 문제, 여성과 남성의 문제, 또한 빈부의 문제임을 지적하고 연대해 대책을 모색할 것을 제안하는 한편 교통부 장관, 보건사회부 장관에게 건의문을 보내 성매매 관광을 중지시킬 것을 요구했다.

이와 함께 일제 식민지 지배의 직접적 피해자인 재일교포 문제와 피폭자 문제도 다루는데 이는 나중에 정신대문제대책협의회를 구성하는 밑바탕이 되기도 한다. 피폭자들의 문제를 사회 여론화하기 위해 실태 조사를 하고 직접 치료비, 학비 등의 재정적 지원을 했다.

소박하게 시작한 이 운동들은 한국 사회 운동의 선구적 출발이었다고 볼 수 있다. 무엇보다 소외된 여성들의 문제를 공식화하고 가장 낮은 곳으로 시선을 돌린 교회여성연합의 시도는 여성들의 연대 활동의 시작을 알리는 신호탄이었다. 또한 여성 문제를 개인 문제로 치부해 왔던 기존의 시각을 바꾸어 사회 구조적인 모순으로 공식화한 것은 1980년대 여성 운동의 방향을 제시한 것이었다.

한편 박영숙은 교회여성연합회의 긴 투쟁의 결과로 KNCC 내에 여성위원회가 발족하자 초대 위원장을 맡았다. 기장여신도회와 교회여성연합회의 한가운데서 누구보다 열심히 활동하던 박영숙에게 더욱 막중한 임무가 주어진 것이다. 그리고 후에 아시아 교회협의회 여성위원회 위원장직을 맡으면서 국제적인 교회 여성 운동에서 활약한다.

교회와 사회를 잇는 다리가 되어

상임위원회로 격상된 후 여성위원회는 KNCC의 각 위원회에 여성위원을 참여시키고, KNCC 행사에 여성에게 순서를 맡길 것을 건의하며 활발하게 활동해 나갔다. 당시 KNCC 여성위원회는 실무자 없이 위원들의 힘으로 움직였다. 교회 내에서의 평등한 지위와 역할을 요구하는 여성들의 요구와 세계적인 흐름을 거부할 수 없었던 KNCC는 여성위원회를 산하 기구로 인정하긴 했지만 예산과 인력 부족을 들며 실무자를 배치하지 않았다.

하지만 여성위원회는 활활 발발 그야말로 기운차게 움직였다. 박영숙이 위원장으로 있던 당시 KNCC 여성위원회에는 쟁쟁한 여성들이 포진해 있었다. 이태영 박사를 비롯, 김옥라, 이우정, 안상님, 엄마리 등 교회뿐만 아니라 사회적으로 인정받는 한국 여성운동의 출중한 인물들이 기꺼이 잔일까지 도맡아 활동했다. 구성원이 워낙 쟁쟁하다 보니 KNCC에서도 만만하게 간섭할 수 없었기에 당시 여성위원회는 많은 자율성을 갖고 있었다.

여성 문제에 관심 있고 필요한 사람들을 추천받아 위원회를 구성했고, 위원장도 그 위원회에서 선출했다. 그런 위원회에서 박영숙을 초대 위원장으로 선출한 것은 오랜 기간 여성 운동을 하면서 보여 준 그녀의 헌신과 열정, 성취도가 인정되었기 때문이었으리라. 그녀는 여성들 사이에서 누구보다 신뢰와 인정을 받는 인물로 자리 매김하고 있었다. 명성뿐 아니라 실무 능력까지 갖추고 있던 이들은 교회 내에서 여성의 참여를 위한 제도 개선 운동은 물론 일반 여성 단체들과의 연대를 통해 1980년대 한국 여성 운동의 이슈를 만들어 내며 그야말로 성과 속을 넘나드는 본격적인 여성 운동을 펼쳐 나갔다.

박영숙이 초대 위원장으로 활동하던 1980년대는 한국에서 여성 신학이 본격적으로 대두되고 담론화되던 시기였다. 여성 신학은 성서와 신학, 교회의 삶 등 기독교 전통 속에 성 차별이 존재한다고 보고, 여성의 관점에서 여성 억압의 본질과 양상을 분석하고 해체하는 작업을 해 나가는 그야말로 또 하나의 신학이었다. 성서 속에서 새로운 여성들의 역사를 발견하고 여성의 경험을 공유하고 체계화하는 작업을 바탕으로 교회 여성들은 구조적인 성 차별의 문제들에 대해서 공감하고, '나'와 '우리'를 넘어 여성 연대의 새로운 단초를 마련했다.

이렇듯 교단을 넘어서 다른 장에서 활동하고 있던 여성들과 활발히 접촉하고, 여성에 대한 과제들을 공유하게 되는 데는 박영숙의 공로가 지대했다. YWCA, 여성단체협의회 등 여성 단체들에서 활동한 경험과 기장 여신도회, 초교파 조직이었던 교회여성연합회 등에서의 활동 이력은 교회 여성들과 사회 여성 단체 사이에

튼튼한 징검다리가 되어 주었다. 교회와 사회의 경계를 넘나들며 시작된 본격적인 여성 연대는 여성 운동의 틀도 변화시켰다. 여성들은 요구나 청원의 수동적 자세에서 벗어나 구조 자체를 개혁하는 적극적 주체로서 자신들을 자리 매김하기 시작했다. 박영숙이 KNCC 여성위원장으로 있던 1984년에 구성된 여대생추행사건대책협의회는 여성 연대의 가능성을 보여 주고 이후 한국여성운동연합을 만들어 나가는 단초가 된다.

1980년대 대학가는 학원 자율화와 민주화를 요구하는 시위가 거의 매일 계속되었다. 이 와중에 1984년 시위를 하던 경희대학교 학생들이 청량리 경찰서에 구속되는 과정에서 끌려가 여대생들이 옷이 벗겨져 성희롱을 당한 사실이 드러났다. 사실 그 이전까지도 이런 일은 빈번히 일어났지만, 학생 운동의 장에서도 여학생들의 문제는 개인이 겪는 악몽이나 고약한 경험으로 끝날 뿐 공적인 사건으로 여론화되지는 못했다.

그러나 1980년대가 되자 학생 운동에 참여하는 여학생들의 숫자가 늘어나고 총여학생회가 본격화되는 등 대학에서도 여학생 조직들이 활발한 활동을 벌이면서 양상은 달라지기 시작했다. 여학생들은 이 사건을 개인적인 차원의 수치스러운 일로 덮어 두지 않고 공권력의 여성 인권 침해로 규정하고 사건을 공개했다. 사건을 접한 여성계에서도 즉각 이들과 함께 싸우기로 결정하고, 1984년 11월 21일 10개 단체가 연합하여 여대생추행사건대책협의회를 구성했다. 협의회는 당시 KNCC 여성위원장으로 활동하고 있던 박영숙에게 회장직을 맡겼다.

여대생추행사건대책협의회는 11월 23일 12개사 내외신과 기자 회견을 가졌다. 박영숙은 성명서를 통해 경찰의 여대생 추행사건은 공권력에 의한 여성 인권 침해 범죄임을 천명하고, 경찰은 추행 및 폭행 사실을 인정하고 공개 사과할 것과 폭행 관계자를 처벌하고 책임자를 문책할 것을 요구했다.

그러나 이 기자 회견 내용은 한 줄도 언론에 나오지 못했다. 전두환 정권은 보도 통제 지침을 만들어 모든 기사를 일일이 검열하여 조금이라도 불리한 기사는 내보내지 않았다. 보도 통제 시절, 신문과 방송은 철저하게 권력의 시녀 노릇을 하고 있었다. 협의회는 다시 천주교사회운동협의회 등 사회단체와 함께 내무부 장관, 서대문 경찰서장, 청량리 경찰서장 등을 고발하고 전국 각 지역에서 규탄 대회 및 범국민적 서명 운동을 전개하기로 결의했다.

전두환 정권은 끝내 공식 사과를 하지 않고 침묵으로 일관했다. 원하는 결과를 쟁취하지는 못했지만 여성들은 이 경험을 통해 연대의 가능성과 힘을 알게 되었다. 여성 운동 주체들은 민주화 운동 또는 통일 운동, 인권 운동에서 남성들과 함께했다. 그러나 여성 운동 주체들이 이 운동에 함께한 것과 달리 당시 민주 운동 진영의 남성들은 여성 운동에 거의 관심을 기울이지 않았다. 여성들은 함께 투쟁하고도 중요한 결정이나 회의에서 배제되었다. 일상에서의 가부장성과 젠더 감수성, 그리고 여성 의제에 대한 사고와 실천은 민주화 운동을 하는 사람들이라고 해서 크게 다르지 않았던 것이다. 이에 박영숙을 비롯한 여성 운동 주체들은 스스로 연대의 축을 형성해 내고 자율적이고 주체적인 운동을 펼쳐 나가지 않는 한 여성의 목소리는 들리지 않으리라는 것을 자각하고, 운동의 패러다임을 바꾸어 내기 위해서는 지속적인 여성 연대의 틀이 필요하다고 판단한다. 여대생추행대책협의회는 이러한 생각을 실현해 본 경험이 되었고 이 연대의 경험은 1985년 한국여성대회를 개최하는 기반이 된다.

3·8여성대회

1908년 3월 8일, 수만 명의 방직 공장 여성 노동자들이 미국 러트거스 광장에 모여 "10시간 노동제와 안전한 작업 환경, 성·인종·재산·교육 수준 등과 관계없이 모든 이들에게 투표권을 줄 것"을 요구했다. 이들의 투쟁은 한 피복 회사 여성 노동자 146명이 불에 타 죽는 참혹한 사건을 발단으로 일어난 것으로, 당시 선거권과 노조 결성의 자유도 보장받지 못한 채 가혹한 노동 착취에 시달리던 여성 노동자들이 인간으로서의 권리를 요구하는 여성 해방 운동의 봇물이 터지는 계기가 되었다. 그리고 2년 뒤인 1910년 덴마크 코펜하겐에서 열린 제2차 여성운동가대회에서 독일의 노동 운동 지도자 클라라 제트킨이 인간답게 살 권리를 요구했던 미국 방직 여성 노동자들의 투쟁을 기념하여 이날을 '세계 여성의 날'로 정한 것이 '3·8 여성의 날'의 기원이다. 그 후 100년이 넘는 세월 동안 해마다 3월 8일이면 여성 인권을 실현하기 위한 집회와 시위가 세계 곳곳에서 벌어졌다.

1914년 제1차 세계 대전 때는 전 세계의 여성들이 거리로 쏟아져 나와 전쟁 반대 항의 시위를 했다. 1915년 3월 8일에는 멕시코와 노르웨이에서 군부 독재 정권을 반대하는 시위가 벌어졌고, 1917년에는 이탈리아에서, 1918년에는 오스트리아에서, 1936년에는 스페인에서 수천 명의 여성들이 전쟁을 일으킨 독재 정권에 반대하는 시위를 벌였다. 1943년 3월 8일에 이탈리아에서는 수많은 여성들이 파시스트 무솔리니를 반대하는 대규모 시위를 했다. 1974년 3월 8일 베트남에서는 수천 명의 베트남 여성들이 미국 침략을 반대하는 시위를 했고, 1979년 3월 8일에는 칠레에서 군부 정권을 반대하는 대규모 규탄 대회가 열렸다. 1981년 3월 8일에는 5만 명이 넘는 이란 여성들이 '부르카' 착용을 반대하는 대규모 시위를 벌였다. 이렇게 3·8여성대회의 정신은 전 지구상에서 계속 이어지고 있다.

우리나라에서도 일제 치하인 1920년대 초반 3·8 기념행사를 치른 것으로 알려져 있다. 그러나 일제의 탄압에 의해 곧바로 중단되었고 1946~47년 여성 해방 주간이 선포되면서 대회와 기념식이 2년 동안 부활되기도 했지만 이후 20여 년간 한국에서는 3·8여성대회가 열리지 않았다. 3·8여성대회가 한국에서 다시 열리게 되는 데는 강화된 여성 단체들의 역량과 함께 박영숙의 역할도 있었다.

1984년 9월 2일 필리핀 마닐라에서 아시아교회협의회(CCA) 주최로 열린 이주 여성에 대한 회의에 박영숙은 이우정, 조화순, 안상님, 고애신과 함께 참석했다. 회의에 참가한 각국 여성들은 특히 아시아의 여성 문제가 심각함에도 불구하고 드러나지 않는 것을 지적하고 여성 문제를 사회화하기 위한 하나의 연대 행동으로 3·8 세계 여성의 날을 아시아의 여러 나라가 공동으로 지킬 것을 결의했다. 한국으로 돌아온 박영숙 등은 교회여성연합회와 KNCC 여성위원회가 발의해서 여성 단체들과 연대하여 이 대회를 개최할 것을 제안했다. 그러던 중 여대생 추행 사건이 터지고 연대 기구가 구성되면서 함께 싸우던 여성 단체들이 자연스레 3·8여성대회를 공동 주최할 것을 결의한다. 그리하여 1985년 3월 8일 마침내 한국에서도 '3·8 여성의 날' 대회가 열린다.

"민족, 민주, 민중과 함께하는 여성 운동"이라는 주제로 서울 YWCA회관에서 열린 '85 한국여성대회는 여대생추행사건대책협의회를 중심으로 가톨릭여성농민회, 노동자복지협의회 여성부, 또하나의문화, 주부아카데미협의회, 기장여교역자협의회 등 전국 14개 여성 단체가 함께했다. 한국 여성 운동의 방향이라는 주제 강연을 시작으로 여대생 추행 사건, 도시 빈민, 기생 관광, 여성 농민, 노동 여성의 사례 발표가 이어졌다. 이 대회는 연령이나 빈부, 계급의 경계를 넘어 많은 여성들이 함께 모였을 뿐만 아니라 각자의 그룹들이 자신들의 목소리를 냈다는 점에서 큰 의미가 있다. 이런 활동들이 활발히 추진될 수 있었던 건 1970~80년대를 거치면서 키워진 운동의 주체들이 있었기 때문이다. 이 '준비된 여성'들이 본격적으로 일을 시작하면서 1980년대 여성 운동은 새로운 지평을 열게 된다.

1980년대 박영숙의 활동은 모든 여성 운동에 걸쳐 있다. 다양한 여성 단체들이 생겨나 여성 이슈에 공동 대응하며 여성 운동의 힘을 결집해 내던 시기인 만큼 곳곳에서 박영숙의 힘을 필요로 했다. 지천명의 나이는 그동안의 경험을 토대로 한 사회의 오피니언 리더로 활약하기에 안성맞춤의 나이였고, 다양한 장에서 활동한 경험은 여성들 간의 네트워크를 만들어 내는 데 큰 힘이 되었다. 박영숙은 생산직 여성 노동자들의 시위에도, 사무직 여성 노동자들의 집회에도, 민주화를 요구하는 시위에도, 자신을 필요로 하는 곳엔 거리낌 없이 달려갔다.

1960~70년대 한국의 산업 구조는 노동 집약적인 섬유·식품·전자 조립 부문에 집중되어 있었다. 갈수록 피폐해지는 농촌을 떠나 도시로 온 16~17세의 소녀들은 이 분야의 중추 노동력이 되었다. 소위 '여공'으로 지칭된 이들은 잔업과 철야로 이어지는 장시간 노동과 살인적인 저임금을 받으며 수출 위주 산업의 노동력으로 활용되었다. 1980년대는 이 여성 노동자들이 본격적으로 노동조합을 만들고 여대생, 여성 운동 조직들과 연대하여 자신들의 목소리를 드러내는 시기다. 1985년 6월 대우어패럴 노조 간부 3명에 대한 구속을 계기로 구로 지역 10개 사업장의 여성 노동자들 3천 명이 구로동맹파업에 돌입한 것을 비롯, 마침내 여성 노동자들이 한국 사회에 자신들의 목소리를 드러내기 시작했다. 성도섬유 여성 노동자들의 싸움도 바로 이 시기에 일어났다.

1985년 구로공단 내 성도섬유(의류 브랜드 톰보이 생산 업체)는 노동조합을 결성했다는 이유로 여성 노동자들을 부당하게 해고하고 몸싸움 과정에서 폭력을 사용하는 등 인권 유린을 자행했다. 여성평우회, 여성의전화, 한국여성신학자협의회 등 12개 여성 단체와 18개 대학 여학생회는 '복직추진위'를 결성, 5개월간 톰보이 불매 운동을 펼쳤다. 여성 단체들은 성도섬유가 젊은 여성들이 입는 옷을 생산하는 것에 주목해 이 옷의 소비자층인 20, 30대 여성들을 주축으로 종로에 모여서 피켓 시위를 하고 가두선전을 하는 등 회사가 영업을 하지 못하도록 지속적인 시위를 벌였는데 그 과정에서 안상님을 포함한 14명이 구속되는 등 사회적인 문제로 부상하게 되었다. 박영숙은 국회에 가서 문제를 제기하고 조직적인 시위를 주도하는 등 발 빠르게 움직였다. 결국 위장 취업을 한 두 사람을 빼고 나머지는 전원 복직하는 승리를 거뒀다.

이 시기 박영숙의 고민은 폭발적으로 터져 나오는 여성 노동자들의 생존권 투쟁을 전체 여성 운동이 어떻게 지원할 것인가에 있었다. 톰보이 불매 운동 이후 1986년 제2차 3·8여성대회에서 24개 여성 단체가 참여한 여성생존권대책위원회가 결성된 것은 이러한 고민에 대한 답이자 실천이었다. 박영숙은 여성생존권대책위원회 위원장이 되었다. 당시 이런 조직의 위원장을 맡는다는 건 구속을 각오하는 일이었다. 독재 정권은 집회 결사의 자유를 금지했기에 모든 집회나 시위는 불법이었고 어길 시에는 바로 구속되는 경우가 대부분이었다. 용기와 저항 정신이 없다면 할 수 없는 일이었다. 박영숙은 기꺼이 이 연대 기구의 수장을 맡았다.

1985년 박영숙은 생산직뿐만 아니라 사무직 여성들의 권리 싸움에도 본격 참여하게 되는데 그 대표적인 사례가 여성 조기 정년제 철폐 싸움이었다. 이경숙이라는 직장 여성이 교통사고를 당한 걸 계기로 전개되는 이 싸움은 여러 면에서 여성들을 분노케 했다. 당시 보험 회사가 피해자에게 지급한 손해 배상금의 내역 때문이었다. 사무직 여성이었던 이경숙의 퇴직 연령을 25세로 한 것도 놀라웠지만 은퇴 후의 보상금을 하루 4천 원으로 계산한 것은 가정주부의 하루 노동에 대한 대가로 책정된 것이었다. 이는 당시 사회가 가사 노동에 대해 갖고 있는 인식이 어떠했는지를 보여 주는 단면이었다. 여성 단체들은 여성을 가정 내 존재로 전제하여 결혼 퇴직제를 정당화하려는 기업 측에 대응하여 평생 노동권을 요구하는 싸움을 시작했다. 또한 임금, 직무 배치 등에서의 차별 조치들에 대응하여 평등노동권도 요구했다.

그러나 법정 싸움 과정에서 가사 노동에 대한 사법부의 인식은 보험 회사보다 덜하지 않다는 것이 증명되었다. 법은 재산에 대한 주부의 권리 주장을 인정하지 않을 뿐만 아니라 심지어 남편과 사별하는 경우 평생을 함께 고생해 장만해서 살고 있던 집에 대해서도 상속세를 물도록 하고 있었다. 결국 한 여성이 평생토록 가정에서 일을 하는 것은 '노동'으로 인정되지 않을 뿐 아니라, 아내의 노동을 바탕으로 남편이 돈을 벌었다 하더라도 그 재산은 남편의 것으로만 공인되었다.

여성 단체들은 여성들이 결혼과 동시에 회사를 퇴직해야 하는 결혼 퇴직제, 그로 인한 조기 정년제, 가사 노동의 그릇된 가치 평가를 가지고 '가열차게' 법정 투쟁을 전개한다. 그리고 마침내 1986년 3월 여성 노동자의 정년을 남자와 똑같이 55세로 하는 최종 판결을 받아 내는 쾌거를 이룬다. 생각하면 너무도 당연한 일들이지만 이 모든 일들이 여성들의 피땀 어린 투쟁의 결과였다.

가부장제는 어느 권리 하나 그냥 내주지 않았다. 끈질기게 요구하고 이 악물고 싸우고 마침내 결전의 순간이 오면 목숨을 내놓는 서늘한 용기로 과감하게 깃발을 들어야지만 아귀처럼 쥐고 있던, 원래는 여성 본연의 것이었던 권리를 하나씩 내주었다. 혼자라면 할 수 없는 싸움임을 너무나 잘 알기에 여성들은 그 길을 함께 손 맞잡고 가는 것이다.

1987년 2월, 소공동에 사무실을 둔 대한투자신탁에서 또다시 한 사무직 여성 노동자 인권 침해 사건이 터졌다. 이 금융 회사에 근무하던 여사원 주소녀는 결혼 후 불합리한 전근 발령을 받았다. 결혼하면서 자진 퇴사하기를 바란 회사는 그녀가 사표를 내지 않자 다른 지역으로 발령을 내버린 것이다. 주소녀 사건을 접수한 생존권대책위원회는 소공동 대한투자신탁 앞에서 그녀를 전 근무처로 복직시키라는 캠페인을 벌였고, 박영숙 또한 시위에 참여했다. 박영숙은 사무실에서 지시를 하기보다는 현장을 직접 지키는 스타일이어서 시위가 있을 때면 빠지지 않고 거리에 섰다. 구호를 외치고 시위를 하는데 한 무리의 남자들이 다가왔다. 말끔한 양복을 차려입은 '멀쩡한' 남자들이었다. 그런데 그들의 입에서 나온 소리는 도저히 상상을 할 수 없는 것이었다.

"서서 오줌도 못 싸는 것들이 뭘 한다고 이 야단이야."

흔들림 없던 박영숙도 잠깐 충격을 받았다. 적어도 대한투자신탁이라면 대학을 졸업한 남자들이 다니는 회사가 아닌가. 그런데 그들의 입에서 나온 말은 몰상식과 파렴치의 극한을 보여 주었다. 저들도 딸을 낳아 기를 것이 아닌가. 이 사회의 젠더 의식에 깊은 절망감이 느껴질 정도였다. 하지만 결과는 승리였다. 주소녀는 원직으로 복귀했다.

거리에서 법정에서 함께 싸우고 함께 승리하며 여성들은 서로에 대한 믿음과 신뢰를 쌓아 가고 여성 운동은 새로운 도약을 하고 있었다. 여성 운동의 질적인 성장은 1960년대 이후 진보적 사회의식을 가진 지식인 여성들이 배출되고, 1970년대 노동 운동과 크리스챤아카데미 여성 교육 등을 통해 새로운 주체들이 형성되면서 가능했다. 무엇보다 매 시기에 개인 앞에 닥친 모순과 어려움을 해결하고자 선도적으로 나섰던 일 등 용기 있는 여성들이 없었다면 여성 운동의 큰 물줄기는 형성되지 못했을 것이다. 도도한 물결 속에 이들은 보수와 진보, 구세대와 신세대, 교회 여성과 비종교계를 넘나들며 하나의 큰 물결이 되고 있었다. 그리고 1986년 모든 여성들은 경계를 지우며 한 여성의 이름을 부르게 된다.

권인숙

"우리가 그 이름을 부르기를 삼가지 않으면 안 되게 된 이 사람, 온 국민이 그 이름은 모르는 채 성만으로 알고 있는 이름 없는 유명 인사, 이 처녀는 누구인가. 그녀는 무엇을 하였는가. 그 때문에 어떤 일을 당하였으며 지금까지 당하고 있는가. 국가가, 사회가, 우리들이 그녀에게 무엇을 하였으며 지금도 하고 있는가."

1986년 11월 21일 인천지법 법정에서 변호사 조영래가 읽어 내려 간 부천서 성고문 사건에 대한 변론의 초반부는 이렇게 시작된다. 1985년 서울대 의류학과 4학년 권인숙은 경기 부천시 소재 가스 배출기 제조업체에 '허명숙'이라는 친지의 이름으로 취업한다. 이른바 위장 취업이었다. 이듬해 6월 4일 권인숙은 주민등록증을 위조한 혐의로 경기 부천경찰서에 연행된다. 그녀가 관련 사실을 시인했으므로 그 다음은 법 절차에 따라 집행하는 것이 순서였다. 그런데 6일 새벽과 7일 심야 두 번에 걸쳐 조사계 형사 문귀동은 뜻밖에도 5·3인천사태 관련자의 행방을 추궁하면서 차마 입에 담지 못할 폭언과 고문을 자행했다. 자신의 성기를 고문의 도구로

쓰면서 뒷수갑이 채워진 저항 불능 상태의 여성을 모독하고 유린하고 협박한 것이다. 극한적인 수치심과 절망감에 휩싸였던 권인숙은 밤잠을 못 이룬 고민 끝에 다시는 이 땅에 추악한 공권력으로부터 희생당하는 여성이 없어야 한다는 생각으로 마침내 접견을 온 조영래·홍성우·이상수 등 변호사들에게 이 사실을 털어놓는다.

파장은 일파만파였다. 이 사건은 당시 보수적인 여성들까지 민주화 운동으로 끌어들이는 데 결정적인 역할을 한다. 모두 자기 딸이 당한 것 같은 울분을 가지고 이 사건을 지켜보았다. 여성단체연합 등 여성 단체들은 기독교회관 2층에 '여성단체연합 성고문대책위원회'를 구성하고 박영숙을 위원장으로 추대했다.

위원회는 시민 단체, 종교 단체와 함께 '부천서성고문사건공동대책위'를 꾸려 격렬한 투쟁을 벌이는데 토요일인 7월 19일 오후 2시 명동성당에서 '고문·성고문·용공조작 범국민폭로대회'를 개최했다. 명동은 경찰과 집회 참가자들 사이의 격렬한 몸싸움과 자욱한 최루탄 연기에 휩싸였다. 7월 27일 서울 성공회 집회를 시작으로 청주·이리(익산)·부산·대전·광주로 이어졌다. 거의 매일 성고문·용공 조작·폭력 정권 규탄 대회가 열렸으며, 많은 여성들이 권인숙의 재판정에 몰려들어 그녀를 격려하고 지원했다.

검찰은 권인숙의 고소에도 불구하고 가해자에 대한 불기소 결정을 내렸다. 권인숙의 진술은 목격한 증인이 없으므로 인정할 수 없다는 것이 이유였다. 12월 1일 인천지방법원은 권인숙에게 오히려 징역 1년 6개월을 선고한다. 방청석은 거센 항의와 격렬한 야유로 아수라장이 되었다. 박영숙은 즉각 '여성단체연합 성고문 공동대책위'의 이름으로 "싸움은 이제부터다. 성을 도구화한 자들은 군사 독재 정권의 하수인임이 드러났다."는 성명서를 발표한다.

박영숙은 이때부터, 신이 들렸는지 그 무엇도 두려울 것 없이 용감해졌다. 박영숙이라고 왜 두려움이 없었을까. 꽃 같은 젊은이들이 분신자살을 하고 독재 정권을 타도하기 위해 거침없이 한 몸을 내던지는 걸 보며 차마 부끄러워 열심히 시위에 참여했지만 그녀 내면에도 두려움과 공포는 늘 있었다. 최루탄과 페퍼포그, 구속과 실종, 고문이 난무하는 세상에서 어느 누가 두렵지 않을 수 있을까.

사실 집회의 선두에서 성명서를 낭독하러 갈 때나, 감시를 피해 시위 현장으로 가야 되는 상황일 때, 박영숙은 늘 보따리를 싸 놓고 나왔다. 구속될 때를 대비해 미리 챙겨 놓고 나오는 것이다. 안병무 역시 열정적으로 강연을 하러 다니기는 했지만 그는 지병이 심각한 상태의 환자였다. 옥바라지를 하기는커녕 누군가가 돌보아 줘야 할 처지였다. 이런저런 상황들을 생각하면 박영숙도 가끔 어떤 자리들은 피하고 싶기도 하고 때로는 몸이라도 아파 그 핑계로 안 갔으면 하는 마음이 들기도 했지만 결국은 어느 자리 하나피하지 않았다.

하지만 권인숙 사건이 터지면서 박영숙은 모든 두려움을 떨쳐 버린다. 권인숙은 박영숙의 싸움 방식마저도 바꿔 놓았다. 그 전까지 큰소리 내지 않고 싸웠던 박영숙은 이후 큰소리를 지르며 구호를 외치고 격렬하게 몸싸움을 하고 심지어 경찰의 따귀를 올려 붙이기도 한다. 8월 22일에 인천지검에서 강간범 문귀동의 재판이 있던 날, 법정은 출입 금지였다. 밖에서 시위를 벌이고 있는데 문귀동이 집행 유예 결정을 받았다는 것이 알려졌다. 박영숙은 분노를 참을 수 없어 재판정으로 뛰어들었다. 온몸으로 돌진하던 박영숙은 격분해서 자신의 몸을 막는 법원 정리의 따귀를 올려붙이며 다시 돌진했다. 박영숙뿐만이 아니었다.

"민가협 회원 이중주(민정당사 점거 사건으로 구속된 서울대생 이기정의 어머니)는 재판장이 권인숙의 진술을 도중에 막는 것을 보고 격분, '성고문 범죄자를 비호하고 피해자를 재판하는 게 사법부냐.'고 고성으로 항의했다. 법원 정리에게 끌려 나가던 중 그녀는 교도관의 모자를 벗겨 재판부를 향해 던지며 외쳤다. '이 더러운 군사 독재의 시녀들아.' 이틀 후 그녀는 서대문구치소에 수감됐다. 신성한 법정을 모독한 죄였다. 구치소에 입감되는 순간, 그녀는 외쳤다. '우리 딸들, 여기 있느냐. 이 엄마가 너희 곁으로 왔다. 권인숙 재판부하고 싸우다 들어왔다. 엄마가 왔으니 같이 더욱 힘내서 싸우자.' 복도 양쪽 방에서 함성과 박수가 터져 나왔음은 물론이다."[5]

결국 6월 항쟁 이후인 1988년 2월 9일이 되어서야 대법원은 재정 신청을 받아들였고, 문귀동은 1989년 6월에 징역 5년을 선고받는다. 사건 발생 3년 만의 일이었다. 권인숙은 1987년 6월에 석방되었다. 권인숙의 성고문 폭로는 군사 독재 정권의 반인륜성과 야만성을 폭로하는 계기가 되었고 민주화 운동에 소극적 모습을 보이던 여성 단체와 여성들이 정치 변혁의 주체로 참여하게 되는 단초를 제공했다.

1984년 여대생추행협의회 활동, 1985년 여성노동자생존권대책위원회 활동, 1986년 부천경찰서 성고문 대책위원회 활동 등은 여성들 간에 강한 결속력과 신뢰의 기틀을 마련했고 마침내 1987년 여성단체연합이 창립되는 밑거름이 된다.

1980년대 초반부터 진보적 여성 단체들이 새롭게 결성되기 시작했다. 1980년 여신학자협의회를 비롯, 1983년 여성평우회, 여성의전화, 1984년 또하나의문화, 1986년 기독여민회 등 저마다 개성을 가진 여성 단체들이 속속 창립되었다. 이들 여성 단체들은 자신들의 조직이 지향하는 활동을 하면서 한편으로 상설적인 공동투쟁 조직이 필요하다는 생각에 다같이 동의했다.

그리하여 1987년 2월 18일, 21개 회원 단체가 모여 한국여성단체연합의 창립총회를 개최한다. 회장으로는 이우정을 만장일치로 선출했고, 부회장은 각 부문을 대표하여 박영숙, 김희선, 이미경, 엄영애, 이영순 등을 선출했다. 지금까지 한국 여성 운동사에서 뚜렷한 역할을 수행했던 여성단체연합의 창립은 이렇게 출발한다. 그로부터 20년이 지났지만 1987년 여성단체연합의 창립선언문이 여전히 유효한 건 어쩌면 가슴 아픈 일이다.

민족의 현실은 외세에 의해 강요된 민족 분단이 남북한 간의 군비경쟁과 이데올로기 대립으로 더욱 고착화되고 있으며, 평화와 통일을 바라는 민족의 염원과는 달리 한반도를 핵전쟁의 위험으로까지

내몰고 있다. 뿐만 아니라 지난 20년간 진행된 외국 자본과 외국 시장에 전적으로 의존한 경제 정책은 날로 늘어가는 외채 부담과 경제 잉여의 해외 유출로 인해 국민 경제를 예속화시키고, 미국의 계속되는 수입 개방 압력은 이 땅을 경제적으로 식민지화하고자 하는 외세의 논리이다.[6]

여성단체연합은 처음부터 공동 투쟁체의 성격을 강하게 가지고 있었으며, 이후 수많은 여성 운동 과제를 수행해 왔다. 여성단체연합의 투쟁 방식과 내용은 시대의 변화를 섬세하게 읽으면서 변화해 왔고, 그 결과 여성단체연합의 투쟁은 많은 경우 성과를 거두었다. 그리고 그 가운데 박영숙도 함께하고 있었다.

봄은 아직 멀리 있는데

봄은 아직 멀리 있던 1976년 2월 19일 오후 6시, 박영숙과 안병무의 수유리 집에 문익환·이문영·서남동·문동환·이우정 등이 모였다. 이 당시 문익환은 대한성서공회가 위임한 신구약성서 공동번역 작업에 열중하고 있었다. 히브리어에 정통한 신학자이며 목사였던 그는 1975년 8월 17일 절친한 벗 장준하가 의문의 죽음을 당한 이후 장준하의 사진을 책상 위에 두고 지냈는데, 삼일절을 앞두고 원통하게 숨진 것이 분명한 벗의 음성이 아침저녁으로 들리는 듯했다고 한다. 장준하가 살아 있으면 무엇을 하자고 했을까? 문익환은 3·1정신을 되새기고 오늘의 암울한 현실을 극복할 것을 국민에게 호소하는 선언서를 작성하기로 하고 그 초안을 갖고 이날 모임을 주선했다.

모임이 끝나고 이우정은 윤보선 전 대통령의 부인 공덕귀와 이태영을 찾아가 여성계 대표로 서명해 줄 것을 제안했다. 그때 이태영의 집에는 마침 김대중도 찾아와 자신이 준비한 3·1선언에 이태영의 남편이자 국회의원인 정일형이 동참해 줄 것을 요청하는 중이었다. 이렇게 하여 종교 지도자들과 정치 지도자들이 뜻을 같이하며 '3·1민주구국선언'을 준비하게 된다. 2월 26일 이들은 다시 모여 서명 권유 대상자들 중에 감옥에서 나온 지 얼마 안 되는 박형규, 성서 번역 임무를 맡은 문익환 등은 빼기로 합의하고 함석헌·윤보선·정일형·김대중·김관석·은명기·윤반웅·이문영·서남동·문동환·이우정·안병무 등 12명이 최종 서명했다. 성명서는 문익환의 부인 박용길이 특유의 궁체 붓글씨로 써서 이우정에게 건네주었다.

마침내 3월 1일 오후 6시, 서명자와 신도 700여 명이 명동성당에 모였다. 때마침 필화 사건으로 구속된 김지하의 석방을 촉구하는 자리이기도 했으므로 삼일절의 의의를 되새기며 유신 정권을 비판했다. 이어서 신-구교 합동 기도회 시간. 당일의 핵심 주제인 3·1민주구국선언서 낭독은 개신교 기도 순서에서 소화하기로 되어 있었는데, 읽기로 계획된 윤반웅 목사가 강진경찰서에 구류되어 못 나오고 있다는 소식이 왔다. 결국 이우정이 두루마리 성명서를 펼쳐서 읽어 내려갔다.

1. 민주주의는 대한민국의 국시이다. 국민의 자유를 억압하는 긴급
   조치를 철폐하고 의회 정치의 회복과 사법권의 독립을 이루어야
   한다.
2. 경제 입국의 구상과 자세는 근본적으로 재검토되어야 한다.
3. 민족 통일은 오늘 이 겨레가 짊어질 지상의 과업이다. 민족 통일
   의 첩경은 국민의 민주 역량을 기르는 일이며 겨레를 위한 최선

의 제도와 정책은 국민에게서 나와야 한다.

선언문 낭독 후 이우정은 "이것이 우리 개신교 목사와 신도들이 마음을 모아 드리는 기도입니다." 하고 단에서 내려왔다. 장내는 긴장된 침묵으로 얼어붙은 듯 조용했다. 감시와 미행의 임무를 띠고 와 있던 사복형사들은 당황했지만 합동 기도회는 이미 끝난 상태였다. 참석자들은 서로 인사를 나눈 후 총총히 귀가했다. 그러나 차분하고 조용하게 진행된 이 선언문 낭독은 박정희의 노발대발로 시국 사건으로 변모한다. 3월 2일 국무회의 석상에서 전날의 명동성당 선언문 보고를 받은 박정희는 정권을 모독한 것이라며 분개했고, 삼일절 기념 기도회의 선언문 발표는 갑자기 '일부 재야인사들의 정부 전복 선동 사건'으로 규정되면서 관련자들이 구속되기 시작했다.

3월 8일 독일 선교사 도로디아 슈바이처 집에서 선언문 서명자 부인들이 모여 저녁을 먹던 도중 박영숙은 뉴스를 통해 3·1기도회 사건 관련자들이 구속된다는 보도를 접했다. 안병무 역시 국가 내란죄로 구속되었다고 뉴스 진행자는 발표하고 있었다. 박영숙은 숟가락을 놓고 쏜살같이 집으로 달려갔다. 재권이 보면 안 된다는 생각뿐이었다. 아이는 엊그제 초등학교에 입학해 1학년이 되었다. 아직 가치 판단이 안 되는 나이에 아버지가 구속되는 걸 보면 충격을 받을 것이기에 어떻게든 텔레비전을 보지 않게 해야 했다. 다행히 아이는 텔레비전을 보지 않은 듯했다. 그날 밤 누군가 거칠게 대문을 두드렸다. 가택 수색을 하기 위해 들이닥친 수

사관들이었다. 박영숙은 다리가 후들거렸지만 의연하게 맞았다. 지금이야 가족이 같이 입회하지 않으면 가택 수색을 못한다는 것쯤은 알고 있지만 당시는 그것도 모를 때였다. 안방 서랍까지 샅샅이 뒤지는 그들에게 박영숙은 아이가 깨지 않도록 조용히 일을 할 것을 요구했다. 다행히 아이는 기찻길 옆 오막살이에서처럼 잘도 잤다.

결국 윤보선 전 대통령을 제외한 서명자 11명이 검거되고 박용길 장로가 연행됐다. 이태영·이희호도 다음 날 조사를 받았다. 전 영부인 공덕귀는 8일간 구류를 살고 풀려나고 함석헌·정일형은 70세 이상 고령이라 하여, 김승훈·장덕필·안충석 등은 직접 가담자가 아니라 하여, 이우정은 여자라 하여 불구속 처리되었다. 안병무·김대중·문익환·서남동·이문영·윤반웅·신현봉·문정현·문동환·함세웅·이해동 등 11명은 구속 기소되었다.

'명동 사건'이라고 불리는 삼일절 민주구국선언 사건은 사건 관련자들의 사회적 위상과 이들에 대한 지나친 형량 선고로 국내외의 관심이 집중되었다. 이날 발표된 민주구국선언문이 각 대학과 교회로 배포되면서 이를 지지하는 성명서를 낸 서울대, 이화여대 등에서는 수십 명의 학생들이 연행되기도 했다.

이 사건은 1년여 동안 재판이 진행되었는데 변호사 27명이 자진 변론을 맡았다. 당시 사건을 심의하는 법정은 '민주주의 강의실'이라는 별칭으로 불리기도 했다. 당대의 지성인인 교수와 목사, 신부, 야당 대통령 후보 등이 수인 번호를 가슴에 붙이고 유신통치의 불합리성에 대한 자신의 논리를 펼쳐 나가는 모습은 당대를 가장 잘 드러내는 한 장면이었다. 국민의 입과 귀를 막은 정치적 암흑기에 사회 정의 실현을 위한 지성인의 역할이 무엇인지 설파하는 그들은 재판을 받는 것이 아니라 오히려 유신 독재를 재판하는 것처럼 보였다. 게다가 불구속 피고인 함석헌은 재판 때마다 법정에 삼베 상복을 입고 나왔다. 이에 호응하느라 신부 신현봉은 판사가 피고인 이름을 부를라치면 '아이고 아이고' 곡을 하면서 앞줄로 달려 나갔다. 놀란 판사에게 그는 천연덕스럽게 말했다.

"한국의 인권과 민주주의가 죽어서 곡을 합니다요."

변호인 측의 증거를 인정하지 않으려는 재판부에 항의해 변호인단이 사임한 가운데 재판부는 1976년 8월 28일 문익환·김대중 등에게 유신 헌법을 비방하고 그 폐지를 선동한 죄로 징역 8년을 선고했다. 5선 의원 정일형은 이 사건으로 의원직을 잃고, 안병무는 1년을 선고받았다.

거리에 선 영부인들

법정에서 피고인들이 두려움 없이 싸우는 동안 밖에서는 그 가족들이 다양한 형태로 싸움을 전개해 나갔다. 박영숙을 비롯해, 이해동 목사의 부인 이종옥, 문익환 목사의 부인 박용길, 문동환 목사의 부인 문혜림, 이문영 박사의 부인 김석중, 불구속 기소된 이우정, 윤보선 전 대통령의 부인 공덕귀, 그리고 미래의 대통령 부인이 될 이희호 등은 종로5가 KNCC 인권위원회 사무실에 모여 '3·1사건 가족대책협의회'를 구성하고, 전 영부인이었던 공덕귀가 회장직을 맡았다. 사회적 위치와 연장자라서가 아니라 2년 전 '민청학련 사건' 때 이미 구속자가족협의회를 결성해 활동한 경험 때문이었다. 전 대통령의 부인이 구속자가족협의회의 회장이 되는 이 기이한 일은 공덕귀의 삶을 잘 보여 주는 지점이다.

1974년 4월 박정희 정권은 일단의 대학생들이 전국민주청년학생총연맹(민청학련)을 조직해 '공산주의적 인민 혁명'을 수행하려 했다며 이와 관련한 학생들과 사회 인사들을 대대적으로 체포했다. 유신 독재에 항거하는 전국 대학생 조직인 민청학련과 이를 지원하는 재야 지식인, 종교인들의 민주화 운동을 북한과 연결시켜 한꺼번에 와해하려는 의도였다. 인혁당과 재일 조총련이 연결고리로 짜 맞추어졌고 박정희 정권에 반대하는 웬만한 민주 인사들은 모두 체포되었다. 이 사건으로 조사받은 사람만도 1,024명에 달했으니 사건의 규모를 짐작할 만하다. 특히 민청학련의 배후로 지목되었던 인혁당의 멤버 8명은 사형을 선고받고 24시간 내에 처형되는 사법 사상 초유의 상황이 발생한다. 결국 이 사건은 재판 과정에서 사건의 진위 여부가 문제되기 시작했고, 수사 과정의 고문 행위들이 폭로되면서 국내외적으로 비난의 대상이 되었다.

나라 안팎으로 비판 여론이 강도를 더하자 1975년 2월 15일 대통령 특별 조치에 의하여 대부분은 형 집행 정지로 석방되었다. 당시 박정희 정권이 이토록 과잉 극약 처방을 내린 것은 위기감 때문이었다. 유신 체제를 구축하며 안정적으로 장기 집권을 유지할 수 있는 기반을 마련했다고 믿었으나 유신 철폐 데모를 비롯, 한국신학대학 학장 김정준과 안병무 등 교수 10명의 삭발 성명, 한국기독교교회협의회의 인권 선언, 장준하·백기완·계훈제 등 재야 인사 20여 명이 '개헌 청원 100만인 서명 운동'을 선언하는 등 유신 체제에 정면 도전하는 사태가 발생했다. 예기치 못한 사태를 맞은 박정희 정권은 무리하게 긴급 조치 4호를 선포하고 유신 체제에 반대하는 사람들을 무차별 탄압하는데 이 과정에서 전 대통령인 윤보선마저 군법 회의에 서게 되었다. 학생들에게 여비를 주었다는 혐의였다.

이 과정에서 전 영부인 공덕귀는 '구속자 가족'이 되었고, 구속자 가족들은 매주 금요일 기독교회관 2층 소강당에서 기도회를 가졌다. 기도회조차도 긴급 조치 위반으로 간주될 수 있는 상황이었음에도 불구하고 '민청학련 사건 관련 구속자 및 기타 긴급조치 위반 혐의 구속자들을 위한 기도회'는 계속되었고, 이 모임을 근거로 구속자가족협의회가 만들어졌다. 연행되고 감시당하고 구속되면서도 구속자 가족들은 단식 농성, 철야 농성, 시위를 해 나갔다. 구속자 가족들의 정치 세력화가 시작된 것이다. 공덕귀는 전직 대통령 부인, 즉 전 영부인이라는 타이틀이 이들의 방패막이가 될 수 있으리라 믿으며 적극적인 활동을 해 나갔다. 그녀는 매일 기독교회관으로 출근해 인권 강연회를 열고 양심수들이 갇혀 있는 교도소를 방문해 격려하고 지지하는 등 활발한 활동을 전개했다. 어떻게 보면 공덕귀의 삶은 '영부인 이후의 삶이 본래의 리더십을 충분히 발휘한 삶'이었다고 할 수 있을 정도였다.

박영숙이 공덕귀를 처음 만난 것은 교회여성연합회 활동을 하면서였다. 1974~77년까지 공덕귀가 교회여성연합회 초대 인권위원장으로 활약하는 동안 두 사람은 기생 관광, 원폭 피해자 문제 등을 함께 풀어 나갔고, 이후 구속자가족협의회에서도 함께 활동하며 서로에 대한 신뢰를 쌓아 나간다.

"운동하는 과정 중 내가 공 선생님께 가장 미안했던 것은 경찰이나 기동대가 우리 시위대를 제압하면서 내뱉는 수치스럽고 쌍스러운 욕들이었다. 선생 같은 점잖은 분이 결코 들어 보지 못했을 입에 담을 수 없는 그런 말들… 너무나 민망스러웠다. 그런데도 한마디 불평 없이, 다음에 또 그런 모욕을 당할까 봐 거부하는 일 없이, 언제나 변함없이 그 자리에 나오셔서 우리의 방패가 되시곤 했다."

　박영숙의 말은 그들이 어떻게 싸움의 한가운데 있었는지를 잘 보여 주는 대목이다. 한편 3·1민주구국선언 사건으로 안병무와 김대중이 같이 구속되는 바람에 이희호와도 다시 만나게 된다.

빅토리솔

첫 재판이 있던 날 피고인의 가족 외에는 방청이 허락되지 않았다. 신부들은 가족이 없고 함석헌 선생도 가족이 없고 정일형 박사의 부인 이태영은 본인이 피고이니 나머지 가족 9명만이 방청을 할 수 있었는데 재판정은 이미 정보부, 경찰, 형무소 형리 등 당국에서 나온 사람들로 꽉 차 있었다.

이 광경을 본 박영숙·이희호·공덕귀·박용길·문혜림·김석중·이종옥 등 구속자 가족들은 전원 방청을 거부했다. 그리고 이희호의 제안으로 입에다 검은 테이프를 십자로 붙이고 재판소 앞에서 시위를 했다. 언론 자유가 없다는 표현을 몸으로 한 것이다. 외신 기자들은 이 사진을 크게 찍어 보도하며 한국 사법부를 비난했다. 재판정 안에서도 피고들과 변호인들이 이런 밀실 재판은 못 받겠다고 공개 재판을 요구했다. 여론에 밀려 사법 당국은 방청권을 더 발행하긴 했지만 온전한 공개 재판은 아니었다. 박영숙을 비롯한 가족들은 완전 공개 재판을 요구하면서 끝내 재판의 방청을 거부했다.

이후로 재판 때마다 구속자 가족들은 색다른 시위를 해서 주위 사람들의 이목을 집중시키고 외신 기자들에게 충분한 기삿거리를 제공했다. 보도 통제 때문에 국내 언론엔 단 한 줄도 보도되지 않는 상황에서 사건의 전모를 세계에 알리는 것은 무엇보다 중요했다. 어떻게든 구속의 부당함을 알리고 이들이 말하고자 한 바가 무엇이었는지를 세상에 전해야 했으므로 그녀들은 창의적인 아이디어로 갖가지 시위를 해 나갔다.

　고난과 승리를 상징하는 보라색으로 한복을 통일해서 입고 '공개 재판'이라고 선명히 쓰인 부채를 접었다 폈다 하거나, 하얀 양산에 '민주주의 회복'이라고 써서 받쳐 든 이들의 모습은 자주 외신의 취재 대상이 되었다. 시위 때 한복을 입자고 제안한 건 박영숙이었다. 경찰이 하도 폭력적으로 진압을 하니까 전통 한복을 입으면 그래도 함부로 못하지 않겠냐는 것이 그녀의 생각이었다. 돈을 아끼기 위해 가장 싼 3,000원짜리 나일론 한복을 공동으로 사 입었지만 이들은 기품이 넘쳐흘렀다. 이렇듯 갖가지 아이디어를 동원하고 기관원들의 미행 감시를 따돌리며 구속자 가족들은 중앙청, 덕수궁, 법정 앞을 가리지 않고 게릴라 시위를 감행했다.

　그러나 이들의 평화적인 시위는 길어야 20분을 넘기지 못했다. 출동한 경찰은 양산을 뺏고 머리채를 끄는 등 온갖 포악한 짓으로 시위를 막고 시위대를 경찰차에 태워 한적한 서울 외곽에다 부려놓았다. 이 과정에서 경찰들은 전 대통령 부인 공덕귀를 비롯해 이희호, 박영숙 등에게 입에 담지 못할 욕설을 퍼부어 댔다. 언어적 모욕을 가함으로써 상대의 기를 꺾으려는 방법이었다. 여자들은 쌍스러운 욕설에 자존심을 몹시 다치고 대항할 기운을 잃는다는 것을 알고 있던 그들은 할머니나 어머니뻘 되는 이들에게 입에 담지 못할 더러운 욕을 해 댔다. 태어나서 한 번도 들어보지 못한 상욕에 처음엔 다들 심장이 떨릴 지경이었다. 마침내 함께 시위하던 민가협 어머니들 중 한 명이 그들보다 더한 욕을 하는 것으로 대처를 하자 그들도 잠시 주춤했다.

경찰은 시 외곽의 을씨년스러운 벌판에다 한 사람씩 버렸다. 맨 나중에 버려진 사람이 우연히 택시라도 잡게 되면 다시 거슬러 올라오며 한 사람씩 태워 왔다. 이 과정을 거치며 여자들은 용감해지고 결연해졌다. 두려움은 연대로 떨쳐 나가는 것이라는 것도 알게 됐다. 구속자 가족들은 특유의 기지를 발휘해 다양한 투쟁을 전개하는데 '새벽송'도 이 겁 없는 여자들의 아이디어였다.

1976년 4월 수감자들이 구속된 지 한 달 만인 부활절 새벽, 서울 현저동 인왕산 끝자락에서 특별한 새벽 찬송 소리가 울려 퍼졌다. 새벽을 깨우는 아름다운 노랫소리는 인왕산을 조용히 흔들고 감옥의 벽을 넘어 구속된 이들에게로 흘러들어 갔다. 박영숙을 비롯한 여자들이 당시 김상근 목사가 시무하던 사직터널 옆 수도교회에 모여 밤을 새우고 서울구치소 뒷산 아까시나무 언덕에 올라가 부활절 새벽송을 부른 것이다. 이날의 새벽송은 부활절에 부르는 일반 찬송이 아닌 구속자 가족들이 민주화를 염원하는 기도회에서 즐겨 부르던 찬송가였다. 구속자들이 식별할 수 있게 하기 위함이었다. 구속자 가족들이 모이는 갈릴리교회의 지정곡이라 할 수 있는 찬송가 284장을 개사한 「갈릴리 해변서 떡을 떼사」가 새벽의 공기를 가르며 나부꼈다. 새벽송은 부활절 새벽에 신도들의 가정을 돌면서 부르는 게 상례지만, 이날만은 인왕산 끝자락에서 울려 퍼졌다.

이들의 새벽송 계획을 알고 있던 외신 기자들은 이 사건을 취재하여 전 세계로 타전했다. 한편 새벽에 갑자기 찬송 소리가 들리자 교도관과 서대문경찰서 정보와 형사들이 깜짝 놀라서 뛰어 올라오고 소란이 일어났다. 부활절 아침이라 사모였던 이종옥과 박용길은 교회 행사를 위해 교회로 달려가고 박영숙, 이희호, 공덕귀는 서대문경찰서로 연행되었다.

이날 그녀들이 부른 새벽송은 감옥 안의 구속자들의 새벽잠을 깨웠으며 수감자들에게 큰 격려가 되었다. 이듬해 부활절에도 다른 시국 사건 구속자 가족들과 함께 서대문구치소 인근에서 새벽송을 했지만 그 이후로는 당국에서 미리 진을 치고 있어 더는 이어지지 못했다. 이종옥의 말이다.

"1976년 3·1사건으로 남편들이 구속되면서 가까워져서 박영숙의 수유리 집을 내 집보다 자주 드나들었어요. 자주 모이고 얼굴을 보는 게 무엇보다 중요한 날들이었죠. 개별로 있으면 속상하고 고통스럽다가도 모임을 하면 위로가 되고 힘이 되고 아이디어들도 쏟아져 나왔어요.

외신 기자들이 취재를 많이 했는데 처음 우릴 보고는 의아스러워하기도 했어요. 도무지 남편을 감옥에 둔 아내들답지 않다는 거예요. 구속자 가족이라면 침울하고 서글픈 모습일 거라고 생각했는데 우릴 보면 전혀 그렇지 않다는 거예요. 하지만 우리라고 왜 슬프지 않았겠어요. 감방이 얼마나 추웠는지 그나마 따뜻한 면회실에 들어오면 귀에서 물이 뚝뚝 떨어지는 걸 보면… 그걸 어떻게 말로 표현하겠어요.

그렇게 가슴이 아파 나와서도 박 선생님과 이희호 선생님, 박용길 장로님을 만나면 슬프기보단 힘이 나고 할 일이 마구마구 생각났어요. 사건을 맡은 변호사가 30명이나 구성되었으니 변호사들을 위한 모임도 열고 보라색 빅토리숄도 떠야 하고 완성되면 포장해서 외국 단체들에도 보내야 하고. 십자가 목걸이, 물고기 모양의 티스푼도 제작해 판매해야 하고. 그야말로 할 일이 태산이었지요. 그럴 때 박 선생님 집이 작업실이었어요. 매일 그 집에서 만나어떻게 투쟁할까 궁리하고 일을 만들어 냈어요. 누군가 면회를 갔다가 위로받고 싶으면 결국엔 박 선생님 집으로 갔죠. 사람과의 관계가 이토록 아름다울 수도 있구나 하는 걸 느낄 수 있었어요.”

그녀들은 ‘빅토리숄’이라 이름 붙인 보라색 숄을 뜨개질한다. 이 숄은 네 번을 움직여야 한 코를 뜰 수 있는데 가족들은 한 번 손을 움직일 때마다 속으로 ‘민주 회복’을 한 글자씩 되뇌었다 한다. 박영숙은 버스 안에서도, 구치소에서 면회를 기다릴 때도, 모임을 할 때도 뜨개질을 멈추지 않았다. 박영숙뿐만 아니라 다른 구속자 가족들 역시 얼마나 열심히 뜨개질을 했던지 이희호는 둘째손가락에 병이 날 지경이었다. 차가 있던 이희호가 차편을 제공해 청계천에 가서 실을 사고 수유리 박영숙의 집으로 가져다놓으면 각자 실을 가져가서 뜨개질을 했다. 완성된 숄은 셀로판지로 예쁘게 포장을 해서 상품을 만들어 국내외 각지로 보냈다. 이 숄을 판매해 얻은 기금은 '3·1사건' 구속자들뿐 아니라 민주화 투쟁을 하다가 구속된 학생들, 돌볼 가족이 전혀 없는 무의탁 재소자들을 돕는 일에도 쓰였다. 당시 구치소 안 무의탁 재소자 200여 명에게 내의를 사서 들여보낸 것도 그녀들이었다.

처음에는 실을 구하는 일이 그리 힘들지 않았다. 그런데 어찌된 일인지 서울 장안의 모든 털실 가게에 보라색 실이 품절이었다. 황당했지만 현실이었다. 그렇다고 그만둘 그녀들이 아니었다. 당시 해외 여러 나라에서 이 싸움을 지지하고 지원해 주는 네트워크가 있었는데 그곳에서 소식을 듣고 보라색 털실을 구입해 보내 주었다. 결국 다시 솔을 뜨는 작업이 시작되었다.

활동에 필요한 기금을 모으기 위해 빅토리솔뿐만 아니라 온갖 지혜를 모아 다양한 공동 작업을 했다. 십자가 열둘을 새긴 둥근 메달이 달린 목걸이, 로마 제국의 박해 시대에 초대 기독교인들이 암호로 삼았던 물고기 모양의 목걸이, 물고기 모양의 손잡이를 단 티스푼 등을 제작해 국내외의 뜻을 같이하는 많은 사람들에게 판매했다. YH 사건 때는 시장이란 시장은 다 다니면서 하얀 손수건을 사서 십자수를 놓아 판매해서 영치금을 넣는 등 지원을 했다.

돌이켜 보면 그녀들이 한 시위는 일종의 퍼포먼스였다. 그녀들은 창의적인 시위와 집회를 만들어 내는 예술가들이었다. 비가 억수로 쏟아지는 날은 재판장으로 뛰어 들어가기도 하고 방청권을 모아 태우기도 했다. 온전히 한마음이 되어, 진정을 다해 그녀들은 민주주의를 불렀다. 세상이 무대였고 모든 사람들이 관객이었다. 그녀들은 온몸으로 노래하고 춤추는 시대의 가인들이었다.

투쟁 속에 피는 꽃

한번은 구속자들의 사기를 북돋기 위해 재판이 끝나고 유치장으로 되돌아가는 버스를 따라 정동에서 서대문까지 함께 걷기로 했다. 아홉 명이 늘어서서 "우리 승리하리라" 노래를 부르며 행진을 하는데 구속자들을 태운 버스를 따라가려니 뛰다시피 해야 했다. 행진을 마치고 식당에 와 버선을 벗으니 발이 온통 물집투성이었다. 문동환의 부인 문혜림은 외국인으로 당차고 재치도 뛰어나 여러 사람을 웃기곤 했는데 그날도 남편을 고르려면 발에 뭘 신는지도 잘 알아야 한다며 농담을 해 좌중을 웃겼다. 그렇게 한바탕 웃고 나면 몸에 쌓인 고난이 한꺼번에 풀리는 느낌이었다. 몸은 힘들었지만 사람들 사이에 신뢰는 두터워지고 인간에 대한 애정은 깊어졌다. 모이면 늘 웃음꽃이 피고 에너지가 생겨났다.

불구속 기소되어 재판을 받던 이우정은 재판이 끝나면 돌아와서 재판정에서 있던 이야기를 들려주었다. 어찌나 생생하게 묘사를 하든지 마치 재판정에 앉아서 듣는 느낌이 들 정도였다. 특히 김대중이 4시간 동안 진술했던 걸 완벽하게 재현해 낼 때는 감탄이 절로 나올 지경이었다. 누군가 "이우정 선생님 입 보험 들자."
하는 이야기를 하는 바람에 또 한 번 웃음보가 터졌다. 두려움 없
이 용감해지는 건 너와 내가 온전히 하나라는 마음에서 비롯되었
다. 어디를 가든 무엇을 하든 함께라면 못할 것이 없던 시절이었
다. 광주에 갔던 일 역시 혼자서는 할 수 없지만 마음이 하나인 사
람들이 모여 할 수 있었던 일이었다.

　전남의 목사들이 '3·1민주구국선언'에 대한 지지 성명을 발표
함으로써 여러 목사들이 광주 교도소에 구속되는 사태가 벌어졌
다. 구속자가족협의회는 지원차 광주를 방문하기로 했다. 형사들
을 따돌려야 했으므로 꼭두새벽에 몰래 집을 빠져나와 광주로 가
는 첫 버스를 탔다. 마침 차 안에 승객들이 거의 없었다. 광주에 가
까워지자 그녀들은 남편들 수감 번호가 적힌 보라색 원피스로 옷
을 갈아입었다. 그런데 어떻게 알았는지 장성 갈재를 넘으면서 지
프차며 경찰차들이 고속버스를 따라오기 시작했다. 결국 광주 톨
게이트에서부터 경찰차가 에스코트해 터미널로 가지 못하고 광
주공설운동장으로 끌려갔다. 한 사람도 버스에서 내리지 않고 버
티자 공설운동장 상공에 헬기가 뜨고 금방 긴급 비상 전화가 가설
되는 등 난리도 아니었다. 버스 안에는 고작 여자 열 명이 있을 뿐
인데도 중무장한 경찰 부대가 동원되었다.

　경찰들은 조사할 것이 있으니 한 사람씩 내리라고 강요했지만
누구 하나 꿈쩍하지 않았다. 형사들의 취조에는 묵비권을 행사하
거나 무등산 수박을 먹으러 왔으니 무등산으로 보내 달라는 말로
대답했다. 성명서와 사진을 갖고 있던 이종옥은 화장실 가고 싶다

고 우겨 화장실에 가서 다 찢어 버리고 다시 버스로 돌아왔다.

점심도 굶은 채 경찰들과 대치하기를 네댓 시간, 오후가 되자 버스를 강제로 서울로 출발시켰다. 박영숙을 비롯해 여자들은 격렬하게 항의했지만 버스는 서울을 향해 달렸다. 김석중(이문영 박사 부인)이 경찰이 실어 줬던 사이다 박스를 풀어 고속버스 창문을 열고 하나씩 내던졌다. 쨍그랑 쨍그랑. 고속도로 위에서 병이 깨졌다.

서울에 도착하니 담당 형사들이 초주검으로 대기하고 있었다. '사모님은 재가중'으로 보고했던 형사들이 그날 당했을 일을 생각하면 그럴 만도 했다. 가족들의 유대는 견고했고 그 유대는 유신 독재 치하의 기나긴 세월을 견뎌 내는 데 큰 힘이 되었다.

"하루도 거르는 날 없이 거의 매일 만났다. 혹 만나지 못하는 날이면 밤중에 전화로라도 안부를 확인해야 편안히 잠들 수 있을 정도였다. 목요 기도회장에서도 금요 기도회장에서도 갈릴리교회 예배에서도 함께 만났고 면회하는 날이나 옷이나 책 등 영치물을 차입 또는 차하하는 구치소에서도 시간을 맞추어 함께했다. 우리는 만나서 함께 절실한 기도를 드렸으며 서로의 형편을 격의 없이 나누었으며 감옥에 갇힌 남편들의 뜻을 어떻게 가족들이 이어 나갈 수 있을 건가를 의논했다. 같은 목소리로 같은 몸짓으로 독재 권력의 폭력에 항거하는 투쟁을 감행했다. 이러는 가운데 우리의 신뢰는 깊어졌고 정은 두터워졌고 뜻은 확고해졌고 삶은 즐거움과 보람으로 넘쳐났다. 우리는 진실을 말하는 데 주저하지 않았으며 정의를 실천하는 데 망설이지 않았다. 우리의 자세는 권력 앞에 당당했으며 법정에는 언제나 밝은 웃음이 깃들 수 있었다."[7]

가족들이 구속자들을 직접 만날 수 있었던 건 구속된 지 54일이 지나서였다. 그전까지는 면회조차 허용되지 않았다. 직계 가족에 한해 한 달에 한 번만 허용되는 면회를 박영숙은 한동안 혼자 다녔다. 그녀는 재권을 데려갈 생각조차 못했다. 아버지의 부재를 긴 출장을 갔다는 말로 설명했고 당연히 아이가 모르는 줄 알았다.

그런데 어느 날 재권이 친구들과 놀면서 소곤소곤 하는 말을 들으니 아이는 이미 아버지가 구속된 걸 알고 있었다. 박영숙은 아이의 눈높이에서 아빠가 감옥에 간 것에 대해 차근차근 논리적으로 설명해야 했다. 그해 김장할 때쯤 박영숙은 마침내 재권과 함께 면회를 갔다. 재권을 데려가기로 한 데에는 당시 아이가 쓴 독후감이 한몫을 했다. 재권이 다니던 한신초등학교에서는 아이들에게 매일 일기를 쓰게 했는데 얼마 지나자 아이가 지루해했다. 그래서 박영숙은 독후감 일기를 써 보라고 제안했다. 어느 날 재권이 쓴『장발장』에 대한 독후감 일기를 읽으며 박영숙은 자는 아이를 다시 들여다봤다. 죄와 벌에 대한 아이 나름의 이해가 촘촘하게 정리되어 있었다. 이 정도면 감옥 속의 아빠를 봐도 되겠다는 판단이 들어 함께 구치소로 갔다.

면회를 신청하고 순서를 기다리는데 아이는 긴장이 되는지 복도를 왔다 갔다 했다. 마침내 특별 면회실에서 책상을 사이에 두고 부자가 상봉했다. 안병무는 훗날 여덟 살짜리 아들이 옥에 갇힌 아비를 보고 안절부절못하던 모습을 글로 쓴 적이 있는데 그날

아이의 불안을 눈에 보는 듯 그려 사람들의 마음을 흔들었다. 재권도 돌아와 일기를 썼는데 하얗게 세어 버린 아빠의 머리카락을 보고 이런저런 생각을 하는 글이었다. 재권의 글은 영어와 독일어로 번역이 되어 여러 저널에 실려 한국의 상황을 알리는 데 한몫을 하기도 했다.

박영숙은 감옥에 있는 안병무에게 일체 바깥소식을 전하지 않았다. 이런저런 시위들이 일어나고 지지 성명이 진행되고 있다는 것도 알리지 않았다. 안병무에게 안식과 평화는 외부와 상관없이 자신의 내부로부터 나온다는 것을 알고 있었기 때문이다. 안병무는 사식도 넣지 못하게 하고 솜옷도 넣지 못하게 했다. 그렇지만 실은 구치소 밥이 넘어가지 않아 계속 마가린과 간장에 밥을 비벼 먹고 있었는데, 그것이 출옥 후에 심장병을 일으키는 원인이 된다. 안병무는 10개월 형을 살고 석방되었다. 그날은 12월 29일로 마침 결혼 10주년이 되는 날이었다. 훗날 어느 강연에선가 안병무는 감옥에 있다 나와 보니 고양이였던 아내가 호랑이가 되어 있더라는 말을 해 청중들의 웃음을 자아냈다. 감옥 생활 때문에 평소에 심장이 좋지 않았던 안병무는 심근경색이라는 큰 병을 얻고 말았다.

1980년 봄, 광주항쟁 소식이 전해지면서 사람들이 구속되기 시작했다. 누군가가 잡혀갔다는 전화를 연달아 받은 안병무는 심장 발작을 일으켰다. 박영숙이 구급차를 불러 병원엘 가니 병원에도 군인들이 진을 치고 있었다. 통금이 있던 때라 자정 즈음 집에 왔는데 병원에서 전화가 왔다. 안병무가 실어증에 걸렸다는 것이다.

새벽 통금이 풀리자마자 달려갔다. 안병무는 박영숙을 보고도 말을 하지 못하다가 만 하루가 지나자 비로소 말문을 열었다. 광주항쟁의 충격으로 말문이 막힌 것이다. 모임 참석 등으로 시간을 소비하는 것을 싫어하던 안병무는 그때부터 박영숙의 표현대로라면 그야말로 말 갈 데나 소 갈 데나 다 다니면서 강연도 하고 회의에도 참여했다.

살아남은 자의 고통으로 몸과 마음이 가득 찬 사람들은 자신이 할 수 있는 일에 최선을 다하면서도 죄의식으로 늘 입술이 부르트던 시절이었다. 박영숙 역시 본격적인 민주화 투쟁의 시기로 돌입한다.

박종철

1987년 새해는 혹독한 추위 속에 밝았다. 새해가 시작된 지 며칠 지나지 않은 1월 15일, 중앙일보 사회면에 "경찰 조사받던 대학생 쇼크사"라는, 눈에 잘 띄지 않는 2단짜리 기사가 실렸다. 그리고 그날 새벽 2시, 수배 중이던 김희선(전 국회의원)이 수유리 집을 몰래 찾아왔다. 이미 박영숙의 집 전화는 도청되던 시절이라 전언을 위해선 직접 찾아오는 길밖엔 없었다.

김희선은 내일 아침 남영동 대공분실 앞에서 시위를 조직하자는 말과 함께 성명서를 발표해 달라고 부탁한다. 박영숙은 바로 민가협 등과 긴밀하게 연락을 취하고 시위의 내용과 형식을 결정했다. 그야말로 몇 시간 만에 200~300명의 여성들이 상복 차림으로 대공분실 앞 거리를 메웠다. 박영숙은 큰 소리로 사건의 경위를 밝히라는 성명서를 읽어 내려갔다. 그리고 안상님, 조화순, 윤문자(한국교회여성연합회 전 총무) 등 각 교단 대표들과 함께 애도를 표하는 삼베 수건을 쓰고 아현 고가도로를 걸어 시청 앞까지 행진했다. 또 한 명의 젊은이가 독재에 의해 목숨을 잃는 비극이 일어났지만 그때까지만 하더라도 이 청년의 죽음이 6·10 민주항쟁으로 이어질 것이라곤 그녀조차도 예견하지 못했다.

박종철. 서울대 언어학과 3학년. 광주항쟁 진상 규명을 요구하는 미 문화원 점거 농성 사건 당시 지지 시위로 구류 5일. 청계피복노조 합법성 쟁취 시위 참여로 징역 10월 집행 유예 2년. 언어학과 학생회장.

죽은 대학생의 이력이었다. 그는 1월 13일 자정 무렵, 서울 신림동 하숙집으로 귀가하던 도중 치안본부(현 경찰청) 대공분실 수사관 6명에 의해 세칭 남영동 대공분실로 연행된다. 불법 납치였다. 그는 각종 집회를 주도한 혐의로 수배된 학교 선배 박종운의 소재를 댈 것을 추궁받는다. 박종운이 두 차례 그의 하숙집을 다녀갔지만, 그는 모른다고 버틴다. 구타와 폭행에도 불구하고 끝내 입을 열지 않자, 수사관들은 익숙한 솜씨로 고문을 시작한다. 그의 사지를 수건으로 결박한 다음, 물이 가득 찬 욕조에다 머리 처박기를 반복한다. 이러한 물고문은 10여 시간 지속된다. 14일 오전 11시쯤, 수사관들은 그가 숨을 멈춘 것을 발견하고 당황한다. 그들은 박종철이 사망한 것을 확인한 뒤 후환을 차단하기 위해 곧바로 증거를 인멸하고 서둘러 화장한다. 그는 한 줌 재가 돼 임진강의 찬바람에 날아가 버린다.

증거를 인멸하고 사건을 조작하고자 했던 경찰의 의도와 달리 사건의 파장은 커져 나간다. 특히 부검을 맡은 국립과학수사연구소 법의학과장 황적준의 발언은 이 사건을 일파만파로 몰고 간다. 황적준은 '사인을 심장마비로 해 달라'는 경찰의 협박을 뿌리치고 박종철이 물고문 도중 질식사한 것 같다고 밝힌다. 의사로서 양심을 지켰던 것이다. 신문 보도로 여론이 들끓자, 경찰은 17일 마지못해 자체 수사에 들어갔고 그 결과를 발표했다. 경찰이 박종철을 상대로 수사하던 중 책상을 '탁' 치니 '억' 하며 쓰러져 인근 중앙대 부속병원으로 옮겼으나 그날 낮 12시쯤 사망했다는 것이다. 유치하게 날조된 이 거짓말은 고문 의혹에 기름을 끼얹었으며 전 국민의 공분을 자아냈다.

박종철 고문 은폐 사건의 진실을 밝히려는 국민들의 요구가 거세지는 가운데도 군부 정권은 아랑곳하지 않았다. 오히려 전두환은 4·13 호헌 조치를 선언했다. 국민들의 직선제 개헌 요구를 무시하고 다시 한 번 체육관 선거를 통해 자신의 후계자 노태우를 대통령으로 지명하겠다는 의도를 드러낸 것이다. 쿠데타의 주역답게 절차적 민주주의를 거부하고 형식적인 체육관 간선제로 후계 정권을 자신의 손으로 임명하겠다는 안하무인 격 발상이었다. 집회나 시위쯤이야 얼마든지 폭력으로 진압할 수 있다는 정권의 오만함에 시민들도 차츰 분노하기 시작했다.

1987년 4월 19일 아침, 매년 하던 대로 박영숙·안병무의 수유리 집에는 4·19 기념 묘소 참배를 마친 많은 재야 인사들이 모였다. 늦은 식사를 하면서 4·13 호헌 선언에 따른 대책을 논의하고 앞으로의 일을 도모했다. 새로운 일을 기획하고 의견을 나누고 결의를 하는 데 수유리만큼 적절한 곳은 없었다. 1970년대 이후 수유리에선 수많은 일들이 태동되고 모의되고 실현되었다. 4월 22일, 수유리에서의 결의대로 기독교회관에서 함석헌·송건호·박형규·계훈제 등 원로 인사 28명은 '폭력 호헌 저지 민주 개헌 관철을 위한 국민운동'을 제안하면서 무기한 농성에 들어간다. 박종철의 죽음이 도화선이었다면 이 단식은 1987년 민주화 운동으로 이어지는 불씨였다. 대학 캠퍼스에서부터 양심적인 종교인과 중소상공인 노동조합에 이르기까지 호헌 철폐, 독재 타도, 직선제 관철의 요구는 1987년의 봄과 여름을 뜨겁게 달구었다.

1980년 서울의 봄과 광주를 밟고 등장한 전두환 정권은 자유 민주주의를 뿌리째 흔드는 폭력을 서슴없이 저질렀다. 집회와 시위에 관한 법률, 노동 관계법, 국가 보안법 등을 개악하여 국민의 기본권마저 제한하고 정치적 반대 세력은 고문과 투옥으로 탄압했다. 민주화 운동을 하는 학생들은 강제 징집되거나 실종되고, 노동조합 운동은 용공 사건으로 둔갑되었다. '평화의 댐'을 건설한다는 명분 아래 국민들의 성금을 착복하는 것을 비롯 대통령과 친인척들은 자신들의 주머니를 채우느라 부정부패를 일삼았다. 광주 학살의 진실을 밝히려는 노력들이 군홧발에 짓밟히고 독재에 대한 항거는 공권력에 의해 저지됐지만, 어둠이 깊으면 새벽이 온다는 진리는 한국 현대사에 변하지 않는 진리로 등장했다.

1985년 2월 12일 실시된 총선의 결과는 국민들의 5공 정권에 대한 분노를 잘 보여 주었다. 당시 야당인 신민당은 집권당인 여당을 물리치고 여소야대로 부상한다. 이런 힘을 배경으로 국회가 열리자 신민당은 직선제 개헌을 강력히 요구했고, 민주화 운동 세력도 군사 독재 정권 타도와 이를 위한 직선제 개헌을 적극 주장했다. 그러나 전두환 정권은 여전히 시민들의 개헌 요구를 사회 혼란을 조성하는 행위로 매도하면서 최루탄과 페퍼포그로 진압했다. 그러고는 이른바 '4·13 호헌 조치'를 선언했다. 정권을 지속적으로 유지하기 위해 직선제 개헌을 하지 않겠다는 것이었다. 시민들의 요구를 전면 부정하고 무시하는 행위였다.

시민들의 분노도 거세졌다. 각계각층에서 호헌 철폐를 요구하는 시국 성명을 내고, 2,200여 명의 발기인이 참가하는 민주헌법쟁취국민운동본부가 구성되었다. 국민운동본부는 박종철 고문살인을 규탄하고 이한열 최루탄 희생자를 추모하며 호헌 철폐를 요구하는 국민대회를 6월 10일 대규모로 벌이기로 결정한다. 6월 10일은 집권당인 민정당의 대통령 후보 지명 대회가 열리기로 예정되어 있는 날이기도 했다. 당황한 정부는 6월 10일 며칠 전부터 6·10대회를 불법 집회로 규정하고 경찰 병력을 총동원하여 이를 원천 봉쇄한다는 방침을 발표했다. 경찰은 비상령을 내리고 검문검색을 강화하고 대회 전날인 9일부터는 민주 인사에 대한 가택연금을 실시했으며 전국 110개 대학을 전격 수색하여 시위 용품을 압수하기도 했다. 그렇지만 이미 전국의 거리는 민주화의 열기로 불타오르고 있었다.

드디어 6월 10일. 잠실 체육관에서 민정당 대통령 후보 지명 대회가 열리는 그 시간, 서울을 비롯한 전국에서는 거대한 시위대가 '호헌 철폐 독재 타도'를 외치며 거리를 행진했다. 차들은 경적을 울리며 시위대와 연대하고 사무실에 있던 넥타이 부대들은 창문을 열고 시위대에 연호했다. 경찰이 쏘아 대는 최루탄과 페퍼포그로 거리는 마치 포연에 휩싸인 전쟁터 같았지만 시위대의 기세는 꺾이지 않았다. 6·10국민대회는 서울, 부산, 대구, 공주, 인천, 대전 등 대도시를 비롯하여 전국 22개 지역에서 24만여 명이 참여하는 대규모 가두시위로 발전했다.

박영숙은 남대문 네거리에서, 대학 1학년이던 아들 재권은 서울역에서 각기 시위에 가담한다. 그리고 그날 저녁 명동성당에서는 800여 명의 학생과 시민들이 모여 농성 투쟁을 시작한다. 박영숙 역시 이 시위대와 함께 명동성당 농성에 참여한다. 6월 10일 밤부터 시작되어 15일까지 5박 6일 동안 진행된 명동성당 농성은 민주화를 염원하는 국민들의 희망이었다. 시민들은 명동성당으로 모여들었다. 전국에서 성금과 함께 빵, 음료수, 의약품 등이 답지했고 점심을 먹으러 나왔던 회사원들은 그 자리에서 가두시위를 벌이기도 했다. 남대문 시장 상인들도 성당에서 농성하고 있던 학생들에게 옷을 보냈다. 마침내 독재가 그 꼬리를 내려야만 하는 시간이 다가오고 있었다.

삼베 수건과 카네이션

1987년, 그해 6월은 거의 하루도 빠짐없이 대규모 시위 인파가 거리를 뒤덮었고 박영숙 역시 누구보다 바쁘게 거리를 누비고 있었다. 특히 그녀를 비롯한 여성단체연합 회원들은 머리에 삼베 수건을 쓰고 행진을 했다. 삼베는 죽음에 대한 애도의 의미를 담고 있었다. 독재 권력에 의해 살해당한 박종철과 이한열에 대한 추모와 함께 이 땅에서 목숨을 다한 민주주의에 대한 애도의 상징으로 여성들은 머리에 삼베 수건을 쓰고 최루탄이 난무하는 거리의 한가운데를 걸었다. 이후 삼베 수건은 구속자 어머니들의 시위 때뿐 아니라 수많은 민주 열사들의 장례식, 일본군 위안부 시위 등에 등장하면서 민주화 투쟁의 상징처럼 된다.

거리는 독재 타도를 외치는 시민들의 함성과 이를 진압하기 위해 쏘아 대는 최루탄과 페퍼포그 그리고 이에 맞선 학생들이 던지는 화염병으로 마치 전쟁터를 방불케 했다. 얼마나 최루탄을 쏘아 댔는지 도시는 늘 매캐한 연기에 휩싸여 있었다. 랩으로 눈을 가리고 치약을 눈 밑에 바르기도 했지만 심장에 스며든 최루 가스는 어김없이 사람을 꼬꾸라지게 만들었다. 학생들도 화염병과 각목으로 맞섰다. 거리에는 머리가 터지고 부상을 입은 사람들이 난무했다. 시위가 격화되면서 시위대뿐만 아니라 전투 경찰들의 부상도 이어졌다. 6월 9일, 연세대생 이한열이 최루탄에 머리를 맞아 뇌사 상태에 빠진다. 또 한 명의 젊은이가 폭력에 의해 생을 마감해야 했다.

이한열의 죽음을 고비로 박영숙을 비롯한 여성들은 군사 독재가 극악한 폭력으로 사람들을 탄압할 때 그에 저항하는 방식은 어떠해야 하는가에 대해 깊은 고민을 하게 된다. 폭력에 맞선 폭력이 서로의 참담한 희생을 불러일으키는 상황이 눈앞에서 벌어지고 있었다. 폭력에 항거하는 방식이 폭력일 때 무고한 젊은이들의 희생이 계속될 것은 불 보듯 뻔한 일이었다. 박영숙과 여성들은 시위 문화를 평화적 운동으로 변화시키기 위한 방식을 모색한다. 여성단체연합과 교회 여성 단체들은 최루탄 추방 운동을 벌이기로 결의하고 시위의 방식을 비폭력 평화 운동으로 가져갈 것도 결의한다. 6월 18일을 '최루탄 추방의 날'로 정하고 그날의 시위를 여성 단체들이 주도하기로 결정한 후 여성들은 화염병과 각목이 아니라 꽃을 준비한다.

1987년 6월 18일 종로, 시민들의 열기는 여전히 뜨거웠다. 박영숙을 비롯한 여성 단체 회원들은 민가협 어머니들과 함께 빨간 카네이션을 수백 송이 준비해 시위대에 나누어 주었다. 최루탄을 추방하자는 집회를 마치고 여성들은 삼베 수건을 쓰고 시위대의 맨 앞에 섰다. "독재 타도", "호헌 철폐"와 함께 "최루탄을 쏘지 마"

라는 구호도 함께 외치며 시위대는 평화로운 행진을 시작했다. 행진이 시작되자 수천 명의 중무장한 전투 경찰들이 시위대의 앞을 가로막았다. 진압복을 입은 전투 경찰들이 앞에 서고 하얀 화이바에 청재킷을 입은 백골단들이 대열을 이루고 검은 페퍼포그가 시위대를 향해 다가왔다. 척척척척 군홧발 소리를 내며 다가오는 전투경찰들의 손엔 곤봉과 최루탄이 들려 있었다. 방탄복과 방탄모를 쓴 전투 경찰들의 표정은 보이지 않았지만 20대 초반의 젊은이들이었다. 어쩌면 그들도 이 자리에 서 있는 자신을 회의하고 있었을 것이다. 그러고 보면 저들 역시 국가 폭력의 희생자이기는 마찬가지가 아닐까. 페퍼포그가 터지고 백골단들은 시위대를 잡기 위해 달려들려는 순간, 박영숙을 비롯한 여성들이 외쳤다.

"쏘지 마! 쏘지 마!"

작은 외침은 곧이어 거대한 함성으로 이어졌다.

"쏘지 마! 쏘지 마!"

누가 먼저랄 것도 없이 여성들의 얼굴 위로 눈물이 흘렀다. 우리는 왜 오늘 이 자리에 서 있는가. 너 역시 내가 낳은 아들이고 내 자식인데 너는 왜 그쪽에서 이쪽을 향해 최루탄을 겨누고 있는가. 박영숙은 목이 메었다. 얼마나 더 우리가 적으로 만나 이 폭력적인 싸움을 계속해 나가야 하는가. 이제 폭력은 안 된다. 이제 나는 너를 다치게 할 수 없다. 독재가 폭력으로 탄압할 때 우리는 평화의 방식으로 너희를 감싸 안으리라.

"쏘지 마"라는 함성으로 가득 찬 서울의 한복판에서 여성들은 빨간 카네이션을 들고 한 발자국씩 전투 경찰에게 다가갔다. 그리고 그들의 가슴에 한 송이 붉은 카네이션을 달기 시작했다. 잠시 양 진영 사이로 침묵이 흘렀다. 찰나였지만 영원 같은 시간이었다. 하지만 뒤이어 다시 대규모 충돌이 이어졌다. 빌딩에서 두루마리 휴지들이 날아왔고, 청년들은 기침을 쏟아 내며 돌을 던졌다. 그러나 분명 이날 집회 이후 비폭력 평화 운동이라는 새로운 시위 문화가 대두되었다. 이와 함께 여성 단체들은 각계에 최루탄이 얼마나 몸에 나쁜지를 설명하는 공문을 보내고, 최루탄피해고발센터를 운영했다. 최루탄 제조 회사엔 만들지도 팔지도 말라는 호소문을 보냈다. 이후 여성단체연합, 민가협, 여성신학자협의회, 여성민우회 등 여성 단체들은 비폭력 평화 운동을 전개하며 6·10 항쟁을 새로운 국면으로 이끌어 냈다. 비폭력 평화 운동은 폭력의 악순환을 성찰하게끔 만들었고 여성 운동은 물론 민주화 운동을 대중적인 방식으로 변화시키는 계기가 되었다.

당시 6·10항쟁을 이끌었던 민주쟁취국민운동본부 지도부는 여성이 30%를 차지하고 있었다. 박영숙을 비롯해 고 이우정이 고문으로, 이미경·김희선·유시춘 등이 집행위원으로 활동했다. 이렇듯 6월 항쟁에는 수많은 여성들이 함께 참여했다. 그러나 여성들의 활동 기록은 제대로 남아 있지 않다. 삶의 자리에서 헌신적으로 싸웠던 여성들의 이름은 가려지고 벅찬 승리와 시린 상처는 운동의 열매를 공식화하는 데 익숙한 남성들의 몫이 되었다.

그럼에도 1987년은 민주화 운동사는 물론 여성 운동사에서도 중요한 분수령을 이루었다. 1970년대 이래 꾸준히 성장해 온 여성 운동의 흐름을 타고 여성들은 본격적으로 민주화 운동에 참여하기 시작했다. 조직적, 집단적으로 여성들이 역사의 전면에 등장한 것이다. 이 시기 박영숙을 비롯한 여성 단체들은 여성 문제를 개인적 문제로 보는 경향에 문제를 제기하면서 여성의 문제를 사회의 공적 관심으로 이끌어 내고 객관적이고 과학적으로 접근할 수 있는 담론으로 만드는 것에 주력했다. 또한 독재 정권은 물론 운동권 내부에서조차 여성 문제에 대해 편견을 갖고 있음을 지적했다. 군사 독재를 타도하고 국민의 권리인 직선제를 쟁취하기 위해 활화산처럼 뜨겁게 타올랐던 그해 여름 여성의 이름으로 그 거리에 함께 있었던 박영숙은 시민 불족종 운동의 효시가 되는 또 다른 운동을 전개한다.

최초의 시민 불복종 운동

광주항쟁을 무력으로 짓밟고 출범한 5공 정권은 1980년 11월 맨먼저 언론 통폐합 작업에 돌입했다. 정부가 100%의 지분을 갖고있는 한국방송공사(KBS)는 동양방송(TBS)을 흡수하고 문화방송(MBC) 주식 70%를 보유하게 되었다. 라디오방송 역시 KBS가 TBS와 그 계열인 군산 서해방송, 광주 전일방송, 그리고 동아방송(DBS)을 흡수 통합토록 했으며 기독교방송(CBS), 극동방송, 아세아방송에는 뉴스와 광고를 금지하고 노래와 복음 방송만 허용했다. 이렇게 독점 방송 체제를 완비한 정부는 민간 방송 인수에 따른자금난을 해소하고 전파 매체를 통한 광고 수급을 원활히 하기위해 1980년 12월 9일부터 KBS가 광고 방송을 할 수 있도록 허용한다.

이렇게 되면 국민으로서는 이중 부담을 하게 되는 셈인데 상품광고비는 소비자에게 고스란히 전가되는 간접비용이므로 결국상품을 구매하는 시민이 그 비용을 부담하는 것이고 거기에다 시청료를 또 내게 된 것이다. 하지만 단순히 이중 부담에 대한 저항

감뿐이었다면 시청료 거부 운동이 전국적으로 확산되지는 않았을지도 모른다. 오히려 '땡전뉴스' 등 권력의 꼭두각시 노릇을 하는 공영방송에 대한 분노가 이 운동을 끌어가는 힘이었다. 일명 '뚜뚜전' 뉴스라고도 불렸던 '땡전뉴스'는 뉴스 시작을 알리는 신호가 끝남과 동시에 "전두환 대통령은…"이라는 말로 전두환의 동정을 첫 뉴스로 내보내는 것을 비꼰 표현으로 5공 정권의 나팔수 역할을 하는 언론에 대한 비난이었다. 1963년부터 징수한 TV 시청료를 별 저항 없이 납부하던 시청자들은 1984년 무렵이 되면서 본격적으로 거부 의사를 나타내기 시작한다.

처음엔 개인들이 시청료를 거부하는 것으로 시작된 이 운동은 차츰 조직적 운동으로 발전한다. 맨 먼저 KBS 시청료 거부를 조직적으로 선언하고 나선 것은 1984년 4월 전북 완주의 가톨릭농민회와 천주교회였다. 완주군 고산천주교회 신부 박병준의 주도로 농민들이 제기한 시청료 거부 운동은 이후 기독교계가 참여하는 운동으로 확산되었고 1986년 2월 11일에는 KBS 시청료 거부 범국민운동본부가 결성되기에 이르렀다.

박영숙을 비롯한 여성단체연합 회원들은 주부들이 주로 시청료를 낸다는 사실에 착안해 여성단체연합이 이 운동에 앞장서기로 하고 1986년 3월 8일 여성대회를 통해 KBS 시청료 납부 거부를 실천 방안으로 채택했다. 시민들에게 30통 이상의 편지 보내기와 전화 걸기 캠페인을 전개하는 동시에 '편파 방송, 상업 광고 KBS 시청료 거부'라는 문구를 넣은 스티커를 대량 배포했다. 특히 시청료 징수원들과 직접 대면해야 하는 사람들이 주부였던 관계로 여성들은 시청료 납부 거부 운동의 주체가 되어 갔다. 이 운동은 가장 소극적인 거부권 행사이며 시민 불복종 운동이었던 셈인데 평화적인 방법으로 전개돼 시민들의 저항 의식과 참여 정신을 고양시키는 계기가 됐다.

19세기 소설가 헨리 데이비드 소로우는 1840년대 후반에 정부가 주도하는 멕시코 전쟁을 반대하면서 인두세 내기를 거부했다. 이 일로 감옥에 가게 되자 "나는 내가 옳다고 생각하는 일을 할 수밖에 없었으며, 양심에 따라 행하는 자를 감옥에 집어넣는 사람에 대해 내가 할 수 있는 일은 감옥에 들어가는 일밖에 없다."며 구류 생활을 한다. 최초의 시민 불복종 운동이었던 셈이다.

이후 미국에서는 흑인들의 인권 운동으로 그 맥이 이어졌다. 1950년 중반 앨라배마 주의 몽고메리 시에서 로자 팍스라는 흑인 여성이 버스 내에 비어 있는 백인 전용 좌석에 앉아 일어나기를 거부한 일을 계기로 전 미국에서 버스 보이콧 운동이 일어났다. 당시 흑인 인권 운동을 주도하던 마틴 루터 킹 목사는 인종을 차별하는 법은 지킬 수 없으며 마땅히 폐지되어야 한다고 주장하면서 미국 전역에서 버스 타기 거부 운동을 전개해 나갔고, 결국 국민 여론을 등에 업고 인종차별법을 폐지하게 만들었다.

국가의 사회 통제가 심했던 1970년대 무렵, 심지어 장발이나 미니스커트도 법으로 다스려졌다. 버스나 길거리에서 불심 검문에 걸려 머리를 잘리고, 미니스커트 때문에 수모를 당하는 일들이 다반사로 일어났지만 개인들은 한마디 불만도 말할 수 없었다. 조국 근대화라는 이름하에 모든 것이 정당화되고 '국민'에게 국가는 무엇이든 강요할 수 있는 시대였다. 그러나 시청료 거부 운동을 시점으로 한국에서도 시민 불복종 운동이 고개를 내밀기 시작한다. 결국 전두환 정권은 1986년 11월 대도시를 대상으로 시청료를 전기세·수도세 등과 함께 내도록 하는 '통합 고지서' 제도를 시행해 시청료 납부만 거부하는 것을 원천 봉쇄했다. 이 제도는 지금까지 이어지고 있다.

KBS 시청료 납부 거부 운동, 최루탄 추방 운동과 화염병 처벌법 입법 반대 투쟁, 양심수 석방 운동, 보안법 철폐를 위한 목요 집회 등 1980년대 민주화 운동의 한복판에 박영숙은 늘 여성의 이름으로 꿋꿋이 서 있었다. YWCA에서의 여성 운동이 여성이 남성과 동등하게 이성적 존재임을 강조했다면, 민주화 운동 과정에서 박영숙은 여성과 남성이 동일한 인간이되 다른 신체 구조를 가지고 있고 심리적·사회적 측면에서 다른 성향과 역할이 기대되며 다른 경험을 하고 있다는 점에 주목한다. 다름에 의해 유발되는 각종 억압적 현실, 즉 성폭력과 가정 폭력을 드러내고 남녀 간의 지배/피지배 관계를 만들어 내는 가부장제에 초점을 맞추고 이로부터 유발되는 남녀 간의 성별적 계급화 현상에 적극 대처했다. 이러한 대응들은 당시 성차별 사회의 해악성에 무감각했던 사회에 대한 도전이었으며 여성들 스스로에게도 여성 운동의 필요성을 절감하게 하는 계기가 되었다.

리를 정갈하게 준비해 놓으면 손님들이 알아서 먹을 만큼 덜어 가고, 음식이 비면 계속 채워 넣으면 되고, 설거지감도 덜 나왔다. 박영숙의 상차림 내용을 보면 어머니 때부터 내려온 메뉴가 주를 이룬다. 뷔페라는 형식만 놓고 보면 서양식 같지만 정갈하게 담긴 음식들은 한식이었다. 동서양, 남북이 조화된 상차림이었다.

해마다 크리스마스이브가 되면 오래 못 보았던 친척들과 이웃들, 혼자 사는 외국인 친구들을 초대해 그해 담근 백김치를 비롯한 각종 김치를 개봉하고 여기에 곁들여 칠면조 요리, 케이크, 과자를 준비해 근사한 잔치를 하곤 했다. 과자도 반드시 집에서 구웠는데 바구니나 도자기에 담아 셀로판지로 씌우고 리본으로 예쁘게 묶으면 훌륭한 선물이 되었다. 박영숙과 안병무 두 사람 다 사람들을 초대해 밥 먹는 걸 워낙에 좋아했다.

설날이 다가오면 생률을 한 말도 넘게 직접 깠다. 새해 인사 차 오는 사람이 300명 정도 될 때도 있었기 때문에 보름 전부터 체계적으로 준비해 두어야 정성 가득한 새해 음식을 내놓을 수 있었다. 얼핏 들으면 고단하기 이를 데 없을 것 같은데, 박영숙은 계획표를 만들어 차근차근 하면 어려울 것이 없고 사람들이 맛있게 먹는 걸 보면 뿌듯하단다. 가까이에서 박영숙이 음식 대접을 해 온 것을 자주 지켜본 강경희(한국여성재단 사무총장)는 이렇게 말한다.

"일단 기다리는 사람을 위한 스낵으로 생밤이 나오는 게 박 선생님 집 식사 초대의 특징이죠. 아작아작 씹히는 밤 맛이야 말할 수 없이 좋지만 도대체 이 많은 밤을 언제 다 깔까 싶었어요. 그 바쁘신 선생님이. 그래서 한번 물어봤어요. '선생님, 밤은 언제 까세요?' '응, 모임 10일 전부터 생각나는 대로.' 심상하게 말씀하시지만 밤 까는 게 그리 만만한 일은 아니잖아요.

그러고 보면 요리도 쉽게 할 수 있는 것들이 아니에요. 찹쌀 전병만 해도 찹쌀을 불려서 전병을 빚어서 꿀에 담갔다가 다져 놓은 잣을 묻혀 내놓는데 손이 많이 가는 음식이잖아요. 밥도 그냥 흰밥만 있는 게 아니라 오곡밥과 찰밥 등이 골고루 나와요. 약밥도 단골이고. 나물도 기본 다섯 가지 정도는 되고. 메인은 그때그때 달라요.

일산으로 이사 오면서는 옥상에 그릴을 두고 여름이면 그곳에서 쇠고기, 돼지고기, 버섯, 오징어, 새우 등등을 구워 바비큐 파티를 해요. 우면동 시절에는 파이어 플레이스가 명물이었고요. 동네 개들이야 괴로웠겠지만 정말 맛있었죠. 그런데 이 모든 것들이 손님들이 들어서는 순간부터 본격 볶고 튀기고 지지고 해야 제 맛을 낸대요. 더운 음식은 따끈하게 찬 음식은 아주 차게 대접해야 한다는 것이 그분의 주장이었어요. 초대받은 사람들이야 더할 나위 없는 훌륭한 음식을 맛볼 수 있지만 그러다 보니 선생님은 그야말로 땀 뻘뻘 흘리고 머리는 산발이고 말이 아니에요. 그래도 바로 만들어 낸 따끈따끈한 요리를 본인이 흡족해하다 보니 늘 부엌 한가운데 전장의 장수처럼 서 계세요. 일주일 전부터 장 보고 하루 전날은 밤새워 재료 준비하고 그날은 하루 종일 요리하고 손님들 가고 나면 뒷정리까지, 보통 일이 아니죠."

또 4·19 아침이 되면 마당에 길게 테이블을 붙여 놓고 차와 샌드위치, 갓 나오기 시작한 딸기 등으로 상을 차렸다. 그러면 수유리 묘지에 참배를 왔던 사람들이 다 이 집으로 와 박영숙이 차려 놓은 음식들을 먹으며 인사를 나누고 이야기를 함께했다. 당시 야당 정치인이었던 김영삼과 김대중도 이날의 단골손님이었다.

그런 모임들은 지금도 이어지고 있는데 나중에는 "박영숙 집에서 모임을 하면 뭔가 이루어진다."는 말이 나오기도 했다. 그도 그럴 것이 정성이 깃든 음식을 먹으며 유쾌하게 이야기 나누다 보면 어떤 일이든 기획되고 실천으로 옮겨지게 되어 있다. 사람들은 박영숙이 만들어 내는 공간 속에서 함께 문제를 해결하고 성장하는 것이다. 박영숙 또한 이 과정에서 자신이 경험한 다양한 삶의 역할들을 통합시키고 또한 전이한다. 이것이 바로 박영숙의 스타일이다.

여성환경연대에서 일을 같이한 이미영은 박영숙이 후배들을 위해 음식을 대접하는 정성을 이렇게 설명했다.

"연말이면 해마다 여성환경연대 활동가들을 초대하셨어요. 한참이나 어린 후배들을 초대해 놓고도 어찌나 극진하게 귀빈 대접을 하든지, 손끝 하나도 못 움직이게 하고 손님 대접을 하는 통에 오히려 힘들었을 정도였다니까요. 생각해 보세요. 노인네가 얼굴에 숯검댕 묻히며 왔다 갔다 직접 굽고 있는데 가만히 앉아 있으려니 그게 더 불편하죠. 정갈하게 나오는 음식들에도 감동하지만 사실 그 태도에 더 감동해요."

요즘도 박영숙은 아주 오랜만에 옛날에 알던 사람을 만나면 음식에 대한 이야기로 인사를 받곤 한다. 얼마 전에 길에서 만난 한 노교수는 "그때 댁에 가서 콩나물밥 먹었던 생각이 납니다."라는 말로 인사를 건넸다. 콩나물밥은 사실 안병무의 어머니 때부터 내려오던 음식이었다. 가난했던 시절이라 그녀는 안병무의 제자들이나 친구들이 오면 콩나물밥을 해 주었다. 박영숙도 그걸 이어받아 콩나물밥을 한 적이 있는데 그걸 기억하고 있었던 것이다.

"꽃도 참 잘 길렀어요. 뜨개질도 잘하고 음식은 참 창의적으로 했어요. 보통 음식점에서 먹을 수 없는 것들, 손 많이 가서 엄두가 안 나는 음식들을 잘하셨어요. 샐러드 하나를 해도 좋은 재료를 써서 정성을 다하고 나물도 여러 가지를 했죠. 참 재능이 뛰어난 분이었어요."

안상님의 말이다. 수유리 집의 분위기는 질박하고도 기품이 있어, 그들 부부의 성격과 취향을 반영해 주었다. 집이면서 한편으로 일터이기도 했던 터라 서재나 집필실이 가장 큰 공간을 차지하고 있었다. 마당의 잔디는 늘 양탄자같이 관리되어 있었는데 이는 안병무의 공이었다. 그곳에서 사람들은 두런두런 이야기를 나누고 웃고 때로는 미간을 모으며 어떤 일들을 도모했다. 기꺼이 안마당을 내놓고 정성으로 사람들을 맞았기에 수유리 집은 군사 독재가 이어지던 시기 내내 사람들의 발걸음이 끊이지 않았다. 드러내지 않고 겸손히 이들을 섬긴 박영숙의 헌신이 민주주의로 가는 길에 기록되지 않은 공로였음은, 두말할 나위 없다.

4. 새로운 도전

(1987~1991)

또 다른 세계

치열한 민주화 투쟁의 성과로 1987년 6월 마침내 군부 정권은 직선제 개헌을 선언한다. 오랜 기간의 민주화 운동과 1987년 시민들의 대대적인 참여가 이루어 낸 쾌거였다. 군부 집권 세력은 이른바 '6·29 선언'을 통해 직선제 개헌을 할 것과 5공화국 시절 내내정치 활동이 중지되었던 김대중 등 야권 정치인들의 정치 활동의 자유를 보장하는 등 시민들의 요구를 수용한다.

"호헌 철폐, 독재 타도!"라는 6월 항쟁의 목표가 달성된 이후 자연스레 논의는 선거를 통한 군정 종식으로 옮겨 갔다. 그러나 민주화를 통해 집권의 가능성이 예상되던 때 투쟁을 함께하던 김대중과 김영삼은 분열하게 되고, 결국 김대중이 민주당을 탈당하여 평민당을 창당함으로써 분열은 현실화되었다. 민주화추진협의회 공동의장이던 김대중은 신당을 창당하면서 본격적으로 선거에 나선다.

정책 정당을 표방하고 출범한 평민당은 각 분야별로 전문가를 영입하는 등 새로운 이미지와 비전 만들기에 돌입하면서 여성계에도 협력을 요청했다. 여성 정책을 강화하고 싶으니 여성계를 대변할 인물 일곱 명을 추천해 달라는 제안을 여성단체연합에 해 온 것이다. 이 제안은 당시로서는 신선했다. 비례 대표제가 실시된 이래 이전에도 각 정당이 여성들을 비례 대표로 지명할 때가 있었지만, 대부분 개인적인 제안과 수락으로 이뤄지곤 했기 때문에 여성계를 대표한다거나 여성계의 요구를 정확하게 반영하기 어려운 측면이 있었다. 정치권에서 공식적으로 여성 단체를 통해 추천을 해 달라는 제안을 해 온 것은 처음 있는 일이었다.

마침 여성계 진보 진영에서도 제도 정치권 속으로 들어가야 한다는 의견들이 나오던 때였다. 오늘날 우리 사회의 주된 모순과 갈등은 여성 문제에 대한 몰이해와 그릇된 고정관념에서 나오는 것이니 여성의 시각이 국정 전반에 반영되기 위해서는 정책 결정에 여성이 실질적으로 참여해야 한다는 의견이 나오던 차였다. 사실 그동안 여성 자신들마저도 여성의 정치 참여를 형식적이고 장식적인 것으로 치부한 경향이 없지 않았다.

평민당 쪽에서도 이런 내부적 정서를 감지했는지 특정인을 거명하지 않고, 부총재 한 명, 당무위원 두 명, 특별보좌관 두 명, 지도위원 두 명 등 모두 일곱 명을 추천해 달라는 제안을 해 왔다. 당시 이희호와 김대중의 집에는 부부의 명패를 나란히 붙여 놓을 정도였으니 젠더 감수성으로 보자면 어느 당보다도 후한 점수를 받을 수 있는 정당이었다. 평민당의 제안을 두고 한국여성단체연합 측 인사들은 비공식적인 내부 회의를 열었다. 기본적으로는 찬성하되 일곱 명을 한꺼번에 보내는 것은 불가능하다는 결론이 내려졌다. 창립된 지 막 3년이 된 시점에서 일곱 명이나 나가면 조직이 와해될 위험이 있다고 판단했기 때문이다. 결국 부총재급 한 사람만 보내자는 결론이 났다. 긴 회의 끝에 당시 수석 부회장이던 박영숙이 지명되었다.

박영숙으로서는 사실 난감했다. 정치에 관해서는 문외한이었고 게다가 안병무는 와병 중이었다. 생각할수록 엄두가 나지 않았다. 고사를 하고 다시 회의를 하는 과정이 반복됐지만 결론이 나지 않았다. 마침내는 평민당이 정책 정당을 표방한다고는 하지만 어떻게 될지 모르니 두고 보자는 쪽으로 가닥이 잡혔다. 박영숙은 차라리 홀가분했다. 이 이야기를 안병무에게 전하자, 그는 특유의 신랄한 비판을 했다. "참여한다는 건 처음부터 함께 만들어 가면서 하는 거지, 다 만들어진 다음에 들어가! 여성들은 아직 멀었군." 무임승차하겠다는 생각을 지적한 것이다.

사실 안병무와 아들 재권은 박영숙을 정치권으로 보낼 수도 있다는 의논을 하고 있었다. 안병무는 자신이 아파서 제대로 활동을 못하니 민주화 운동의 일환으로 박영숙을 정당에 보내자는 제안을 하고 재권 역시 아버지의 뜻에 동의한 터였다. 평민당에 입당한다는 건 당시로서는 평탄한 길이 아니었다. 양 김 씨가 분열한 것에 대해 온갖 비난이 쏟아지던 참이었다. 박영숙의 조카들이, 왜 하필이면 평민당이냐고 미국에서 전화를 해 올 정도였다.

이런저런 논의 속에 박영숙은 여성의 정치 참여가 반드시 필요하다면 어려움을 피해 물러서기보다는 주어진 책무를 겸허히 받아들이는 것이 올바른 태도라 결론짓고 입당을 결심한다. 박영숙이 결심을 하자 안병무는 몇 가지 질문을 했다.

지금까지 30년 동안 여성 운동을 하면서는 몸은 힘들었지만 자부심을 가질 수 있었다, 재야는 고생은 하지만 남들에게 험담을 듣는 곳은 아니다, 그런데 정치권은 온갖 이야기를 다 듣는 자리다, 직접적인 비방과 모함을 견뎌 낼 수 있겠느냐가 첫 번째 질문이었고, 두 번째는 자유주의자인 네가 정당이라는 조직 사회에서 당론에 따라 움직여야 하는데 할 수 있느냐는 것이었다. 그리고 세 번째는 경쟁할 수 있겠느냐는 것이었다.

안병무가 본 박영숙은 경쟁을 통해 쟁취하는 스타일이 아니었다. 옳다고 믿는 것을 우직하게 행동으로 옮기고 끊임없는 소통을 통해 행복해지는 길을 모색하는 사람이었다. 그야말로 무한경쟁의 또 다른 세상으로 발 내딛는 아내에게 애정을 담아 전하는 그의 말을 들으며 박영숙은 이제 정말 다른 세계로 들어가는구나 하는 생각이 들었다.

부총재에서 총재권한대행까지

결정은 했지만 여전히 일말의 망설임이 남아 있을 때 평민당에서 전언이 왔다. 동교동 김대중 총재 자택에서 기자 간담회가 있는데 그 자리에서 박영숙의 입당을 발표할 예정이니 준비하고 오라는 것이었다. 박영숙은 선배인 이태영을 찾아갔다.

이태영은 "힘든 일이면서 대단한 일"이니 마음을 굳게 먹고 시작하라는 이야기와 함께 "정치 활동을 하게 되면 정장을 입으라"는 말로 박영숙의 정당 가입을 격려한다. 사실 박영숙은 그날까지 청치마에 블라우스를 입고 다니는 것이 기본 스타일이었다. 가을이 되면 그 위에 가디건을 덧입는 정도였다.

집으로 돌아와 옷장을 뒤져 보니 정장이라곤 없었다. 그도 그럴 것이 결혼 이후에 정장을 사 입은 적이 없었다. 치마와 블라우스, 스웨터들 사이로 다행히 결혼하기 전에 입었던 정장이라고 할 만한 옷이 한 벌 걸려 있었다. 20년이나 지난 옷이니 스타일은 물론이고 당연히 몸에도 맞지 않았다. 아이도 낳고 강산이 두 번이나 변하는 세월이 내려앉은 몸이 아니던가. 결국 밤을 새워 옷을 늘

렸다. 이튿날 그 옷을 입고 드디어 박영숙은 공식적으로 정계에 진출한다. 평민당 창당 열흘 후였다. 언론에서는 박영숙의 등장을 크게 보도했다. 제2의 박순천이 나왔다는 등, 신선한 충격이라는 등 자신들의 언어로 박영숙에 대한 호감을 표현했다.

평민당 부총재가 되자마자 해야 할 일은 대통령 선거전에 뛰어드는 것이었다. 대통령 선거를 불과 20여 일 앞둔 시기였다. 그야말로 불을 뿜는 선거전이 본격적으로 시작되고 있었다. 김대중은 자신에게 씌워진 강성 이미지를 부드럽게 하는 한편, 여성계의 지지를 얻고 시민 사회 단체의 힘을 얻겠다는 전략으로 박영숙에게 선거대책위원회의 중책을 맡긴다.

평민당과 김대중으로서는 박영숙의 여성 운동 경력, 민주화 운동 경력이 필요한 시점이었다. 그래서인지 김대중 총재는 항상 박영숙을 자신의 옆에 서도록 배려했다. 사실 정치권에서는 가장 권력 있는 사람의 옆에 서는 것이, 그래서 그 사진이 언론에 나오는 것이 매우 중요한 홍보였다. 특히 카메라가 있거나 기자들이 있는 경우 그 자리를 놓고 치열한 신경전과 때로는 은밀한 몸싸움이 벌어지곤 했다. 정치 초년생 박영숙이 그걸 알 리 없었다. 설사 알았다 한들 그런 행동을 할 수 있는 성격도 아니었다.

그런데 어느 날 누군가 전화를 걸어 여성 대표이니 부총재로서 제자리를 지키라는 충고를 해 왔다. 곰곰 생각하니 그도 틀린 말이 아니라 이후부터는 누구보다 일찍 회의에 나가 제자리를 잡는 걸로 그 이상한 자리싸움을 끝내 버렸다. 이렇게 소소한 일상부터 '다른' 판에 들어와 낯선 언어와 지도를 읽어 내기도 벅찬 마당에 민주 정치의 꽃이자 중대사인 대통령 선거는 하루하루 다가오고 있었다.

당시는 수만 군중이 모이는 유세가 대통령 선거 과정의 하이라이트였다. 대통령 후보들의 연설이 있는 날에는 그야말로 수십만의 군중이 모여들었다. 그들의 열기는 차가운 겨울 공기를 녹여낼 만큼 후끈후끈 뜨거웠다. 구호와 함성, 비난과 야유 속에서 후보들은 자신들의 공약과 비전으로 유세장의 분위기를 이끌어야 했다. 후보들뿐만 아니라 지원 유세자들 역시 수십만의 인파 앞에서 유세를 해야 했다.

김대중 후보의 유세장에는 통상 추산 50만에서 100만에 이르는 군중이 모여들기 일쑤였다. 연설이 처음은 아니었지만 그렇게 엄청난 수의 청중 앞에서는 처음이라 박영숙은 긴장하지 않을 수 없었다. 미리 준비는 해 가지만 박영숙은 늘 현장의 분위기를 최대한 반영하려고 노력했다. 온통 남자들의 목소리와 언어 속에서 박영숙은 구호와 슬로건보다는 일상을 연설 속으로 끌어들였고, 그녀의 '다른' 연설에 청중들도 차츰 호응하기 시작했다.

사람들이 주로 김대중의 강성 이미지를 벗기는 데 주력했다면 박영숙은 김대중의 따뜻하고 인간적인 면을 부각시키는 데 주력했다. 감옥에서 부인한테 보낸 편지를 인용하거나 탄압 받던 시절 함께 고생한 사람들과의 신뢰 관계, 보좌진에 대한 인간적인 배려 등 따뜻한 면을 언급하며 그의 이미지를 부드럽게 만들었다. 박영숙의 표현대로라면 "다른 사람들이 벗기려 했다면 자신은 입히려" 노력했던 셈이다.

또한 13대 대통령 선거에서 처음으로 방송에서 지원 유세 연설이 시작됐다. 후보와 지원자들의 연설이 텔레비전과 라디오를 통해 전국적으로 방송되기는 해방 이후 처음이었다. 1회에 5천만 원이나 하는 엄청난 비용은 물론이요, 선거에 미치는 영향 또한 결정적이라는 방송 연설을 두고 각 당은 치열한 경쟁을 벌였다. 평민당은 첫 주자로 박영숙을 내보냈다. 어떤 이야기를 할까 며칠을 숙고한 끝에 머릿속으로 구상을 마친 박영숙은 원고를 작성하지 않고 메모만 들고 방송국에 갔다. 뜨거운 조명과 여러 대의 카메라들, 그리고 한 번도 해 보지 않은 방송용 분장은 연설을 하기도 전에 사람을 지치게 만들었다. 제작진은 프롬프터를 활용하라고 했지만 원고도 준비하지 않은 데다 한 번도 사용해 보지 않은 기계가 낯설어 박영숙은 그냥 카메라를 보며 연설을 시작했다. 그런데 조명 열기와 후끈후끈한 실내 온도 때문에 안경이 계속 흘러내렸다. 몇 번의 NG 끝에 결국은 안경을 테이프로 붙이고 나서야 멈춤 없이 계속할 수 있었다.

박영숙은 김장 이야기와 입시 이야기로 말머리를 꺼냈다. 그리고 차근차근 자신이 정치권에 들어오게 된 이야기며 왜 평민당을 지지하고 있는가를 비롯해 당의 정책과 비전을 이야기했다. 그리고 국민들의 관심이 컸던 사회적인 분쟁 사태에 대해서는 결자해지, 광주항쟁의 한을 해결할 수 있는 사람은 김대중 후보임을 강조했다. 어머니의 입장에서 아이들이 데모 안 하는 세상을 만들기 위해서라도 평민당을 지지해 줄 것을 호소한 후 사람답게 사는 세상을 위해 중요한 한 표를 행사해 줄 것을 정중히 요청하며 방송을 마쳤다. 막상 할 때는 차분히 하고 싶은 이야기를 다 했는데 끝내고 나니 불안감이 엄습해 왔다. 혹시 연설을 잘못한 게 아닐까, 오히려 표를 잃은 건 아닐까, 이런저런 생각으로 머리가 아플 지경이었다.

그런데 방송이 나간 다음 날 여기저기서 축하의 말이 날아왔다. 당내에서도 그녀의 연설이 백만 표는 거뜬히 얻어 냈을 거라는 이야기들이 나돌았다. 언론에서도 후한 점수를 주었다. 특히 한국일보에는 박영숙의 연설이 압권이었다는 기사가 실렸다. 사실 박영숙으로서는 그때까지 당내 입지가 불편한 감이 없지 않았다. 몇십 년이나 김대중 총재를 쫓아다니면서 보필한 사람들 입장에서는 정치라고는 해 보지도 않은 여자가 부총재로 들어오고 유세도 나가고 하니까 못마땅한 눈으로 보는 경향도 있었다. 그러나 이 방송 연설 이후로 박영숙의 입지는 한결 공고해지고 편안해졌다.

되돌아보면 박영숙은 연설할 기회가 많았던 사람이다. 20대 초반 교회에서의 설교 경험부터 시작해 YWCA 활동을 하면서도 늘 사람들 앞에 서서 연설을 해야 하는 위치에 있었다. 게다가 호주와 뉴질랜드를 다니면서는 외국인들을 대상으로 연설을 해야 했다. 그러다 보니 그녀 내부에는 경험적으로 대중과 교감하는 법, 설득하는 법이 어느 정도 체계적으로 정리되어 있었다. 연설을 할 때 그녀는 무슨 이야기를 할 것인가보다는 청중이 어떤 이야기를 원하는가에 대한 생각을 먼저 하는 편이다. 그것은 연설자로서 청중의 욕망을 정확히 읽어 내려는 의지에서 비롯된 것이다. 청중의 요구를 읽은 후 어떤 과정으로 그것들을 이루어 낼 것인가를 명쾌하게 이야기하면 연설은 성공한다. 그런 맥락에서 박영숙의 연설은 땅에 발을 붙이고 있다. 구름 잡는 이야기도 없고 다른 당을 비방하는 이야기도 하지 않는다. 그녀는 지금 현재 이곳에서 무엇이 필요한가, 그걸 이루기 위해선 어떻게 할 것인가를 정확하게 이야기했다. 이런 연설은 정치권 내부에도 일반 대중들에게도 신선한 것으로 받아들여졌다.

박영숙은 남들이 흔히 하는 틀에 갇히거나 격식을 차리는 연설을 하지 않기로 유명하다. 2005년 9월 10~14일 평양과 묘향산에서 진행된 '2005 남북 여성 통일 행사'에 남측 100명 대표 중의 한 사람으로 북측을 방문했을 때의 일화는 박영숙의 연설이 가진 힘을 보여 준다.

공식 행사 중에 400여 명의 남북 여성계 인사들이 행사를 마감하는 자리가 예정되어 있었고 남측의 마무리 연설을 박영숙이 하기로 되어 있었다. 남북 관계의 미묘한 입장 때문인지 연설문은 미리 내용이 합의되고 쌍방 확인 후에는 한마디도 고칠 수 없도록 되어 있었다. 북에서 지내는 며칠 동안 이런저런 행사는 많았지만 모든 사람이 틀에 박힌 이야기만 할뿐더러 같은 말과 내용을 되풀이하는 것에 염증이 난 박영숙은 그 상황을 참을 수가 없었다. 어떻게 할까 망설이다가 결국 두 시간 전에 연설문을 다시 써서 제출했다. 앞서 작성된 연설문에서 중요한 내용은 순서와 표현을 달리 하고 대동강 배를 탔을 때 쌍무지개가 떴던 일, 묘향산 가는 길의 코스모스, 가을의 풍경, 북쪽 사람들과 대화를 하며 느낀 점 등을 앞뒤로 곁들였다. 말 하나하나에도 신경을 썼다. 연설 시 북측은 반드시 북남이라는 표현을, 남측은 남북이라는 표현을 썼는데 박영숙은 자신의 연설에서 남북이라 하지 않고 북남으로 고쳐 말했다. 아주 작은 것 하나라도 바꾸어 보려는 뜻에서였다. 이를 두고 한겨레신문의 이유진 기자는 '원로의 힘'이라 표현하며 말 한 마디가 얼음 같은 분위기를 깨고 사람들 사이를 훨씬 부드럽게 하더라는 기사를 썼다. 북측의 안내원들도 박영숙의 연설 이후 더 친근하게 수행했다.

연설은 동일한 생각, 동일한 입장을 가진 사람만을 대상으로 하지 않는다. 아무리 뛰어난 생각을 가지고 있어도 전달하는 과정에서 잘못되면 효과는 감소된다. 연설은 영향력이며 그 영향력은 커뮤니케이션을 하겠다는 열망으로부터 비롯된다는 것을 박영숙은 잘 알고 있었다. 그러므로 정치부 기자 70명이 선정한 13대 국회에서 가장 설득력 있는 명연설가 순위에 김대중, 김광일, 노무현, 조세형, 이해찬에 이어 박영숙이 6위에 선정된 것은 우연이 아니다.

한 달 동안 전국을 누비며 대통령 선거 지원 유세를 할 때도 그녀는 자신만의 스타일로 대중을 만났다. 그야말로 선거의 한복판에 서 있었던 그녀는 대통령 선거의 열기는 현장에 있어 보지 않으면 정말 알 수 없는 것이라는 걸 체험한다.

연설이 끝나면 그 자리에 있던 수십만의 군중이 후보가 탄 차량을 따라왔다. 그냥 행진만 하는 것이 아니라 격정적으로 구호를 외치고 목이 터져라 노래를 부르고 박수를 치며 길거리를 장악하는데 그 열기는 마치 거대한 축제의 한복판에 있는 것과 같았다.

지지자들은 먹을 것과 후원금을 던져 주기도 하고 심지어 혈서를 써서 주기도 했다. 현장에서 즉흥적으로 기부금도 들어왔다. 동전을 비롯한 지폐가 커다란 자루로 몇 개씩 거두어졌다. 돈뿐만 아니라 반지며 목걸이도 들어왔다. 하루는 지방에서 유세를 하는데 애기를 업은 젊은 주부가 주머니에 들어 있는 돌 반지를 박영숙에게 꺼내 주었다. 그러면서 제발 이 아이가 컸을 때는 민주 세상에서 살기를 바란다고 눈물을 그렁거리며 말했다. 쉽게 흥분하지 않는 박영숙도 그때는 가슴이 울컥했다. 금방이라도 대통령이 될 거 같은 폭발적인 환호와 지지, 열기에 둘러싸여 있었지만 박영숙은 그럴수록 냉철해졌고, 자신에게 지워진 큰 짐을 보고 있는 느낌이 들어 오히려 가슴 한쪽이 늘 묵직했다.

그해 대통령 선거에서 평민당과 김대중은 실패했다. 후보 단일화가 안 된 것이 가장 큰 실패 요인이었다. 후보 단일화 실패로 인한 정권 창출 실패에 대한 책임을 지고 결국 김대중은 총재직을 사퇴한다. 총재직은 비워 둘 수는 없는 자리인 데다 더구나 총선을 눈앞에 두고 있었다. 총재단에는 쟁쟁한 사람들이 많았으나 어찌된 일인지 김대중은 박영숙을 권한대행으로 지목했다. 파격이었다. 박영숙은 또 한 번 버거운 짐을 지게 된다.

정치인 박영숙

당시 서울신문의 한 중진 기자는 "평민당의 보배"라는 제목으로 김대중의 박영숙 카드를 바라보았다. 즉 정치 9단인 김대중 총재가 평민당을 살리기 위해 박영숙 카드를 꺼내 들었다는 것이다. 노무현이 청문회 스타로 떠오르면서 민주당의 이미지가 바뀌고 인기가 급상승한 것처럼 박영숙 역시 평민당에서 그런 역할을 하리라는 내용이었다. 여성 정치 시대의 개막이면서 새로운 패러다임을 이끌어 갈 수 있는 사람으로 박영숙은 매우 적임자라고 논평하면서 박영숙 개인 또한 큰 꿈을 꾸어야 한다는 조언도 잊지 않았다.

어쨌든 1987년 대통령 선거가 끝나고 1988년 3월 18일 박영숙은 총재권한대행 임무를 수행하게 된다. 그야말로 정치권에 입문한 지 넉 달도 채 안 된 기간에 당의 최고 책임자 자리에 오른 것이다. 그러나 축하를 받을 형편이 아니었다. 총재권한대행이 되자마자 코앞에 다가온 건 총선이었다. 대통령 선거 때야 당 소속 정치인 모두가 대선에 주력하지만 총선 때는 다들 본인의 선거를 위해 또는 자기가 지지하는 후보 지원을 위해 각 선거구에 나가기 때문에 당사에는 그야말로 박영숙과 여직원 두세 명만 남아 있는 형편이었다.

박영숙은 아침마다 기자들을 대상으로 그날그날의 기삿거리를 제공하고, 공천을 못 받은 이의 항의와 불만을 무마하고, 후보 지원 유세를 위해 전국을 돌아다녀야 했다. 몸이 열 개라도 모자랄 판이었다. 평민당은 호남권에서는 당선이 확실시되는 경우가 많았지만, 영남권에서는 고전을 면치 못했다. 전국적으로 황색 바람(당시 평민당의 당 컬러가 노란색이었다)이 불었지만 영남권에서는 싸늘했다. 지역감정이 첨예하게 대립하던 때라 평민당에 대한 거부 반응은 대단했다. 이런 상황 속에서 영남권은 주로 시민 사회 출신인 박영숙이 맡아야 했다. 평민당 부총재라고는 하지만 아직 시민운동 색채가 강한 박영숙이었기에 심한 거부 반응은 일어나지 않았다.

선거 막판 현황을 분석하면서 박영숙은 72명이 당선될 거라고 기자들에게 예언했는데 정확히 맞아들었다. 22석으로 선거에 임한 평민당은 전국적으로 72석을 얻으면서 제1야당이 된다. 비록 대통령 선거에서는 실패했지만 총선에선 완벽한 승리를 거두었다. 입당 5개월 만에 이뤄낸 쾌거였다.

밤새 선거 현황을 지켜보다 당사 옆 국밥집으로 향하는데 신문을 돌리던 어린아이가 박영숙을 알아보고 신문을 공짜로 건네 주었다. 국밥집에서도 고기를 듬뿍듬뿍 얹어 주었다. 박영숙 스스로도 이런 성과를 낸 게 대견했다. 당시 한 신문의 칼럼은 여성 운동이나 하던 평범한 주부가 대단한 일을 해냈다고 썼지만 사실 그건 박영숙의 이력을 잘 모르고 하는 말이었다. YWCA 시절을 비롯해 민주화 운동, 인권 운동에 참여했을 때 전국을 돌며 회의를 하고 사람들을 설득해 냈던 경험이 고스란히 대선과 총선으로 이어진 것이다. 준비된 리더십은 이런 때 해당하는 말일 것이다.

선거전에 들어가기 전 비례 대표를 선출해서 그 명단을 공고해야 했다. 박영숙은 당연히 김대중을 1번으로 하는 명단을 작성했다. 그렇지만 김대중은 박영숙을 1번으로 놓고 자신을 10번에 두도록 했다. 비례 대표 10명도 당선시키지 못한다면 정당 존속도 없다는 뜻에서였으리라. 선거 결과 평민당에서는 20여 명이 비례 대표로 당선되었다. 박영숙은 비례 대표 1번으로 국회의원이 된다. 여성을 1번으로 한다는 것은 당시로서는 놀라운 일이었다. 김대중이었기에 가능한 일이었다.

박영숙은 국회의원이 된 것을 부담스럽게 생각해 외국에 나가는 경우를 제외하고는 의원 배지를 달지 않았다. 그러나 얼마 후 연달아 시국 사건이 터지면서 국회의원 된 게 참 다행이라는 생각을 하게 된다.

모토로라 사건이 일어났을 때도 그랬다. 서울시 성동구 광장동에 있는 모토로라코리아는 노동자 3,700여 명이 반도체를 생산, 연간 수출이 2,000억이 넘는 미국계 다국적 기업이었다. 주 생산품인 반도체 생산 작업에는 염산, 초산 등 극약과 레이저 광선을 취급하는 통에 일을 하다 옷에 구멍이 뚫리기는 예사고 눈이 가물거리며 심장이 뛰는 등 직업병 증세를 보이는 사람들도 많았다.

그런데 환풍 시설과 냉방 시설이 제대로 되어 있지 않아 작업 환경은 열악하기 그지없었다. 또한 손 잘릴 위험성이 높은 몰딩 유압 프레스와 반도체 절단기를 조작하는 노동자에게 위험수당도 없었다. 관리 사원과는 달리 생산직 노동자들은 단 하루의 유급 휴가도 없이 미국 노동자의 17분의 1도 되지 않는 임금을 받으며 그야말로 열악한 조건에서 일해야 했다.

혹독한 환경 속에서 묵묵히 일만 해 왔던 노동자들은 1987년 7, 8월 노동자 대투쟁의 물결에 동참, 마침내 노동조합을 설립한다. 12월 노조 결성 당일 회사 측은 대회 장소인 식당 출입문을 산소 용접기로 완전 봉쇄하고 전체 종업원의 노조 가입을 차단하기 위해 일방적으로 조업을 중단시켰다. 또한 식당에 감금된 대회 참석자들에게는 사흘 동안 그 추운 겨울에 에어컨을 가동하고 수돗물과 전기를 끊어 버린 상태에서 식사도 제공하지 않는 등 비인간적인 노조 탄압을 자행했다.

국회의원 박영숙에게 도움 요청이 온 건 그 과정에서 조합원들이 구속되는 시점에서였다. 마른 수건을 준비해서 와 달라는 급박한 전화가 걸려와 달려가 보니 경찰이 노조원들을 향해 물대포를 쏘아 대는 통에 사람들이 꽁꽁 얼어 있었다. 게다가 많은 노동자들이 경찰서에 연행되어 갔는데 경찰서 안에서 어떤 일을 당하는지 아무도 알 수 없는 상황이었다.

박영숙은 처음으로 국회의원 신분증을 제시하고 경찰서 안에 들어가 이들을 면회할 수 있었다. 먹을 것을 챙겨 주고 몸을 감쌀 담요도 제공하면서 그녀는 비로소 국회의원이 되길 참 잘했다는 생각을 한다. 사실 정치에 입문하기 전까지 박영숙 본인조차도 정치란 특수한 사람들이 모여 힘의 대결을 하는, 그래서 권모술수가 필요하고 특별한 사람들만이 하는 거라 생각했었다. 하지만 실제로 정치 현장에 들어와 보니 정치란 사람들이 살아가는 삶의 조건들을 만들어 나가는 최전선이었다. 모토로라 사건은 박영숙의 발언으로 이듬해인 1989년 3월 11일 국회 노동상임위에서 다루어진다.

박영숙은 국회의원이 되면서 집회와 시위를 관장하는 내무부 상임위원을 지원했다. 하지만 그런 중요한 부처의 자리는 여성 국회의원들에게 돌아오지 않았다. 당시만 하더라도 여성 의원들은 으레 보건사회위원회에 가는 것이 상례처럼 되어 있었다. 박영숙역시 보건사회위원회에 배정되었다. 부당하다고 생각하고 다른 상임위로 옮길 것을 요구할까 생각했지만 막상 보건사회위원회의 일들을 보니 박영숙이 평소 다루고 싶던 문제들이 이곳 산하에 있었다. 환경부로 승격되기 전의 환경청 업무를 비롯해 에이즈, 성매매 여성, 장애인 문제 등 웬만한 소수자의 문제는 다 보건사회위원회에서 다루고 있었다. 박영숙은 보건사회위원회의 위원으로 국회 활동을 시작한다.

박영숙이 이 위원회에 소속해 있으면서 첫해에 제출한 법안들은 '가족법 개정', '남녀고용평등법 개정', '윤락행위방지법', '에이즈 마약 법안' 등 생명과 여성에 관련 있는 것들이었다. 이후로도 환경 관련 업무의 위상을 높이기 위한 정보 조직법 개정, 여성부 설치건, 정신대 문제, 환경 영향 평가, 수질 보전 문제, 골프장 건설 관련 등 다양한 입법 활동과 조사 활동을 활발하게 전개한다.

박영숙이 4년 국회의원으로 재임하는 동안 정기 국회는 4회 열렸다. 이때마다 박영숙은 대정부 질의자로 선정되었다. 대정부 질의는 국회의원이라고 해서 누구나 다 하는 일은 아니다. 정확한 자료와 해박한 지식으로 정세를 읽어 내고 현 시기의 문제를 짚어 조목조목 제기해야 했다. 박영숙이 국회에서 중시되고 있는 예산특별위원회의 질의자로 선정된 것을 비롯해 네 번이나 대정부 질의자로 나갈 수 있었던 건 그만큼 당으로부터 신뢰를 얻었다는 증거이기도 했다. 물론 당으로선 논리 정연하고 한 치의 빈틈도 주지 않아 답변자가 꼼짝 못하고 답변이 나오도록 하는 박영숙의 능력을 높이 살 수밖에 없었을 것이다.

1988년 7월 8일 제142회 임시 국회 중 박영숙의 첫 번째 국정 질의는 사회·문화 부문 대정부 질의였다. 박영숙은 차분히 단상 앞으로 나가 일성을 토해 냈다.

평화민주당의 박영숙입니다.

의장님 여야 의원, 그리고 국무위원 여러분! 제가 여러분 앞에 이렇게 서서 제 심정의 일단을 피력할 수 있다는 것이 얼른 감이 잡히지 않습니다. 재야에 있었을 때에는 경찰서 과장 면회조차 입구에서 거부되었고 때로는 머리채가 잡힌 채 닭장차에 실려서 시 외곽에 버려지거나 경찰서 안으로 끌려 들어가는 경험을 했기 때문입니다. 그러나 저는 이 자리를 따지고 추궁하는 자리로 삼고 싶지 않습니다. 오히려 어머니의 심정으로 간절히 호소하고 싶습니다. 제발 이제부터라도 우리 함께 마음 놓고 살 수 있는 세상을 만들어 보자고 호소합니다. 저는 이번 질의를 준비하면서 우리 사회의 문제를 도대체 어디서부터 손을 대야 할지 참 난감했습니다. 마치 우리가 선진국으로 나가는 듯 선전하고 있으나 그 어느 곳도 병들지 않은 곳이 없고, 날로 병이 심화되어 가고 있기 때문입니다.

따지고 보면 이 나라의 사회 문제의 발생 근본 원인은 바로 이 나라의 분단 상황입니다. 분단 40년이라는 사실 자체가 우리 사회를 불안하게 합니다. 그런 데다 역대 정부는 분단 상황을 정권 유지의 담보물로 이용해서 국민을 위협하고, 폭력 정치를 정당화하기 위해 어떤 비판도 허락하지 않고 탄압하여 이 나라를 온통 상처투성이의 사회로 만들었습니다. 그리하여 늘어나는 것은 권력의 비리요, 그 비리의 희생자들입니다. 바로 지금 그 한 맺힌 희생자들이 위정자들의 선처를 기다리고 있습니다.

저는 새 공화국의 새로운 출발을 위해 먼저 한 맺힌 국민이 없는 사회, 폭력이 없는 사회, 인간의 생명을 존중하는 사회, 그리고 복지 사회를 꿈꾸고 있습니다. 한국 사회가 오늘날 이처럼 안정을 잃고 있는 것은 한 맺힌 사람들이 너무 많기 때문입니다. 따라서 무엇보다 더 한 맺힌 사람들의 소원을 들어야 합니다. 한을 푼다는 것은 원한에서 풀려나서 평화롭게 살기 위함입니다. 다시 말해서 민족의 대화합을 이루기 위함입니다.

어렵게 공부시켜 좋은 대학에 보낸 자식이 조국 통일을 외치며 옥상에서 투신했다는 비보를 듣고 가슴 찢어야 했던 어머니의 심정, 자식에 대한 부푼 기대를 아들의 시신과 함께 차가운 땅속에 묻어야 했던 어머니의 애통함을 저는 한이라 생각합니다. 그 한은 바로 자식의 뜻이 이루어지는 날 풀릴 수 있습니다.

국무위원 여러분께서는 이 나라에 한 맺힌 사람들이 얼마나 많은지 아십니까? 그리고 그들이 무엇 때문에 그토록 가슴앓이를 해야 하는지도 아십니까? 피눈물을 흘리는 사람들의 한을 외면한 채 우리는 온 국민이 그토록 바라고 희구해 온 안정 사회를 이룰 수 없습니다. 이 사회가 한 공동체가 되기 위해서는 나 개인이 아닌 다른 사람의 아픔도 알아야 할 것입니다.

이렇게 서두를 연 박영숙은 일곱 가지 질문을 한다. 첫째, 양심수, 그중에서 장기 구속자 석방과 보안 감호 처분에 대한 법적 근거에 대한 추궁, 둘째, 최루탄 피해 보상 대책 추궁과 사용 금지 요구, 셋째, 원폭 피해자 보상 문제 제기, 넷째, 김근태·이태복·이을호 씨에 대한 고문 사건 조사 처리 요청, 다섯째, 삼청교육대·전투경찰·백골단에 대한 문제 추궁, 여섯째, 산업 재해 및 직업병에 대한 추궁, 일곱째, 윤락행위방지법과 에이즈 근절 대책. 당시 88올림픽을 앞두고 에이즈 문제와 윤락행위방지법은 주요한 사안이었다. 질문을 마치고 내려오자 동료 국회의원이었던 이해찬이 말했다.

"이런 스타일의 대정부 질의도 있을 수 있군요."

사실 지역구가 있는 국회의원들은 자신의 지역구와 관련된 질문을 우선으로 한다. 그런데 박영숙은 비례 대표 의원이었기에 이에 구애받지 않았다. 이후로도 박영숙은 부의 재분배 문제, 소외

계층과 중소기업 지원, 남북 교류 촉진과 민족 통일 대책 촉구, 골프장 건설 문제, 핵폐기물 처리장 건설 계획 등 그때그때 사안들에 대해 날카롭게 추궁하고 대안을 요구했다. 한편 당시는 없던 여성부 신설을 요구하기도 했다.

상임위원회의 정책 질의 시에도 박영숙은 최선을 다했다. 서로 아는 사이라고 어영부영 넘어가지도 않았다. 끈질기게 에이즈 문제를 추궁하자 당시 복지부 차관이 그렇게 끝끝내 물고 늘어지는 의원은 처음 봤다고 할 정도였다. 박영숙으로선 그 사안을 반드시 해결하고 넘어가야 한다는 신념으로 임했으니 중간에 물러설 수 없었다.

최루탄 관련 업무에 대해서도 철저하고 치밀하게 준비했다. 서류를 산더미처럼 준비해서 최루탄 문제를 근본적으로 해결하려고 했지만 여당 의원들이 반기를 들고 나가 버리는 바람에 제대로 해결을 못하고 시간을 보내야 했다. 이권과 온갖 청탁에 연루된 일부 의원들은 문제 해결 의지를 보이지 않고 차일피일 미루기만 했다. 특히 최루탄과 원폭 피해자 문제는 박영숙으로선 반드시 해결하고 넘어가려 한 문제였지만 적극적으로 호응하는 의원들은 예상 외로 별로 없었다.

일부 의원들은 지역구 사람들에게 솔깃한 정책 질의를 하고는 답변도 안 듣고 나가 버리기도 했다. 또 인기 있는 이슈들에 대해서는 다른 의원들이 이미 했는데도 반복하여 질의하는 경우도 많았다. 하지만 박영숙은 본인이 준비했지만 다른 의원이 먼저 질의하면 그 사항에 대해서는 미진한 부분만 질문하고 넘어가고 다른 의원들이 하지 않은 것들만 질의했다. 그렇게 해도 시간 부족으로 준비한 것을 다 못 끝내기가 일쑤였다. 그녀는 늘 스물 몇 가지 정도를 준비해 가는 '이상한' 의원이었다. 어떤 대정부 질의에서는 질의한 것에 그치지 않고 질의서 리스트를 만들어 총리에게 주고 반드시 답변해 줄 것을 요구하기도 했다. 행정부의 입장에서 보면 그야말로 성가시기 그지없는 문제적 국회의원이었다.

"의정 활동은 최고였어요. 의정 활동하는 거 보면 그동안의 고생이 눈 녹듯 사라져요. 국정 감사 기간이면 정말 호되게 일했어요. 몇 날 며칠 밤새고 집에도 못 들어가고 아예 의원실에서 밤을 샜으니까요. 다른 의원들이 써 준 거 읽는 거에 반해 박 선생님은 모든 걸 다 챙기는 스타일이에요. 질의서를 만들 때도 만족할 만한 자료를 만들어 내기 위해 최선을 다해야 했어요. 사람은 부족하지 나도 국회 경험은 없었지, 아이고 얼마나 힘들었는지 몰라요. 공적인 일에 대한 열정이 없었다면 그만뒀을 거예요. 그럼에도 불구하고 다른 보좌관들에 비해 열심히 일했던 건 한 사람의 전문직 여성으로, 선배로 존경했거든요. 특히 국정 감사장에선 끝내 줬어요. 확실하게 조졌거든요, 적장의 목을 베듯. 특히 일문일답의 귀재였어요. 오죽하면 저승사자라는 별명이 붙었겠어요. 문제를 파고 들어가 몰아붙이는데 그때는 정말 쾌감이 일 정도였죠. 다른 의원들보다 발군의 실력을 발휘했어요. 전략 구사에 타고난 감각이 있었어요. 워낙에 의지도 강한 데다 직관력도 굉장히 뛰어나 앞뒤를 예측하고 미리 대비하죠. 최고의 의원을 모시고 일하는 자긍심과 대리 만족으로 온몸이 상쾌해질 정도죠. 국정 감사장에서 박 선생님을 보면 그동안 쌓인 고생들이 눈 녹듯이 사라지면서 보람과 성취감을 맛볼 수 있었어요.”

보좌관을 지낸 이상덕은 박영숙의 의정 활동을 이렇게 설명했다. 당시 민주당 국회의원 노무현과 함께한 원진레이온 캠페인 역시 산업 재해 문제뿐만 아니라 국경을 넘어가는 환경 문제를 끝까지 추궁한 사례였다.

원진레이온은 국내에서 유일하게 비스코스 인견사(레이온)를 생산하는 공장이었다. 1964년에 일본 도레이레이온의 중고 기계를 들여와 1966년 처음 가동되기 시작한 이 공장에서는 노동자를 보호하는 안전 설비가 결여된 채 수많은 노동자를 이황화탄소(CS2)에 노출시킨 상태로 작업을 해 나갔다. 인견사는 석유 화학 원료인 벤젠을 기초 원료로 하는 합성섬유와 달리 펄프를 재료로 하며, 펄프에서 실을 뽑아 내는 과정에서 대량의 이황화탄소 등 화공 약품이 투입된다. 특히 문제가 된 이황화탄소는 2차 대전 때 독일이 신경 독가스의 원료로 쓴 치명적인 유해 물질로, 대량 흡입할 경우 질식사하고, 장기간 흡입하는 경우에는 뇌신경을 마비시키는 물질이었다.

1987년 원진레이온에서도 마침내 노동자들의 투쟁이 시작된다. 파업의 과정에서 원진레이온에서 가장 유해한 부서로 꼽히는 방사과 노동자들은 월 정규 근로 시간 200시간 외에 평균 120시간씩 초과 노동을 했던 것으로 알려졌다. 한편 원진레이온이 인체에 치명적인 피해를 주는 이황화탄소와 황화수소 가스에 노동자들을 무방비 상태로 방치하고 있던 1986년, 노동부가 회사 측에 2만

5천 시간 무재해 기록증을 발급한 사실이 밝혀졌다. 노동부의 산업 재해에 대한 감시와 감독이 얼마나 겉치레에 그쳤는가를 보여주는 예였다.

원진레이온의 파업 투쟁은 전 사회적으로 산업 재해와 직업병의 심각성을 알리는 계기가 되었고, 마침내 박영숙과 노무현을 비롯한 몇몇 국회의원들과의 노력으로 이황화탄소에 대한 업무상 재해 인정 기준안이 만들어진다. 또한 퇴직 직업병 판정자 평균임금 산정 방법의 개정을 통한 특례 적용이라는 커다란 성과물도 내게 된다. 이후 정부와 법정 관리인이었던 한국산업은행 측에서는 적자와 직업병 문제로 1992년 5월 매각을 통한 민영화 방안을 추진했지만 인수 기업이 나서지 않아 1993년 5월 폐업 공고를 냄으로써 원진레이온의 역사는 1962년 공장 시공 이후 31년 만에 끝나게 된다. 일이 이렇게 되자 원진레이온 쪽에서는 이 기계들을 중국에 팔려는 계획을 세우고 비즈니스에 착수했다. 당시 중국에는 환경 규제가 없었기 때문에 기계야 얼마든지 팔 수 있었지만 환경 문제는 한 나라의 문제가 아니라는 점을 들어 박영숙은 끝내 반대한다.

원진레이온뿐만이 아니었다. 산업 폐기물 매립장 문제, 일반 쓰레기 매립장 폐기물 문제, 팔당의 수질 오염 문제, 대구의 페놀 사건 등 굵직굵직한 환경 재해가 터지는 시점이었다. 문제가 발생하면 박영숙은 우선 현장을 방문해 실태 파악을 했다. 그런 다음 그것을 분석하고 대책을 개발해서 정부와 사회에 문제 제기를 했다. 그리고 문제가 해결될 때까지 추궁하고 문제의 본질을 지적했다.

지금이야 익숙하지만 환경 관련 의제들은 당시에는 거의 효시에 해당했기에 다른 국회의원들은 소홀히 다루거나 아예 관심조차 갖지 않았다. 환경 문제가 본격적으로 사회의 아젠다가 되기까지는 10년 정도의 시간이 흘러야 하니 박영숙이 지적하는 일들은 다른 의원들에게는 흥미 있는 의제가 아니었다. 산업 단지에서 공해병이 발생하고 탄광에서 진폐증 환자가 나오는데도 문제를 제기하면 국회나 행정부에서는 과격한 녹색당 취급을 했다. 당시 한 의원은 박영숙이 제기한 환경 문제들에 대해 그냥 코웃음을 치며 그게 무슨 문제냐고 비웃었다. 그러던 사람이 16대 국회에서는 가장 앞장서서 환경 문제를 이야기했다.

　박영숙의 문제 제기에 코웃음을 친 건 그것만이 아니었다. 당시 제주도 중문에 고급 호텔을 건설해서 관광객들을 유치하겠단 목적으로 중문단지가 조성되었다. 제주도 국정 감사를 하면서 박영숙은 기생 관광 문제를 지적한다. 그런데 돌아오는 비행기 안에서 한 여당 국회의원이 우리나라에서 외화를 벌기 위해서는 기생 관광밖에 없다며 박영숙의 추궁을 못마땅해했다. 박영숙은 당신 딸이 성매매 여성이어도 그런 소리가 나왔겠냐며 항의하지만 국회의원들의 젠더 감수성은 그야말로 한심하기 그지없었다. 그런 사람들 사이에서 남녀고용평등법과 가족법 개정을 비롯해 여성들을 위한 입법을 해냈다는 것은 그야말로 박영숙의 집요하고 끈질긴 노력이 일군 결과였다.

　박영숙이 4년간의 의정 활동을 통해 환경 관련 정책에서 일궈낸 업적은 눈부시다. 환경 의지 제로 상태의 국회에서 팔당호 골재 채취 중지, 낙동강 페놀 유출 사건 처리, 안면도 핵폐기장 건설 백지화, 골프장 건설 규제 강화, 제주도 개발 특별법 제정 저지 등을 성취해 낸 것은 박영숙의 헌신적인 의정 활동의 결과였다. 1991년 말 『시사저널』이 실시한 '13대 국회에서 동료 의원들이 평한 결과'에서 박영숙은 12위를 차지한다.[9] 특히 국정 감사나 대정부 감독 활동을 잘하는 의원, 국정 심의의 공정성을 잘 지키는 의원, 상임위에서 존경받는 의원, 국정 심의의 전문성을 갖춘 의원, 입법 연구 활동을 잘하는 의원, 예산 심의를 잘하는 의원, 10회 이상 법안을 제출한 의원, 5회 이상 국민의 청원을 처리한 의원 부분에서 높은 점수를 받았다. 열정과 노력이 있었기에 가능한 일이었다.

입법 활동 외에도 정당 일, 조사 활동 등 이런저런 일들로 박영숙은 13대 국회 임기 동안 눈코 뜰 새가 없는 나날을 보냈다. 박영숙을 기꺼이 정치권에 보낸 안병무도 "그 국회의원 아내들 중에 이혼하자는 사람 없나?" 할 정도였다. 박영숙은 국회의원인 자신을 동네 의사에 비유했다. 의사가 언제든지 누가 문을 두드리면 한밤중이든 새벽이든 환자를 돌봐야 하는 의무가 있는 것처럼 국회의원도 급박한 일, 억울한 일, 부당한 일을 당한 사람들의 사정을 들어주고 도와줘야 한다고 생각했다. 보좌관이던 이상덕은 국회의원 박영숙을 가장 가까이서 본 사람이다.

"박영숙 선생님은 관행과는 다른 방식으로 일했어요. 당시 국회의원 세비가 210만 원이었는데, 박 선생님의 경우 절반은 당비로, 나머지 절반은 함께 일하고 있는 단체들의 후원금으로 보냈어요. 그러다 보니 조사 활동에 동행하는 취재 기자들한테 5천 원짜리 식사밖에 사 줄 수가 없는 실정이었어요. 다른 의원은 1만 원짜리 밥을 사 주거든요. 그런데 놀라운 건 기자들이 불평이 없었다는 거예요. 아마 기자들도 선생님의 주머니 사정을 알고 있었고 열심히 활동하는 모습에서 호의를 가졌던 거 같아요."

박영숙은 오랜 세월이 지난 지금도 그 시절 함께했던 기자들에게 고마운 마음을 갖고 있다. 부총재 시절 정치 초년생의 미숙한 행보를 인내심을 갖고 지켜보며 격려해 준 기자들, 총재권한대행이라는 무거운 짐을 지고 가쁜 숨을 몰아쉴 때 기삿거리를 만들어 가며 그녀를 보완해 주고 힘이 되어 준 이들 모두를 잊지 않고 있다. 지금은 정계의 중진으로, 언론사의 대기자를 비롯해 중책을 맡고 있는 그들에게 박영숙은 여전히 존경과 감사의 마음을 전한다.

"국회의원 시절 연말에 기자들한테 연하장을 보내곤 했는데 선생님은 700여 명을 일일이 기억해 친필로 써서 보냈어요. 연하장 한 장 한 장에 그야말로 진심을 실어서 보내셨어요. 그러다 보니 저 역시 기자나 방문자 또는 행사장에서 만난 사람들이 건넨 명함에 꼭 사연을 메모해 두었어요. 선물을 건네거나 술을 사는 일은 생각할 수도 없고요. 박 선생님이 워낙 눈에 띄는 분이라 보좌관들도 정갈하고 담백한 태도를 견지하려고 노력했던 거 같아요. 누가 부여한 건 아니지만 여성의 대표성을 가지고 의정 활동을 잘해야 한다는 생각을 의원도 보좌관도 갖고 있었다고나 할까요. 최고의 의원을 모시고 일한다는 자부심으로 일했죠."

남녀고용평등법

국회의원이 하는 가장 중요한 기능은 입법 활동이다. 입법의 종류
는 의원들이 제출하는 의원 입법과 정부가 제출하는 정부 입법,
그리고 국민이 하는 청원 제도가 있다. 박영숙이 국회의원이 되고
나서 놀란 것은 국민들이 청원 제도를 별로 활용하지 않고 있다는
점이었다. 특히 여성들은 청원제를 알고 있지도 않은 듯싶었다.
국민들의 청원은 입법 활동을 촉발하기도 하지만 제출된 법안을
저지할 수도, 그리고 법안의 내용을 정정하거나 보충할 수도 있다
는 점에서 몹시 중요했다.

박영숙은 일반적으로 국회의원들이 도외시하는 소수자의 복
지와 환경 또는 여성 관련 입법 활동에서 선구적이면서 두드러진
성과를 이루어 낸다. 법 제정은 하루아침에 되는 것이 아니라 긴
과정을 거쳐서 개정 또는 제정된다. 그녀가 입법 활동을 시작한
1980년대 말의 가부장적 그리고 개발 위주의 사회 분위기에서 소
수자, 환경, 여성 관련 제도 마련을 한다는 것은 쉬운 일이 아니었
다. 특히 젠더 감수성이나 환경 마인드가 털끝만큼도 없고 강자

논리에 젖어 있는 남성 의원들을 설득한다는 것은 지난하고도 험한 일이었다. 그 작업은 그야말로 토대를 다지는 일부터 시작해야 했다. 여성과 관련한 입법의 예를 들면, 우리나라에 성별을 고려한 제도와 법안이 부족함을 지적하고 관련 법안이 없을 때 무슨 문제가 발생하는지를 설명하고 의원들을 설득해 나가야 했다.

철벽같은 이들을 움직이는 데 유효한 것은 유권자들의 압력이었다. 박영숙은 이 점에서 유리했다. 시민 사회와 그녀의 네트워크가 튼실했기 때문이다. 그녀는 어떠한 입법 활동을 시작하기에 앞서 이익 당사자들과 협력했다. 그들이 그들의 문제를 가장 잘 알고 있기 때문이기도 하고, 법이 제대로 구실을 하기 위해서이기도 했다. 그녀는 청원에 따라 입법을 하기로 하지만 어떤 법안이건 법안을 제출함과 동시에 이익 단체들이 국회에 청원서를 보내도록 제안했다. 원내 활동과 원외 활동을 병행 추진하는 것이 그녀의 입법 활동 방침이었다.

박영숙이 제출한 법안은 '가족법 개정'이 먼저였지만 앞서 통과된 것은 '남녀고용평등법(이하 고평법) 개정안'이었다. 1989년 2월 20일 제145회 임시 국회에서 노동위원회 소속의 이해찬 의원이 본 회의에서 법안 개정을 발의하게 한다. 제13대 국회가 개원한 지 8개월도 안 된 시점에서 고평법을 개정해 낼 수 있던 것은 여성계에서 오래전부터 준비를 하고 있어서였다. 그 당시 여성민우회에서 이경숙(제17대 국회의원, 통합민주당)이 개정안을 준비했다.

시행된 지 1년도 되지 않아 개정할 수밖에 없었던 것은 법은 만들어졌으되 그 내용이 법의 취지를 담고 있지 못했기 때문이었다.

그럴 수밖에 없던 것이 법 제정 의도가 불순한 데서 비롯되었기 때문이다. 제13대 대선을 앞두고 여성 유권자들의 표심을 사기 위해 여당인 민정당은 여성들이 강력히 요구하고 있던 가족법 개정과 고평법 제정 중에서 손쉬운 고평법을 선심 쓰듯 요식만 갖춘 채 제정했다.

1987년 10월에 제정되어 1988년 4월 1일자에 시행된 고평법은 우리나라 최초의 여성 보호 입법이라는 의의는 있으나, 법의 내용이 선언에 그치고 있을 뿐만 아니라 고용 평등을 위한 중요한 조건들이 제거된 채 선포되었다. 박영숙은 이런 문제를 지적하면서 고평법의 본래의 목적을 살리기 위한 법 개정에 나섰다.

법 개정의 주요 골자는 첫째, 특정 성 또는 가족 상황을 이유로 불리한 조치를 취할 수 없도록 차별의 정의를 명문화하는 것, 둘째, 국가와 지방 자치 단체가 근로여성위원회에서 심의 결정된 사항을 시행할 때 동 위원회에 세부 계획을 공고하도록 하는 것, 셋째, 모든 사용자는 동일한 노동 또는 동등한 가치를 가지는 노동에 대하여 동일 임금을 지불하도록 하는 것, 넷째, 근로 계약 체결 후에도 혼인·임신·출산을 이유로 해고·전직·감봉이나 기타 불이익 조치를 하지 못하게 하는 것, 다섯째, 분쟁 해결에서의 입증 책임을 사용자가 부담하게 하는 것, 여섯째, 법의 실효성 확보를 위해 위법 시 처벌을 강화하는 것 등이었다.

이 요구 중에서 특히 주목할 점은 다섯 번째 분쟁 해결에서의 입증 책임을 사용자가 지게 하는 대목이었다. 피해자가 자신이 당한 부당한 상황을 성 차별로 입증해 내기란 그때나 지금이나 대단히 어려운 일이었기 때문이다.

이 법안이 처리되던 날은 임시 국회가 끝나는 날로 기회를 놓치면 또 언제 기회가 올지 모르는 상황이었다. 그 와중에 민주당의 장석화 의원이 이 부분에서 외국의 사례가 있느냐고 질문했다. 미처 준비를 하지 못했던 박영숙과 보좌진은 곧바로 여성계와 연락을 취해 답변을 할 수 있었다. 그 사례를 순식간에 찾아오기 위해 허둥대던 기억을 떠올리며 박영숙은 지금도 가슴을 쓸어내린다. 이러한 노력 덕분에 남녀고용평등법 개정안은 145회 임시 국회에서 통과된다.

기업 측이 부담을 져야 한다는 점에서 전경련이 법의 개정을 반대한 것은 물론이고 '성장 제일주의' 정부의 입장에서도 기업의 편을 드는 상황에서 박영숙이 해낸 고평법 개정은 여성들에게 작은 성취감을 안겨 주었다.

그러나 여성 노동자 채용 시 용모, 신장, 체중 등 신체 조건의 요구 및 제시 금지 조항은 1995년에 가서야 추가 개정되었고, 그 후로도 지속적으로 개선되었다.

가족법 개정 드라마

"한 살 난 아들을 남기고 남편이 사망했을 때 그 집의 호주는 한 살 난 아기가 된다. 큰딸도 있고 둘째 아들도 있지만 장손이 아니기 때문이다. 호주는 '가족의 입적 동의권'이나 '가족의 부양 의무'를 진다. 부부가 이혼할 때 합의가 이루어지지 않으면 친권은 아버지가 가진다. 평소 아이의 양육은 어머니가 담당하고 있는 실정과는 위배된다. 재산 상속에서도 아들의 상속분이 딸보다 많으며 남편의 재산을 아내가 상속받을 때에도 높은 상속세를 부과한다. 평생을 남편과 함께 재산 형성을 위해 노력했거나 아내가 더 많은 기여를 했어도 가부장제 사회에서 재산은 남편 명의로 축적되고 그것을 상속받을 때 아내는 상속세를 내야 한다."

개정되기 전의 가족법은 이처럼 모순과 편견을 담고 있었다. 1958년 제정된 민법 중 친족상속편인 통칭 가족법은 우리나라 헌법이 최초로 제정되던 1948년에 일제 때부터 내려온 관습법을 명문화한 것으로 비민주적, 가부장적 요인이 많아 일본에서는 이미 폐기된 법 조항들이었다. 특히 부모 간에 차등을 두고 있는 친족

범위 설정, 호주제, 이혼 배우자의 재산 분할 청구권, 동성동본 불혼제 등은 비민주적이며 인권 침해적 요인을 배태하고 있었다. 불평등하고 차별을 강요하는 이 법에 대해 여성계에서는 일찌감치 개정 운동에 착수했다. 1952년 부산 피난지에 자리 잡고 있던 한국여성문제연구회의 이태영, 황신덕, 이희호(당시 실무자) 등 여성계 인사들을 주축으로 시작된 가족법 개정 운동은 1962년과 1977년의 격렬한 개정 운동으로 부분적 개정이 이루어지기도 했다.

하지만 가족법 중에서도 핵심적 차별 조항들은 유림들의 강렬한 반발을 의식한 다수 의원들의 외면으로 1980년대 후반까지도 유지되고 있었다. 박영숙은 자신의 임기 내에 꼭 가족법을 개정해야겠다고 작정하고 임기가 시작되자마자 치밀하게 준비했다. 그녀와 가족법 개정 운동과의 인연은 1950년대 초 이미 시작되었다. YWCA 실무자로 있을 때도 적극적으로 개정 운동에 가담했고 정계 입문 직전에는 가족법개정추진위원회 부회장이었기에 가족법 개정에 관한 한 모든 것을 파악하고 있었다.

가족법 개정을 성공적으로 이끌어 내기 위해 박영숙은 원칙을 몇 가지 세웠다. 첫째, 임기 초기에 개정안을 발의한다. 둘째, 의원 20명의 동의로 발의가 가능하지만 의원 과반수 이상의 동의로 법안 제출을 한다. 셋째, 가족법 개정의 공은 다른 당이 차지해도 상관하지 않는다. 넷째, 준비 회의 등의 일시, 장소는 동참하는 측이 정하는 대로 따른다. 다섯째, 가족법개정추진위원회가 마련한 개정안은 한 글자도 고쳐서는 안 된다 등이었다.

박영숙은 우선 당내의 가족법 개정에 관심을 가지고 있는 의원들에게서 그녀가 설정한 원칙에 대한 동의를 얻어 냈다. 사실 당으로서는 어떤 업적에 대한 공을 누가 갖느냐 하는 것이 무엇보다 중요하다. 공훈과 성과는 곧바로 다음 선거와 직결되기 때문이다. 하지만 박영숙은 가족법에 관한 한 공을 따질 것이 아니라 여성들의 숙원을 이루는 데 의의를 두자고 의원들을 설득해 나갔다.

그 결과 평화민주당은 가족법 개정을 당론으로 정하고 72명의 의원이 자동적으로 발의자가 되었다. 그리고 민주당과 공화당, 민자당 소속의 의원들을 설득하여 158명의 의원 명의로 가족법 개정안을 제출했다. 그녀가 과반수 이상을 고집한 것은 12대 국회에서 개정안이 제출되었으나 민자당의 당론이 반대로 결정되면서 민자당 소속 의원들이 빠지는 바람에 정족수 미달로 무산된 전례가 있었기 때문이다. 박영숙은 이에 대비해 법률안을 제출한 후에도 계속 서명 운동을 해 나갔다. 본 회의 통과에 대비하기 위한 치밀한 준비였다. 아니나 다를까 이번에도 공화당 의원 18명이 집단으로 탈퇴했다. 그러나 이런 사태에 미리 대비한 덕분에 문제가 되지는 않았다. 평민당이 당론으로 가족법 개정을 결의했다는 소식이 알려지자 지역구의 유림들이 들고 일어섰다. 박영숙은 이에 대해 슬기로운 전술을 하나 구사했다. 평민당 의원 72명 중 당 총재와 다른 한 사람을 명단에서 제외시켰다. 그리고 의원들에게는 그 한 사람이 자기라고 말할 수 있는 길을 터놓은 것이다.

여성 관련 법률 제정에는 여성 의원들이 앞장설 것 같지만 막상 현실은 그렇지만은 않다. 13대 국회에서 여성 의원은 민자당 의원 5명과 평민당의 박영숙이 전부였다. 하지만 민자당에선 유일하게 김장숙 의원만이 가족법 개정 운동에 나서 주었다. 먼저 두 여성 의원은 민주당과 공화당 의원들을 설득하기로 했다. 박영숙은 문 득 그해 첫 국회에서 당 대표들의 연설이 기억났다. 각당 대표들 가운데 민주당의 김영삼 총재가 유일하게 가족법 개정을 해야 한 다고 주장했다. "찾아갑시다." 박영숙과 김장숙은 김영삼 총재실 에 들어섰다. 하지만 그는 연설 때와는 다른 태도였다. 연설 후 유 림들의 항의가 있었던 것이 분명했다. 결국 민주당과 공화당 소속 의원들을 설득하는 일은 박영숙이 몸담고 있던 보사위원회 소속 의원들을 통해서 했다.

국회 법사위원회에 법률안이 제출되면 법률안 심사소위원회 가 먼저 구성된다. 위원장은 당이 순번으로 돌아가며 맡게 되어 있었고 소속 당 총재가 임명하도록 되어 있었다. 가족법 개정 심 의 소위원회의 위원장이 마침 평민당 몫이었던 것은 행운이었다. 박영숙은 김대중 총재에게 진보적이고 젠더 감수성이 있는 사람 으로 위원장을 임명해 줄 것을 건의했다. 하지만 이 과정에서 몇 달 사이에 세 번이나 위원장을 새로 임명하는 사태가 벌어졌다. 처음 임명된 위원장은 알고 보니 두 집 살림을 했던 사람이었고, 또 한 사람은 보수적인 인물이어서 소위원회를 열지도 않았다. 1989년 9월 정기 국회를 불과 얼마 남겨 놓지 않은 더운 여름날 박 영숙은 다시 김대중 총재를 찾아가서 위원장을 바꾸어 달라고 요 청했다. 당시 김대중 총재는 서경원 의원 사건으로 장기 단식 중 이었다. 당무를 촉구하기에는 몹시 부적절한 상황이었다. "한 가 지 일만 생각하는 단세포적인 내가 아니었다면 감히 할 수 없는 일이었다. 지금도 죄송스럽게 생각하고 있다." 박영숙의 말이다. 김대중 총재는 법학을 전공하고 호주제에 대한 대안을 가진 의원을 위원장으로 새로 임명했고, 새 위원장은 개정안 통과에서 큰 걸림돌을 제거하는 데 도움을 주었다. 온갖 우여곡절을 거치면서 밖에서는 여성계가, 안에서는 굳은 의지를 가진 박영숙이 치밀하게 가족법 개정을 추진해 나갔다.

여성들이 활발하게 일을 추진하는 것을 감지한 유림 측에서도 가만있지 않았다. 5천여 유림들이 여의도에 총출동하여 반대 시위를 벌이는 등 가족법 개정 운동 반대에 총력을 기울였다. 두세 사람만 모여 있어도 백골단이 출동하는 등 시위와 집회를 탄압하던 정부는 수천 명의 유림들이 머리띠를 매고 트럭을 몰고 다니며 소란스럽게 시위를 해도 그대로 방치했다. 때로는 유림을 격려하는 인상을 주기도 했다.

유림의 항의에 주춤하는 남성 의원들을 움직이게 하는 데는 유권자의 힘이 필요했다. 박영숙은 여성계에서 전개하고 있었던 국회의원들에게 엽서 보내기 운동의 방식을 변경할 것을 요청했다. 불특정 다수 여성들이 국회의원 299명 전원에게 보내던 엽서를 자기 구역 출신 의원에게 지정해서 보내도록 한 것이다. 그녀가 본 국회의원들은 인구의 반인 2천만의 여성보다 자기 구역 100명의 여성 유권자들을 더 중시한다는 것을 알았기 때문이다.

원내에 서서히 가족법 개정의 가능성이 높아 가자 불안해진 유림들은 가족법 개정 추진을 하고 있는 의원들에게 다각적인 공세를 가했다. 가족법 개정 운동의 핵심에 있었던 박영숙에게는 당연히 협박과 욕설이 쏟아졌다. 항의 편지가 매일 수십 통씩 배달되었다. 하루는 한자로 가득 메운 엽서를 받고 한문에 밝은 의원에게 해석을 부탁했는데 요지는 "금수결혼 주장하는 박영숙을 능지처참하라"였다. 그래도 이 정도는 양반이고, 이름 앞에 상욕을 마구 갈긴 엽서도 다반사였다. 유림이 상식 있는 선비 집단이라고 여겨 왔던 사람들의 입을 다물게 할 정도로 그들의 행위는 충분히 몰상식했다. 그녀는 이 편지와 엽서를 모아 가족법 개정 기념 병풍을 만들까 진지하게 생각했다고 한다.

그러던 참에 한 방송국에서 유림과 여성계를 초청해서 한자리에 앉아 대담하는 기획 프로그램을 제작했다. 이 프로그램 덕분에 여성들은 시청자들에 의한 판정승을 얻게 된다. 토론 내용도 내용이려니와 유림들의 태도에 시청자들은 경악했다. 생중계인 것도 아랑곳하지 않고 그들이 보인 여성에 대한 비하적인 태도는 많은 시청자들의 비난을 사기에 충분했다. 여성 공인들에게 '아주머니'라고 하는가 하면, 동성동본 혼인을 설명하는 예로 사과를 접붙이는 사례를 드는 등 부적절한 태도와 논리로 대화에 임한 유림들은 큰 웃음거리가 되었다.

가족법 개정에 대한 여론이 사회 분위기를 들끓게 하고 있는 와중에 비극적인 사건이 터졌다. 위로 딸 넷과 막내로 아들 하나를 둔 맞벌이 부부의 집에서 딸 넷이 콜라에 쥐약을 섞어 먹고 자살을 기도한 사건이 일어났다. 넉넉잖은 살림에 딸들은 자기들이 없어지면 부모님이 귀중하게 여기는 남동생이 좀 더 나은 환경에서 자랄 수 있을 거라고 생각한 것이다. 죽은 딸을 화장한 벽제화장터에 다녀오면서 박영숙은 우리나라의 남아 선호 사상을 부추기고 있는 가족법의 문제를 새삼 곱씹었다.

이 사건으로 여론은 가족법 개정에 찬성하는 쪽으로 가닥이 잡혀 갔다. 서명 운동이 줄을 이었고, 여성계에서는 어린아이들과 손잡고 풍선 시위를 벌이는 등 다채로운 행사를 기획해 압박을 가했다. 김대중 총재는 국회에서 열린 공청회를 시작부터 끝날 때까지 지켜보았다. 때마침 열렸던 영수 회담에서 김대중 총재는 노태우 대통령에게 가족법 개정을 호소하고 마침내 개정에 합의하기에 이르렀다. 그러고 보면 가족법 개정의 시작과 끝에 이희호와 김대중이 있었다고 해도 과언이 아니다. 1950년대 이희호는 여성문제연구회의 실무자로서 이 운동을 시작했고, 마침내 국회 통과되는 데에는 그녀의 남편인 김대중 총재가 이끄는 평민당이 주도적으로 임했으니 그 공로가 지대했다.

가족법 개정 작업이 막바지에 이른 정기 국회 어느 날 민자당 대표인 박준규 의원이 박영숙을 찾았다. 내년 2월 임시 국회에서 꼭 통과시켜 줄 테니 이번에는 그냥 넘어가자는 것이었다. 박영숙은 절대 그럴 수 없다고 단호하게 맞섰다. 그러자 박준규는 굳이 이번 회기에 해야 한다면 호주제 문제와 동성동본 불혼 문제를 제외하면 안 되겠냐고 물었다. 협상을 해야 하는 순간이었다. 기실은 이런 경우를 예측해서 개정추진위원회 이태영 위원장과 의논해 둔 것이 있었다. 동성동본 혼인 문제는 이미 두 차례에 걸쳐 한시적으로 풀었던 것이니 사문화된 것과 다름없으며 호주제는 중요하지만 그 문제로 개정 자체를 무산시킬 수는 없었다. 어떻게든 이번 기회에 가족법은 개정되어야 했기에 사실 미리 여성계 쪽과 타협점을 준비해 두고 있었다. 그렇지만 박영숙은 절대 안 된다고 버텼다. 결국 소위원회가 절충해 낸 것이 '세대주제'였다. 1989년 정기 국회 마지막 날 가족법 개정안이 본 회의에서 통과되었다. 이후 참여정부에 들어서서 여성들의 마지막 걸림돌인 호주제가 폐지된다. 가족법 개정의 오랜 싸움에서 여성들이 승리한 것이다.

가족법 개정 2개월 후, 즉 박준규가 제시했던 2월 임시 국회가 열릴 무렵 김영삼, 노태우, 김종필의 3당 통합이 이루어졌다. 민심과는 상관없이 야합에 의한 거대 여당이 탄생한 것이다. 정기 국회에서 기회를 놓쳤다면 가족법 개정은 또 한 번 먼 길을 돌아야 할 뻔했다.

가족법 개정안이 통과되고 얼마 후 박영숙은 민망한 경험을 해야 했다. 김대중 총재가 "여성들이 진짜 가족법 개정을 원했습니까?" 하는 것이었다. 37년간의 숙원이 풀렸음에도 축제 분위기는 고사하고 아무런 반응을 안 보이는 여성계를 두고 묻는 질문이었다. 다른 이익 집단들은 뜻이 성취되면 어떤 형식으로나 수고한 정당에게 보답을 하는데 여성계는 잠잠했다. 농민들은 무나 감자를 들고 와서라도 신문 기삿거리를 만들어 주는 것으로 감사를 표시했다. 여성계는 정계의 메커니즘을 너무 모르고 있던 것이다. 지난한 과정을 거치며 평민당이 고평법, 가족법 개정 등 여성들을 위한 입법 활동을 어느 정당보다 적극적으로 추진했음에도 당의 지지율과는 무관한 것을 확인하며 박영숙은 여성 유권자들의 정치의식에 회의를 느끼기도 했다고 털어놓는다.

가족법 개정은 오랜 세월 많은 사람들의 공동의 노력으로 이루어진 쾌거였다. 첫째로 오랫동안 여성들이 적극적이며 지속적인 운동을 전개해 온 덕분이었고, 둘째는 절대 다수의 보수적인 남성 의원들이 버티고 있는 의회에서 37년간이나 끌어온 가족법 개정을 당론으로 정하고 앞장서 준 평민당의 공이 컸다. 당시 여소야대의 국회였기에 협상이 주효했고 젠더 감수성이 있던 김대중 총재 같은 정치 지도자가 있어서 유리하게 작용한 것도 간과할 수 없다.

입법을 성공으로 이끄는 데는 이익 집단의 압력과 추진력, 대화를 통한 협상이 가능한 의회 구조, 거기에 집요하게 사안을 추적해 추진하는 사람이 있어야 한다. 4당 구조인 13대 국회 전반부 2년은 이런 것이 가능했고 법안 심의위원회의 위원장이 개정 추진 정당의 몫이라는 행운도 따라 주었다.

무엇보다 가족법 개정에 사명감을 가지고 있던 박영숙이 그 중심에 있었기에 가족법 개정이라는 역사적인 드라마가 가능했다. 여성 운동 출신의 한 여성이 제도 정치권으로 진출하면서 여성 친화적 정책을 법제화하는 데 중요한 역할을 한 대표적인 사례였다. 사실 국회는 결코 여성에게 호의적인 곳이 아니다. 근대 조직은 남성에 의해 남성을 위해 만들어진 공간들이다. 더구나 유림들보다 더 낫다고 할 수 없는 일부 남성 의원들이 버티고 있는 의회에서 가족법이 통과된 건 여성의 요구를 대변하려는 여성 의원이 국회에 있었기 때문이다.

가족법 개정 경험을 통해 박영숙은 구호로만 여성의 정치 참여를 주장할 것이 아니라 여성들이 독자적인 정치 연합을 구성해 제도 정치권 내의 정치 메커니즘을 적극 활용해야 한다는 것을 깨닫게 된다. 그러기 위해서는 무엇보다도 여성 운동 내에서 여성의 정치 세력화가 운동의 과제로 채택되어야 하며 정치 참여를 위한 구체적인 논의를 통한 방법이 마련되어야 하는데, 이는 박영숙의 이후 행보와 연결된다.

우리들의 죽음

또다시 생각나는 혜영이와 용철이

젊은 아버지는 새벽에 일 나가고

어머니는 돈 벌러 파출부 나가고

지하실 단칸방엔 어린 우리 둘이서

아침 햇살 드는 높은 창문 아래 앉아

방문은 밖으로 자물쇠 잠겨 있고

윗목에는 싸늘한 밥상과 요강이

엄마, 아빠가 돌아올 때까지

우린 심심해도 할 게 없었네

박영숙은 아직도 정태춘의 노래 「우리들의 죽음」을 못 듣는다. 가슴이 너무 아파서다. 혜영이와 용철이는 부모가 밖으로 문을 잠그고 일하러 나간 사이 방에서 불이 나는 바람에 질식해서 죽음을 당한 세 살과 다섯 살의 어린이들이다. 1990년 탁아법 논의가 한창일 때 일어난 사건이었다. 아이들 참사 소식을 듣자마자 박영숙은 세브란스병원 영안실에 달려갔다. 그리고 벽제화장터로 찾아가 두 남매의 어머니를 만났다. 아이들의 죽음과 함께 박영숙이 더욱 가슴 아팠던 건 젊은 어머니가 아이들의 죽음을 자신이 잘못해 일어난 것으로 받아들이고 있다는 점이었다. 혹 그녀의 시집 식구나 남편마저 아이들의 죽음을 그녀의 탓으로 돌릴까 봐 박영숙은 마음이 착잡했다.

고평법과 가족법 개정에 이어 박영숙이 박차를 가한 건 탁아법 제정이었다. 여성 운동가로 활동할 때 해결해야 할 여성 문제로 간주하고 있던 터라 박영숙은 국회에 들어오자 곧바로 법안 제출을 준비했다. 여성의 경제 활동 참여율은 1989년 당시 46.8%였다. 이중에서 기혼 여성의 비율은 약 47%로 경제 활동을 하는 여성 인구의 반을 차지하고 있었다.

기혼 여성의 취업은 생계비를 벌기 위한 이유가 가장 크다. 가장의 돈벌이만을 가지고는 식비, 주거비는 물론이요 교육비도 제대로 감당해 낼 수가 없는 것이 현실이다. 그러다 보니 저소득층일수록 기혼 여성의 취업률이 높게 나타나, 이 계층의 기혼 여성은 대개 취업하고 있다고 보아도 무방했다. 따라서 탁아 시설이 절실히 필요한 곳은 빈민 지역이다. 하지만 전두환 정권 시절 영부인이었던 이순자가 영유아 돌봄의 질을 높여야 한다고 탁아법에 대한 규제를 까다롭게 바꾸어 버렸다. 도저히 달동네 탁아소가 감당해 낼 수 없는 규정을 만듦으로 해서 오히려 악법이 되어 버린 꼴이었다.

박영숙은 탁아 시설 현실을 직시하며 도시 빈민 지역에 필요한 소규모 탁아 시설을 보호하기 위한 탁아법 개정을 추진했다. 그 즈음에 이 사건이 일어난 것이다. 용철, 혜영의 죽음이 가져온 사회적인 충격과 파장은 의원들로 하여금 탁아법을 제정하도록 강제하는 역할을 했다.

박영숙은 의원 활동 초기 1년여 동안 지역사회탁아소연합회, 한국여성단체연합(여연) 탁아문제특별위원회, 한국농촌탁아연합회 등과 함께 아동 보육의 책임을 국가가 담당하는 것을 골자로 하는 '탁아복지법' 제정을 위한 준비를 하고 있었고, 참사가 일어난 1990년 3월 9일에는 마침 국회 보사위원회에서 김종인 보건사회부 장관과 탁아 문제를 놓고 설전을 벌이고 있던 터였다. 4당 구조 속에서 활발하게 진행되던 탁아 관련 법안이 3당 통합 후 유야무야 실종되고 있는 상황을 우려하며 보사부가 주장하는 아동 복지 행정의 허점을 지적하고 있던 참에 사건이 터졌던 것이다.

1989년 10월 여연은 보사부가 9월 정기 국회에서 '아동복지법 시행령 등 개정안'을 통과시키자 국회에 '탁아소 설치 및 운영에 관한 법률 제정 청원서'를 제출했고, 박영숙은 그 청원서를 받아들여 69인의 의원 발의로 '탁아복지법률안'을 법사위에 제출했다. 이 법안은 취업 여성과 저소득 맞벌이 가정의 양육비용(탁아 비용)을 국가에서 지원하고 여성 평생 평등 노동권과 사회 진출을 보장하기 위해 아동 보육의 책임을 국가와 지방 자치 단체 그리고 여성 노동자를 고용하고 있는 기업의 의무로 규정한 사회 복지법안이다.

이 법안에 대해 보사부와 민자당은 "아동 보육의 책임은 일차적으로 부모에게 있으며 탁아소가 많이 생기면 그만큼 가정 보호 기능이 약화될 우려가 있다", "직장 탁아소가 의무 규정화되면 기업들이 기혼 여성을 꺼려 여성 취업이 더 힘든 결과를 낳을 뿐"이라는 등의 이유를 들며 독립 입법 대신 기존의 아동복지법의 시행령으로 탁아 시설을 확충하겠다고 반대 입장을 내세웠다.

그러던 중 혜영이와 용철이 사건이 터졌고 사회 여론이 들끓자 민자당은 어쩔 수 없이 독립 법안인 영유아보호법안을 제출하고 다수 의석의 힘을 과시하며 탁아복지법 대신 영유아보호법을 통과시켰다.

이 법은 여전히 국가와 기업이 복지에 대한 책임을 개별 가족에게 돌리려는 성격을 지니고 있었다. 아이들을 탁아소에 맡기고 직장에 나가는 기혼 여성들은 아이를 자신이 키우고 있지 못하다는 데서 일종의 죄의식, 또는 초조감을 갖게 된다. '아이는, 특히 유아기에는 엄마의 정성으로 키워져야 정상적으로 자란다'는 사회적 통념은 일하는 여성들에게 강박을 부여한다. 생활고 때문에 피치 못해 직장 생활을 하든, 자아 성취를 위해 직장 생활을 하든, 일하는 여성들은 이런 사회적 통념에 시달리면서 직장에서는 직장에서대로, 집에서는 집에서대로 안정되지 못한 생활을 하게 된다.

사실 '돈을 얼마나 벌겠다고 애까지 내버려 두고 나다니냐'는 비난은 자본주의 시스템과 긴밀하게 연결되어 여성의 노동 환경을 더욱 열악하게 만든다. 무심코 내뱉는 이런 말들은 직장 생활을 하는 여성은 언젠가 생활 형편이 나아지면 가정으로 돌아간다는 사회적 통념을 만들어 내고, 이것은 여성을 저임금으로 고용하고 위기가 닥치면 가장 먼저 여성을 해고할 수 있는 이데올로기로 작동하게 되는 것이다. 교묘하게 여성을 이중적으로 착취하는 자본주의 시스템과 맞서 여성계와 박영숙은 아동 보호와 모성 보호의 측면과 더불어 여성 노동자의 평생 노동권을 확보한다는 차원에서 직장 탁아소, 학교 병설 탁아소 설치 의무화 조항을 비롯한 올바른 탁아법 제정에 지속적인 노력을 기울였다.

최근 저출산, 고령화 문제가 불거지면서 아동 보육 문제가 크게 부각되어 큰 예산이 할애되고 있는 점은 바람직하나, 법의 본질을 벗어난 정치적인 판단으로 급조되거나 임시방편으로 법 제정이 이루어지는 것은 어떤 경우에도 바람직하지 않다고 박영숙은 주장한다.

올해의 여성상

박영숙은 복잡한 정치 메커니즘에 단련되면서 성숙해진다. 국회에서 의정 활동을 하면서 박영숙은 체제 안에서 일하는 법, 동맹 관계와 네트워크를 구축하는 법, 영향력을 활용하는 법, 권한을 위임하는 법, 끈기를 갖고 장애물을 극복하는 법 등을 배운다. 또한 현실 정치에서 그녀가 배운 이 경험과 교훈을 또 다른 여성에게 물려줘야 한다는 생각도 하게 된다.

누구보다 성실히 누구보다 묵묵히 의정 활동을 한 박영숙은 여성들 사이에서도 그 공로가 높이 인정되었다. 한국여성단체연합은 해마다 개최하는 3·8여성대회에서 한 해 동안 여성 운동과 민주화 운동의 발전에 가장 크게 기여한 여성을 선정하여 '올해의 여성상'을 수여하는데, 1992년에는 국회의원 박영숙을 수상자로 선정했다. 추천사 말미에는 1992년 3월이 선거를 앞둔 시점이라 그녀에게 시상하는 것이 혹여 특정 정당을 홍보한다는 오해를 사지 않을까 망설이기도 했지만 그럼에도 과감하게 이행한 것은 유권자들에게는 여성 후보자에 대한 편견을 깨트리게 하고 각 정당들에게는 의원 후보 선정의 지침을 제공하는 것이 되리라고 판단했기 때문이라고 밝히고 있다.

여연이 박영숙을 수상자로 선정한 이유는 지난 4년간의 의정 활동을 통해 바람직한 '여성 국회의원상'에 대한 전형적인 모범을 보여 주었다는 것을 전제로 하면서 시상 이유를 네 가지로 들고 있다.

첫째는 의정 활동에서 여성의 권리와 복지 증진을 위해 남다른 관심과 노력을 기울였다는 것이다. 여성이 차별받고 사회에 공헌한 만큼의 정당한 대우를 받지 못하고 있다는 것은 국민의 반이 그러한 처지에 있다는 것을 의미하는데도 가부장적인 입법부는 이를 외면하고 있다. 박영숙은 소신 있게 소외된 여성을 대변하고 그들을 위한 입법 활동을 활발히 하며 의회를 여성 운동의 장으로 삼아 개혁하는 일에 앞장섰다.

둘째, 소속 정당의 이익에 앞서 여성 대중과 국민 대중의 요구를 우선순위로 하는 원칙을 의정 활동에서 일관되게 지켜 왔다. 당활동에서 용기가 필요한 행동이었으나 이는 결국은 소속 정당에도 이익이 된다는 것을 입증했다.

셋째, 국민의 대표로서의 소임을 충실하게 하기 위해 끊임없는 연구와 조사 활동을 통해 전문성을 갖추려고 노력했다. 박영숙은 국회 본 회의에서의 대정부 질의, 상임위에서의 정책 질의, 국정 감사, 예산결산심의위 등에서의 날카로운 문제 지적과 해결을 위한 대안 제시에 충실했다. 그리고 팔당 수질 오염, 대구 페놀 사건, 제주도 개발 특별법 등에서 누구보다 더 먼저 사건 현장에 뛰어가는 성실함을 보였다.

넷째, 재정적으로 투명하고 깨끗한 정치 활동을 했다. 이권 개입, 청탁, 뇌물 등의 정치 자금 문제에 얽히는 일 없이 어떤 사안에 대해서도 눈치 보지 않고 당당한 의정 활동을 한 점을 인정한다.

여연은 박영숙의 의정 활동상은 '바람직한 여성 의원상'만이 아니라 '바람직한 국회의원상'의 전형이라고 평가했다. '여성은 정치에 적합하지 못하다', '여성은 능력이 없다'는 편견을 깨고 '여성이 정치를 하니, 정치가 맑고 깨끗해졌구나!' 하는 신뢰감을 국민에게 심어 주는 계기가 된 것이다. 그녀와 같은 의원들로 국회가 구성될 때 정치가 민주화되고 부패되지 않는다고 여연은 강조하면서, 박영숙이 그러한 초석을 놓은 것을 기리기 위해서 '올해의 여성상'을 수여한다고 했다. 또한 박영숙이 정치권에 진출함으로써 여성의 정치 참여 확대의 물꼬를 텄다고 보았고, 여성계에서는 여성의 정치 세력화 활동이 어느 때보다 힘을 얻게 되었다고 평가했다.

박영숙은 정치란 '삶의 조건을 만들어 가는 과정'이라고 정의한다. 따라서 여성의 삶의 조건은 여성들 스스로가 만들어야 하며 그러기 위해 여성의 정치 참여는 필수적이라는 것이다. 그러나 그녀는 13대 국회의원으로서 임기가 끝난 후 14대 총선에 도전하지 않는다. 그리고 1993년 민주당 제2차 전당대회에서 최고위원 경선에서 패배한 것을 계기로 6년간의 정치 활동을 접는다. 박영숙이 정계를 떠난 것은 스스로 정치인으로서 한계를 인정해서였다.

박영숙이 14대 총선에 나서지 않은 것을 두고 여성계에서는 말들이 많았다. 여성의 의회 진출이 쉽지 않은 척박한 정치 풍토에서 선경험자가 뒤로 물러나는 것을 곱게 보지 않는 시선도 있었다. 그러나 그녀는 정치인으로서 스스로의 한계를 인정하고 물러난다. 국회에는 아직도 여성 운동 출신의 국회의원이 필요하다는 걸 누구보다 잘 아는 그녀였기에 정치에서 물러나는 것이 쉬운 결정은 아니었다.

박영숙은 정당에 뿌리내린다는 것은 돈이 있거나 배짱이 있어야 함을 절감했고, 스스로 둘 다 부족하다고 판단했다. 정치는 원내 활동은 물론 당 활동도 해야 한다. "박 부총재는 299명 의원들 중 다섯 손가락 안에 들 정도로 원내 활동은 뛰어났지만 정당 활동에는 잘 적응하지 못한 것 같다." 김대중 총재의 평가대로 그녀는 정당 활동의 한계를 느꼈다.

박영숙의 국회 임기 전반부 2년은 협상이 가능한 여소야대의 다당 구도였고, 그 속에서 그녀의 입법 활동은 눈부신 성과를 거두었다. 그러나 3당 합당 후 여대야소의 원 구성이 되면서 후반부 2년은 탁아 입법 과정에서 보여 주듯 고전을 면치 못한다. 법의 제·개정은 하되 정책화에 종지부를 찍지 못해 끊임없이 재개정이 필요한 불완전한 법이 되고 말았다. 그러다 보니 끝내 화두로만 남게 하는 경우도 많아졌다.

사실 정치권에는 여성 편향주의라는 비난을 무릅쓰고 여성과 약자를 대변하며 생명, 평등, 평화의 정치 문화를 만들어 내기 위해 헌신하는 의원들이 있어야 한다. 그리고 그 노력이 현실화되기 위해서는 원내 의원 외에 여야를 넘나드는, 성 인지성(젠더 감수성)

이 있는 여성들의 네트워크가 있어야 한다. 그 숙제를 두고 물러나는 박영숙 역시 마음이 편치만은 않았다.

당시 박영숙의 정계 은퇴를 적극 만류한 사람으로, 훗날 국회의원이 되어 정당 정치 활동을 한 손봉숙(한국여성정치연구소 이사장)은 박영숙을 이렇게 이해했다.

"계속 정치를 해야 한다고 강력하게 주장했어요. 여성 정치인으로서 박영숙 선생님만큼 스포트라이트를 받은 분이 없잖아요. 원내 활동도 잘하셨지만 당에서도 자기 직급을 가지고 일하신 대표적인 여성 정치인이셨죠. 언론에도 자주 노출되고 대중적 인지도도 높고. 원칙과 소신을 가지고 정직하게 정치하는 롤 모델을 만들어 나가기 위해 선생님이 계속 정치를 해야 한다는 것이 제 생각이었어요. 의무적으로라도 나가야 한다고 설득했었죠. 여러 가지 정황상 결국 정치를 그만두셨지만 아쉽죠.

한편으론 제가 정치를 하게 된 결정적 계기가 되기도 해요. 남들한테만 미루고 나는 밖에만 있는 게 아닌가 생각하게 됐으니까요. 막상 정치를 하니 저 역시 당 활동은 어렵더군요. 정당 활동이라는 것은 원내 활동과 원외 활동을 포함하는데 의정 활동이야 내가 열심히 하면 되는 거지만 당 활동은 그렇지 않았죠. 조직을 관리하고 계보를 형성하고 자금을 마련하는 일은 비합리적이거나 상식을 벗어나는 경우가 왕왕 있어요. 저 역시 의정 활동에선 높은 평가를 받았지만 당 활동에선 한계를 느꼈어요.

직접 정치를 하다 보니 박영숙 선생님이 다시 보였죠. 원칙과 소신이 행해지기 어려운 곳에서 원칙과 소신을 지켜 내며 일하신 정말 모범적인 분이세요. 여전히 여성계의 대모로 여성계가 필요로 할 때 높낮이를 안 따지고 나서 주시는 선생님을 볼 때면 내가 저 나이가 되어서도 저렇게 할 수 있을까 스스로 질문하게 되요."

이후 그녀의 행보는 죄책감을 해소하기라도 하려는 듯 여성의 정치 참여의 당위성을 역설하며 시민 사회에서 여성 정치 실현을 위해 부단히 노력했다. 제17대 국회에 이르러 우리나라 의회 사상 처음으로 여성 의원 비율이 두 자리 숫자가 되었을 때 박영숙은 비로소 자신의 죄책감이 가라앉았다고 고백하기도 했다. 그녀가 내심 간직하고 있었던, '사람들은 각기 다른 역할을 하는 것'이라는 스스로의 소신이 입증된 것으로 느껴져 기쁘기도 했다. 국회 의석 비율은 민주 정치와 복지 정치에서 아주 중요하다. 그래서 유권자들의 투표권 행사는 매우 중요하다고 그녀는 강조한다.

최근 10대 소녀들과 유모차를 앞세운 젊은 주부들이 밝힌 촛불은 정치권과 기성 시민 사회 운동에 큰 변화의 바람을 예고하고 있다. 새로운 주체가 등장할 것이라는 설레는 예감에 박영숙은 기꺼이 그 길 위에서 소녀들과 손을 맞잡았다.

2007년 창립 20주년을 맞이한 한국여성단체연합은 박영숙에게 공로상을 수여했다.

"귀하께서는 여성연합 창립의 주춧돌을 놓으시고 정치 및 환경 분야로 여성 운동을 확장시켜 주셨으며 이제 한국여성재단을 이끌어 주시면서 선배로서, 든든한 후원자로 헌신하고 계시기에 여성연합 창립 20주년을 맞아 전국 회원 단체의 마음을 담아 이 패를 드립니다."

5. 영원한 현역이고 싶다

(1992~)

몽당연필과 BMW

박영숙은 지금도 몽당연필을 볼펜대에 끼워 쓴다. 시대극에서나
볼 수 있는 소품이지만 박영숙의 연필꽂이 절반을 차지하고 있는
건 손녀가 쓰다가 만 몽당연필이다. 박영숙은 자신 소유의 자동차
가 없다. 때때로 초면의 사람들이 뭘 타고 다니냐고 물어보면 베
엠베(BMW)로 다닌다고 한다. 일산 집에서 마을버스(Bus)를 타고 나
와서 지하철(Metro)로 갈아타고, 걸어서(Walking) 도착한다는 뜻이다.
2억 원짜리가 아니라 2천 원짜리 BMW에 사람들은 웃음을 터트
리기도 한다.

　그녀가 우면동에서 일산으로 이사한 건 우리 사회가 '사오정'
시대로 들어서면서였다. 이제 은퇴할 때가 되었나 보다 싶어 서울
에서 벗어나 호젓이 지내 볼까 하고 자리를 잡은 곳이 일산 끝자
락 대화다. 그런데 여기저기서 여전히 그녀를 불렀다. 함께 일을
하자고, 혹은 하는 일을 도와 달라는 요구들이 많아지다 보니 거
의 매일 서울로 출퇴근해야 하는 일이 생겼다. 특히 자주 가야 하
는 서교동의 한국여성재단 사무실까지는 대략 1시간 반에서 2시

간 정도가 걸렸다. 지하철에선 주로 책을 읽거나 회의할 내용을 정리하기 때문에 오히려 그 시간을 즐기는 편이다. 바쁘고 지쳐 있을 때 지하도를 오르락내리락하다 보면 입에서 욕이 나오기 마련이지만 만사는 생각하기 나름, 서울 시청광장 반대편으로 가려면 지하도를 이용할 수밖에 없던 때도 박영숙은 운동하는 기분으로 걸으면 아무런 부담이 없을 뿐만 아니라 고마운 마음이 들기까지 한다고 했다. 때로 마을버스가 늦게 도착하거나 눈이라도 오는 날 시간에 맞추느라 빨리 걷다 보면 땀이 흠뻑 나기도 한다. 하지만 자동차의 두 바퀴 대신 두 발로 걸어 온 덕분에 지구의 건강을 덜 해치고, 자신의 건강을 지켰다고 생각한다. 불편이 쌓여서 건강을 만든 것이다.

한국의 자동차는 1,540만 대. 3명 중 1명꼴로 자동차를 갖고 있고, 요즈음엔 매년 2~4% 늘어나는 추세다. 타고 다니는 차로 사람의 수준을 평가하는 사회에서 자동차를 소유하지 않는 것에는 분명한 가치관이 필요하다. 무슨 차를 탔느냐가 그의 인격을 대변한다는 텔레비전 광고를 보면 자동차 없는 사람은 그야말로 '사람 구실 못하는 놈'이 된다. 박영숙이 자동차를 소유하지 않는 것은 '가질 수 있어도 안 가진다'는 삶의 원칙 때문이다.

그녀는 '주는 사랑'은 아주 쉬운 거라고 말한다. 특히 요즘같이 모든 물자가 흔한 시대에 주는 건 아주 쉽다. 그녀 역시 손녀에게 이것저것 사 주고 싶은 할머니다. 그러나 '줄 수 있지만 주지 않는 것'이 더욱 귀한 사랑이라고 그녀는 생각한다. 욕망을 모두 실현시켜 주기보다는 스스로 욕망을 조절하고 다스릴 줄 아는 사람으로 키우는 것이 더욱 훌륭한 교육이라고 생각하기 때문이다. 모든 물건이 흥청망청 넘쳐나는 이 시대에 '가질 수 있어도 안 갖는다'는 건 의식의 변화를 통한 패러다임의 변화를 추구하는 태도다.

그녀는 정계에 입문하면서 비로소 전기밥솥 등의 가전 기기를 장만했다. 자신이 집을 비울 때 남편과 아들의 편의를 위해서였다. 수유리 시절 그녀는 펌프 물을 이용해서 빨래하는 것을 좋아했다. 펌프 물을 푸는 것이 운동도 되었지만 여름 한낮에 시원한 펌프 물에 빨래하는 것이 피서라고 생각했기 때문이다.

그녀는 음식을 버리지 못한다. 식구나 손님을 대접하고 음식이 남으면 냄비에 모아 두었다가 끓여서 먹곤 했다. 어느 날 친정어머니가 집에 오셨다가 그 냄비 음식을 드시는 것을 보고 어린 아들 재권이가 "그건 우리 엄마가 제일 좋아하는 건데." 했다는 이야기는 그녀가 두고두고 하는 말이다.

사실 그녀의 이런 태도는 의식적이라기보다 거의 무의식적인 것이다. 그러니까 몸에 완전히 밴 습관이다. 무엇이든 귀했던 어린 시절에는 모든 것을 아껴 써야만 했고, 전후의 폐허 시절에는 아주 작은 것이라도 나누어 써야 했기에 아끼고 절약하는 건 기본적인 삶의 태도였다. 그리고 산업화가 본격적으로 시작되고 물자가 넘쳐나기 시작할 무렵에는 환경 운동을 시작했기에 적게 쓰고 적게 버리고 한 번 사용한 것을 재활용하는 것이 그녀의 평생 생활양식이 된 것이다.

조금 먹고 조금 쓰고 조금 입는 일은 사실 박영숙 세대에겐 자연스러운 일이었다. 그렇지만 성장 제일주의 경제 체제에서 태어난 아이들은 소비에 대한 욕망의 바로미터부터 달랐다. 더구나 무엇을 소유했느냐가 그 사람의 존재를 규정하는 사회에서는 소비는 곧 인격과 정비례하는 일이 되기도 했다. 이러한 현실을 일찍부터 주목한 박영숙은 교회 여성들과 함께 일을 할 때 새 옷을 사입으면 '착복세'를 내는 것으로 의식적으로 소비에 각성하는 운동을 하기도 했다. 옷 한 벌 사 입는 것이 큰일은 아니었지만 환경 운동은 일상에서의 작은 각성이 연속될 때 가능하다는 것을 강조하는 일종의 의식이기도 했다.

1987년 7월 여성 운동가 박영숙을 인터뷰한 어느 잡지사의 편집장은 그녀를 세 번 만났는데 세 번 다 같은 군청색 치마에 흰 블라우스를 입은 변함없는 옷차림을 보고 기묘하게도 종교인 냄새를 맡았다고 했다. 그녀는 그저 세탁과 다림질이 되어 있나만 살폈지 날마다 무엇을 입을까를 고민하지 않고 살았던 것이다. 그런데 그녀가 옷에 관련해 고민하는 것이 한 가지 있다. 석유 에너지는 날로 그 값이 치솟고 있고, 화석 연료 사용에 따른 지구 온난화가 심화되고 있는데 다림질이 필요 없는 옷이 주로 석유를 원료로 하는 화학섬유로 만들어지고 있다는 점이다. 이런 고민은 이후 공정무역으로 이어지며 국내뿐만 아니라 아시아를 잇는 환경 운동으로 발전한다.

1990년 여당인 민자당이 지방 자치제 도입을 거부하자 당시 평민당 총재였던 김대중이 단식에 들어갔고, 야당 의원 전원이 의원 사퇴서를 제출하는 사태가 발생한다. 박영숙은 이 시기 평소 구상하고 있던 녹색의전화를 여의도에 개설하면서 환경 관련 일을 본격 시작한다.

　녹색의전화는 환경 문제를 집중적으로 다룬 최초의 핫라인이었다. 개설하자마자 많은 제보와 문의, 그리고 제안들이 들어왔다. 일조권 침해, 소음 공해 등의 문의 전화에 대해서는 일일이 상담을 해 주고 환경 훼손 신고가 들어오면 직접 방문해 현장을 시찰하기도 했다. 그녀는 이러한 고발과 제안들을 환경 보호를 위한 의정 활동으로 연결하고 정책화하기 위해 박차를 가했다. 환경청 시절, 이 과정을 통해 박영숙은 환경 관련 사안들을 정책에 반영하기 위해선 무엇보다 심도 깊은 연구가 이루어져야겠다는 생각을 하게 된다. 개인적인 권리에서부터 기업의 환경 훼손까지, 환경과 관련한 수많은 사례들을 직접 접하고 이를 실질적인 정책으로 입안하려 했던 박영숙이었기에 그녀가 1992년 브라질 리우데자네이로에서 개최된 지구환경정상회의에 참석한 건 당연한 수순이었다.

리우지구정상회의

1992년 브라질의 리우데자네이로에서 개최된 유엔환경과개발회의(UNCED)에 100여 명의 한국 환경인들이 참여했다. 박영숙은 한국 대표단의 공동 대표로 함께했다. 브라질은 1950년대에 이민 간 박영숙의 둘째 동생이 살고 있는 나라였다.

이 회의는 정부 대표들로 구성된 공식 회의와 민간단체가 주최가 된 '92 지구포럼(Global Forum '92)으로 나뉘어 진행되었다. 원래 준비 단계에서는 유엔 관련 회의 역사상 처음으로 정부 대표들과 민간 대표들이 한 자리에서 회의를 하게 되어 있었다. 환경 문제 해결은 핵 개발과 군축 문제에서처럼 국가 정상들의 협의만으로 성취되는 사안이 아니기에 비영리/비정부 단체들과 함께 21세기의 지구 환경 보전을 위한 행동 강령인 '의제 21'을 합의해 내기 위해서였다. 그러나 의제 합의에 실패했기 때문에 최종 준비 회의에서 결렬되고 말았다. 결과적으로 리우 회의에서는 정부와 민간에 의해 각기 별개의 행동 강령과 지구 헌장이 만들어진다.

이 회의의 뿌리인 1972년의 스톡홀름 인간과환경회의가 냉전

체제하의 핵 위험 속에서 옛 소련과 동구의 위성국들이 불참하는 동서 갈등으로 얼룩진 회의였다면, 1992년의 리우 회의는 서구의 논리에 대항하는 제3세계의 준비된 목소리가 강력하게 드러나면서 동서 대립이 남북 대립으로 이전하는 양상을 보인 회의였다.

지구 환경이 더는 훼손되어서 안 된다는 인식은 누구나 하고 있으나 그것을 해결하기 위한 실천 사항의 합의 도출은 쉽지 않은 것이 현실이다. 국제 정치·경제·사회 구조 및 체제가 '남북 간의 이해 대립'과 '국가 간의 이해 대립'을 뛰어넘을 수 없게 되어 있기 때문이라고 박영숙은 진단한다. 지구 환경을 위한 리우 회의가 경제 외교의 각축장이 되어 버린 현장을 목격하며 그녀는 '지구는 하나이나 세상은 하나가 아니다.'라는 사실을 실감하며 새로운 연대와 지속 가능한 개발을 모색한다.

크고 작은 환경 관련 국제회의들이 빈번하게 개최되고 문제 해결을 위한 실천 계획들이 수립되고 다양한 협약들이 양산됨에도 불구하고 지구 환경은 스톡홀름 회의 후 40년간 계속 악화 일로였고, 인류는 그 폐해를 체감하기에 이르렀다.

미국을 위시한 서방의 주도로 이루어진 반쪽짜리 회의긴 했지만 1972년 스톡홀름에서 '지구는 하나'라는 주제하에 개최된 인간과환경회의는 지구 환경의 위기를 처음으로 공식화한 국제 회의였다. 그 결과 1982년 유엔에 환경계획기구(UNEP)가 설치되고 세계 115개 국가의 행정부에 환경 전담 부서가 창설되는가 하면 관련법들도 제정되었다. UNEP가 1983년 구성한 환경과개발세계위원회(WCED)에서는 수년간의 연구 조사 결과 「우리의 공동 미래」

라는 보고서를 내놓았다. 21세기의 지속 가능한 발전을 위한 장기적인 환경 전략을 제시하는 지침서로 오늘날 중요 화두로 부상한 '지속 가능한 발전'이란 개념도 이 보고서에서 찾아볼 수 있다. 이 위원회는 또한 지구 환경 보전을 위한 국제적인 협력관계를 구축하기 위한 국가 정상들의 국제회의를 제창함으로써 '92지구정상회의를 이끌어 냈다.

리우 회의에는 정원식 국무총리를 비롯한 178개국 정상들과 그 수행원들, 그리고 한국 참가자 100여 명이 포함된 3만여 명의 각계각층의 민간 대표들이 참여했다. 온 세계 미디어의 카메라와 마이크가 총집합한 대규모 회의로 6월 3일에서 14일까지 공식 회의장인 리우센트로와 지구포럼이 열린 플라밍고 해변은 그 열기로 뜨겁게 달구어졌다.

회의 결과 우여곡절 끝에 21세기 지구 환경 보전을 위한 행동강령인 '유엔 의제 21'이 합의됐다. 국가 단위의 '국가 의제 21'은 물론 지방 정부 단위의 '지방 정부 21'도 필히 정부와 기업 그리고 시민 사회가 공동으로 합의해서 제정해야 한다고 결론 내림으로써 국가 정부와 지방 정부가 '협치(거버넌스)'의 운영 방식을 시험하게 하는 계기를 만든 것은 큰 성과였다. 유엔은 또한 1994년에 각 나라 의제 21의 이행 실적을 점검하기 위한 유엔지속가능발전위원회(UNCED)를 출범시킨다. 이는 자국의 지속 가능 발전 상황을 유엔에 보고해야 한다는 것을 의미한다.

한국 참가자들은 지구포럼을 중심으로 회의의 흐름을 파악하는 데 주력하는 한편 다양한 이벤트에도 참여하면서 두각을 나타

냈다. 민간단체들의 접근이 통제된 리우센트로 회의장 앞에서는 끊임없이 행동 강령에서 배제된 의제들을 포함하라는 시위가 이어졌고, 박영숙은 여기에 가담하기 위해 먼 거리를 마다 않고 뛰어다닌다.

특히 한국의 사물놀이는 군중의 이목을 일시에 집중시키는 훌륭한 역할을 해냈다. 한국 대표단원들은 사물놀이를 앞세우고 '핵 반대(No Nuclare)' '전쟁 반대(No War)'의 플래카드와 피켓을 들고 가두시위를 벌였는데 최열과 박영숙은 늘 이 시위대의 가장 선두에 서 있었다. 어떤 날은 지프를 타고 거리를 누비며 "미국의 대통령 부시는 회의에 참가하라!"는 구호를 외치기도 했다. 기자들이 달려와 인터뷰를 요청하기도 하고 다른 나라 참가자들이 몰려오기도 했다. 박영숙은 기꺼이 이야기꾼이 되어 환경과 관련한 이야기들을 신나게 풀어 놓았다.

눈앞에 있는 미국 대선에서 재선을 노리고 있는 부시 대통령으로서는 유권자들의 표심 얻기에 혈안이 되어 있었다. 그래서 부시로서는 미국의 이익에 불리한 기후 변천 협약, 에너지 절약 등이 논의되는 회의에 참석하기가 쉽지 않았다. 회의 기간 중간에 나타난 부시가 처음 내뱉은 말은 "한 나라의 생활수준은 흥정 대상이 될 수 없다."였다. 미국의 오만을 드러내는 그 말을 들으며 한국 정부는 회의 폐막 하루 전인 6월 13일 기후변화협약과 생물다양성협약에 전격 서명한다. 대세를 거스를 수 없어서였다. 그래서 한국은 기후변화협약은 152번째, 생물다양성협약은 154번째로 서명하는 꼴찌 서명국이 된다.

크리스챤아카데미 실무자로 이 회의에 참여하며 박영숙과 한 방을 썼던 장우주는 그녀를 이렇게 기억했다.

"리우에서 같은 방을 썼는데 좀 어려웠죠. 저는 막 시민 단체 일을 시작하는 햇병아리였고 선생님은 워낙 어른이셨잖아요. 늘 새벽에 일어나 머리를 감으시고 세팅 롤을 딱 말고 그날 할 일을 점검하셨어요. 저야 한창 젊을 때니까 밤늦게까지 다른 나라 활동가들과 만나 술 마시고 하다 보면 아침에도 늦게 일어나기 일쑤였거든요. 선생님은 그런 거 절대 없었어요. 술 한 모금도 안 하시고 그날그날 일정에 따라 정확하게 움직이셨거든요. 젊은이보다 훨씬 더 열심히 회의에 참석하고 꼼꼼하게 메모하고 인터뷰하고 그러시더라니까요. 지금도 생각나요. 머리에 세팅 롤을 말고 자료 읽으시던 모습이요."

그로부터 2년 후 영국 맨체스터에서 '1994 지구포럼'이 개최되었다. 이 포럼은 지방 정부 대표들과 민간단체 대표들이 모여 '지방 의제 21'의 실현을 위한 정보와 기법 교류를 하는 자리여서 경제 외교 각축에 신경을 쓰지 않아도 되었다. 우리나라에서는 최상철, 유재현, 박영숙 등을 비롯한 여러 민간단체 대표들이 함께했다.

1997년 6월에는 미국 뉴욕 유엔빌딩에서 '리우+5'의 유엔환경특별총회가 개최되었다. 의제 21의 5년간의 성과를 점검하고 향후대책을 마련하기 위한 회의였다. 박영숙은 서울녹색시민위원회 위원장 자격으로 이 회의에 참여했다. 그러나 이 회의는 의제 21의 실천 의지를 담아 내는 '정치적 선언문' 합의에 실패해 비난을 면치 못했다. 박영숙이 지금도 기억하는 것은 매일 아침 회의장 로비를 점령한 여성 참가자들이 '실천'이라는 구호를 목청껏 외치며 합의를 촉구하던 일이다.

리우 회의 이후 10년이 지난 2002년에는 '리우+10'이라는 세계 지속가능정상회의(WSSD)가 남아프리카 요하네스버그에서 열렸다. 194개국 정부 대표단, 86개 국제회의 기구 및 NGO 등 4만 여 명이 참가한 대규모 회의였다. 한국에서도 외무통상부 장관을 수반으로 하는 정부 관계자, 민간단체 활동가, 언론인을 포함해 400여 명이 참가했다. 환경 회의에 환경부 장관이 아닌 외무통상부 장관이 정부를 대표해 참석했다는 것은 한국 정부의 환경 인식의 정도를 가늠해 볼 수 있는 좋은 잣대다. 박영숙은 지속가능발전위원회에 속해 있던 관계로 국가 대표단의 일원이 된다.

이 회의는 1997년 유엔환경특별총회에 5년이라는 기간이 추가된 같은 목적의 회의였다. 적어도 정치적 선언문조차 합의해 내지 못한 특별총회의 전철은 밟지 않아야 했다. 각국 대표들은 지구 환경이 계속 악화되고 있는 것은 행동 강령의 실천이 따르지 않기 때문이라는 데 공감하며 10개항의 실천 계획을 합의하고 그 실천 의지를 표명하는 '정치적 선언문'을 채택한다.

이 회의에서 박영숙이 특별히 눈여겨 본 것은 지방 정부 세션의 회의 열기였다. 예상보다 넓은 회의장으로 장소를 옮겨야 할 만큼 회의가 성황을 이루었다. 그것은 지방 자치 단체들이 의제(agenda)에서 행동(action)으로 상황 변동이 일어나고 있음을 보여 주는 것이었다.

미국에 대한 제3세계와 NGO의 거센 반발로 참가자 수가 5만 여 명에서 3만 명으로 줄어든 탓에 집회장 분위기가 다소 가라앉아 있었는데, 이 회의에 참가한 한국 대표단은 일본 대표단과 함께 돋보이는 활동을 전개해 집회장에 열기를 불어 넣었다.

　　이 회의가 국제 사회에 남긴 화두는 '대형 국제회의 무용론'이 었다. 목전의 국가 이익에 집착하고 있는 정부나 이윤을 추구해야 하는 기업에게 미래 지향적인 지구 환경 개선 또는 인간의 삶의 조건을 우선 과제로 선택하라는 것은 사실 모순과 자가당착에 빠지라는 꼴이다. 그러므로 오늘의 지구 환경 문제 해결과 미래 세대의 생존권 확보는 NGO에게 기대할 수밖에 없다는 것이 회의의 결론이었다. 환경 관련 NGO는 국제적으로는 그린피스(Green Peace), 지구의친구들(Friends of The Earth)이 있으며 우리나라에는 환경운동연합, 녹색연합, 환경정의, 종교 단체의 환경 지킴이들, 그리고 박영숙이 으뜸지기로 있는 여성환경연대 등이 있다.

　　유럽연합의 몇 나라를 제외한 여러 나라의 환경 정책이 경제와 개발 정책에 밀리고 있는 것이 현실이다. 한국 역시 환경 정책을 제대로 이행한 정부는 없다고 볼 수 있다. 또한 명목상의 형식적인 환경 정책마저 실종 위기에 처해 있다.

　　새만금 살리기와 천성산 살리기를 위해 종교인들이 길거리에 나서고 목숨을 건 항의를 해도 정부는 꿈쩍도 하지 않는다. 오히려 엄청난 대형 개발 사업 계획을 쏟아 내고 있다. 이에 환경 단체들은 환경 운동 사상 처음으로 2004년 11월에 비상시국선언을 하기에 이른다. 소통이 불가한 정부와의 전쟁을 선포한 것이다. 박영숙은 이 상황에서 환경인으로서의 자리를 확실하게 지킨다.

　이 시국 선언을 두고 사회 일각에서는 먹고살기도 힘이 든 판에 웬 환경 타령이냐는 말들도 적지 않았다. 노동자, 농민, 실업자 등이 생존권을 찾기 위한 목소리를 높이는 가운데 환경 지킴이의 목소리가 힘을 받기 어렵다는 사실을 박영숙은 모를 리 없었다. 그런데도 비상시국을 선언하고 행동으로 나선 것은 미래 세대에게 재앙을 물려줄 수 없다는 위기 의식에서였다.

공부의 즐거움

1993년 어느 봄날 늦은 밤 박영숙은 당의 최고위원 경선에서 패배하고 집으로 돌아온다. 텔레비전으로 전당 대회를 지켜보았다는 안병무는 대뜸 박영숙에게 이렇게 말한다.

"당신의 정치 생명은 여기까지요. 정치는 그만 접고 유학을 가시오."

그가 아내에게 유학을 권한 건 누구보다 박영숙의 성향을 잘 알았기 때문이었으리라 짐작해 볼 수 있다. 정치를 더 하는 건 개인 박영숙에겐 가혹한 일이었고 지금이 정계를 떠날 적절한 시기라고 판단했던 듯하다. 그와 함께 안병무는 박영숙의 이후 삶에 대한 비전을 환경 운동으로 내다보았다. 정계를 떠나야 한다는 판단과 함께 박영숙의 이후 삶에 대한 비전을 만들기 위해서였다.

"사람은 죽는 날까지 일해야 하는데 내가 아는 당신은 환경 관련 일을 하는 것이 좋을 것 같소. 그 일을 하려면 전문성이 있어야 하오. 그러니 공부하러 떠나시오!"

안병무는 어디에 가서 공부할 것인가도 생각해 두고 있었다. 사실 안병무가 10년간 유학했던 독일로 간다면 그의 네트워크를 활용해 많은 도움은 받을 수 있겠으나 박영숙이 독일어를 시작해서 공부한다는 건 무리였다. 조카들이 살고 있는 미국도 쉽게 생각할 수 있는 곳이었지만 안병무는 미국을 제외했다. 1990년 미국 버클리대학교에 한 학기 강의하러 갔던 안병무가 병이 악화돼 그곳에서 심장 수술을 받은 적이 있었다. 정기 국회 회기 마감을 며칠 남겨 놓고 박영숙은 캘리포니아로 달려갔다. 그때 안병무는 정계 진출에 관심 있는 그곳 사람들이 그녀를 병간호만 하도록 그냥 두지 않는 것을 보았던 것이다.

미국에서 공부한다는 것은 정계를 떠날 수 없게 만들지도 모를 일이었다. 결국 유학지로 영국을 선택했다. 안병무가 독일 유학 당시 영국 옥스퍼드에서 한 학기 공부한 인연도 있지만 1992년 대통령 선거에서 실패한 김대중, 이희호 부부가 그곳 케임브리지 대학에서 연구 생활을 하고 있는 터라 일단 그들을 방문하고 정계를 떠난다는 인사를 하고 학교를 골라 공부하는 것이 어떠냐는 것이 안병무의 의견이었다. 박영숙은 망설였다. 당시 안병무의 건강 상태는 매우 좋지 않았다. 10년 동안 고생하던 심근경색증이 나날이 악화되고 있었다. 환갑을 넘긴 나이에 국내도 아닌 이국땅에서 공부를 한다는 것도 쉬운 일이 아니었지만 와병 중인 남편을 두고 유학을 떠난다는 것은 마음 편한 일이 아니었다. 그러나 안병무는 완강했다. 결국 박영숙은 본격적으로 환경 공부를 하기로 결단하고 영국으로 떠난다. 떠나던 날 환자복 위에 가운을 걸친 안병무가 대문 앞에서 손을 흔들던 모습은 아직도 박영숙의 눈에 선하다.

어느 학교에서 공부할 것인가도 정하지 못한 채 일단 케임브리지에 머물고 있는 김대중과 이희호를 방문하러 간 박영숙은 그곳에서 공부하기로 결정한다. 짐을 푼 박영숙이 우선해야 할 일은 지도 교수를 찾는 일이었다. 일단 서점에서 케임브리지대학교의 강의 목록집인 『레포터(Reporter)』를 구입해 가장 적합한 교수로 수전 오웬을 선택했다. 그녀에게 전화를 걸었는데, 면담 일자를 정하는 데 시간이 많이 걸렸다. 강의 외 시간은 환경 관련 국제기구 활동에 할애하고 있어서 좀처럼 시간을 내기 어려웠기 때문이다. 그래도 다행히 오웬은 단번에 지도 교수가 될 것을 수락하고 같은 대학 지리학과 학장을 만나게 해 주었다. 뜻밖에도 그는 학위를 위한 공부도 할 수 있다고 말했다. 박영숙은 일주일간의 말미를 받고 사무실을 나섰다.

박영숙은 곧장 집에 전화를 걸었다. 안병무는 그녀에게 귀국 후 대학 강단에 서겠느냐고 되물었고, 그녀의 답은 "아니오."였다. 안병무는 그러면 자유롭게 공부만 하는 것이 좋겠다는 조언을 했다. 영국 대학 제도는 칼리지에 소속되어야만 대학에 등록하고 연구할 수 있었다. 그녀는 김대중이 속했던 클레어홀의 연구원으로, 그리고 케임브리지대학 지리학과에 적을 두고 국제 환경 정책 공부에 몰두했다.

안병무는 일주일에 두세 번씩 전화를 걸어 공부를 체크했다. 그의 자상한 배려와 적극적인 지지, 지원으로 박영숙은 공부에 열중할 수 있었고, 공부가 끝날 무렵 클레어홀의 평생 연구원 자격을 얻는다. 1년 반 동안 전 과정을 거치며 공부하는데 그렇게 재미있을 수가 없었다. 수업은 교수가 정해 준 책 목록에 따라 책을 읽고 세미나를 하는 식으로 진행되었는데 박영숙은 보조 텍스트까지 꼼꼼하게 읽으며 연구에 임했다. 학창 시절 제대로 못한 공부를 한꺼번에 해치우는 것처럼 몰입해서 공부하는 그녀를 보며 주위 동료들이 감탄할 정도였다. 낯선 환경과 모국어도 아닌 텍스트들이 힘들 법도 하건만 케임브리지에서 보낸 시간은 박영숙에게 더없이 행복한 기억으로 남아 있다. 하고 싶은 공부를 하면서 왜 사람이 평생 학습자로 살아야 하는지 깨닫는 순간 순간이었다.

이 시기에 박영숙은 또 다른 연구의 기회를 얻었다. 케임브리지의 휴가 기간을 이용해서 미국 국무부가 제공한 폐기물 관련 연구 활동을 하게 된 것인데, 이 기간은 그녀가 지금까지도 전문성을 발휘하면서 활동할 수 있는 토대를 마련해 준 행운의 시기였다.

박영숙이 연구 생활을 막 시작할 무렵, 김대중 부부는 귀국길에 올랐다. 이는 곧 그녀가 정치권에서 완전히 벗어나는 계기였다. 박영숙과 김대중은 정치적으로 서로를 신뢰하는 관계였고, 사실 그녀에 대한 김대중의 신뢰는 절대적이었다. 그것은 13대 국회 당시 그녀가 조사 활동을 가장 많이 한 정치인 가운데 하나라는 것을 보아도 알 수 있다. 김대중은 어떤 사람한테 일을 맡겨 잘 해내면 계속 그 사람한테 맡기는 스타일이었다. 그래서 중요한 사건이 한꺼번에 터질 때는 서너 건의 조사 활동을 모두 그녀에게 맡기는 바람에 오히려 박영숙이 "이 사안은 저보다 다른 사람이 더 적절합니다." 하고 말해야 할 정도였다. 활동에 필요한 비용도 모두 지원했다. 남성 정치인들과는 달리 정치 후원금도 넉넉지 않았던 박영숙에 대한 상관으로서의 배려였다. 그러한 지원은 박영숙뿐만 아니라 재야에서 정계에 입문한 새내기 정치인 모두에게 주어졌다.

국회의원 시절 박영숙은 정치인으로서 미숙하기도 했지만 정치적인 야심이 없었기에 누구에게나 직언을 하는 것을 주저하지 않았다. 김대중 총재도 "박 부총재는 어떻게 그렇게 내 마음을 쏙쏙 쑤시는 고언을 하십니까?" 할 지경이었다. 그녀가 본 김대중은 한번 말한 원칙을 쉽게 어기지 못하는 사람이었다. 원래 정치인이란 아침에 한 말을 저녁에 뒤집기도 하지만 김대중은 그렇지 못한 사람이었다. 어떤 사람에 대한 평가는 종종 그가 어려움에 처했을 때 잘 드러나는데 김대중은 원칙론자로 예측이 가능한 정치인이었다. 물론 전략을 실행하는 과정에서는 그 역시 정치인임에 틀림이 없었지만 사리에 어긋나는 정치를 하는 사람은 아니었다. 어쨌든 김대중 부부는 다시 귀국길에 오르고 박영숙은 본격적으로 연구 활동에 전념한다.

케임브리지에서 연구 생활에 몰두하면서도 박영숙은 안병무의 안위에 늘 마음 졸이고 있을 수밖에 없었다. 집에서 전화가 걸려 오면 일단 가슴이 내려앉았다. 안병무가 의식을 잃거나 지병 상태가 악화되었다는 전화를 받고 비행기를 탄 것만도 세 번이었다. 서둘러 서울로 돌아와 병원에 달려가면 안병무는 힘없는 얼굴로 그녀를 맞거나 의식이 없거나 했다. 하지만 다시 조금만 회복되면 그녀에게 케임브리지로 돌아갈 것을 종용했다. 망설이고 있으면 조카에게 비행기 표를 끊어 오게 해 기어이 다시 보냈다. 케임브리지로 향하는 비행기에 오른 그녀는 안병무의 뜻을 생각하며 그 배려와 헌신에 목이 메었다. 박영숙에게 뿐만 아니라 그는 가족 한 사람 한 사람에게 그가 없는 세상을 살아갈 수 있도록 준비시켰다. 박영숙이 유학할 때 조카인 김정림도 국내에서 경영학 석사 과정을 마치도록 했는데, 이는 생활 능력이 없는 박영숙을 고려한 측면도 있다. 어쨌든 안병무는 박영숙이 과정을 끝까지 제대로 마치고 돌아오기까지 견뎌 주었다.

해직과 투옥 그리고 악화되는 건강에도 굴하지 않고 이 땅에서 예수의 얼굴 하나만을 찾고자 했던 안병무는 박영숙이 돌아오고 1년 반이 지난 1996년 10월 19일 세상을 뜬다. 그의 임종에는 많은 사람들이 참여해 그의 마지막 길을 지켜보았다. 산소마스크가 대화를 막았지만 안병무는 눈빛으로 다정한 인사를 모두에게 일일이 나누어 주며 시간을 끌고 있었다. 아마도 영국 에딘버러에서 공부하던 재권이 귀국길에 있음을 알고 기다리는 눈치였다. 아니나 다를까 재권과 눈빛 대화를 한 후 얼마 안 있어 안병무는 눈을 감는다. 재권은 다시 영국으로 돌아가지 않는다. 그리고 2년 후인 1998년도 12월 26일 노동법을 전공한 박은정과 결혼하고 2001년에 첫 딸 수완을 얻는다.

안병무의 임종 전후를 세심히 지켜보며, 박영숙은 평소 갖고 있던 죽음에 대한 불안감을 떨치고 죽음을 삶의 한 과정으로 인식하게 된다. 죽으면서까지 안병무가 그녀에게 남긴 선물이라고 박영숙은 생각한다. 안병무의 임종에 함께하고 있던 많은 사람들이 반

농담조로 "안 선생님이 나만 사랑하는 줄 알았는데."라고들 할 만큼 인간에 대한 안병무의 깊은 애정과 돌봄은 각별했다. 박영숙이 말했다.

"뭘 그러세요. 나도 백분의 일에 불과한데요."

무심히 나온 말이었지만 진실이기도 했다. 안병무는 혈연 가족이라고 해서 더 사랑하거나 배려하지 않았다. 그런 안병무가 박영숙에게 속말을 한 것은 투옥 중에 그녀에게 날린 '비둘기'에서였다. 비둘기란 옥중에서 몰래 띄우는 메모를 지칭하는 것이다. 그녀는 출옥 후 10년이 지나도록 안병무 앞에서 비둘기 이야기를 꺼내지 않았다. 박영숙이 안병무와 같이한 30년 세월 동안 마음에 새기고 있었던 것은 결혼 때문에 남편이 노선을 굽혀서는 안 된다는 것이었다. 그리고 사랑한다는 말을 내뱉지 못하는 안병무가 쑥스러워하지 않도록 배려한 것이다. 어느 날 비둘기에 대해서 말을 먼저 꺼낸 것은 안병무였다. 자기가 사랑한다는 말을 한 적이 있노라고.

안병무가 박영숙에게 불만을 나타낼 때 박영숙이 "나와 결혼한 것을 후회하세요?" 하면, 그는 이렇게 대답했다.

"지금 고르라고 해도 나는 너를 택할 거야."

또 그는 박영숙에게 이런 말을 하곤 했다.

"영숙이 가장 아름다운 때는 책을 보다가 그 사이에 끼워 놓은 돋보기를 볼 때야."

그는 늘 박영숙을 마음에 두고 있었다.

녹색 거버넌스

리우 회의에서 돌아온 박영숙은 사단법인 한국환경·사회정책연구소를 창립한다. 국회의원 이해찬, 원혜영, 경제학자 변형윤, 박영숙 등 당시 환경 문제에 대한 공감과 이해를 같이하고 있던 이들이 힘을 합쳐 만든 이 연구소의 목적은 정책 세미나를 개최해 정책 대안을 마련하고 각 의회를 통해 정책화하는 일이었다. 또한 정책 교실을 개설하여 일반 시민의 환경 의식을 고취하는 일, 전문 연구자들과 시민이 열람할 수 있는 자료실을 운영하는 것도 주요한 목적이었다.

지금이야 환경 운동 단체들도 나름대로 연구실을 갖추고 있지만, 제대로 된 연구소가 없던 당시 환경·사회정책연구소는 한국 환경 정책과 복지 정책의 산실 역할을 톡톡히 했다. 자료 목록집 발간, 시민 건강 보호를 위한 대기 오염 물질 노출 정도 모니터링, 미세 먼지 예보 및 경보제에 대한 시민 모니터링, 오존 예보제 실효성 평가, 새집·새차 증후군에 대한 시민 참여 모니터링 등 환경과 관련해 한국 사회에서 일어난 일들을 빠트리지 않고 점검했다.

이 과정에서 무엇보다 중요시한 건 환경과 관련한 정책 대안을 모색하는 것이었다. 여러 나라의 환경 정책을 공부하고 시찰한 박영숙은 한국 환경 운동의 강점을 환경 단체들의 열정과 적극적 활동이라고 판단했다. 다만 문제 인식에 비해 대안 제시가 미흡하기 때문에 적극적인 정책 토론회를 개최하는 것이 무엇보다 필요하다고 생각하고 한국환경·사회정책연구소의 이름으로 활발히 토론회를 개최했다. '오늘의 쓰레기 문제'로 첫 정책 토론회를 연 후 연구소는 지속적으로 환경과 관련한 토론회를 개최하고 이를 바탕으로 '정책' '대안'을 만들어 내는 데 주력했다.

이때 중요한 건 생태 효율성을 통한 지속 가능한 발전을 제시하는 것이었다. 경제 성장에 브레이크를 걸면 기업과 정부뿐 아니라 일반인들까지도 거부감을 갖거나 지나치게 비현실적이라고 생각하게 된다. 따라서 생태 환경을 보호하는 것이 가장 효율적인 성장임을 강조하면서 정부와 기업, 시민들의 동의를 얻어 내는 것이 중요했다.

또한 정책 결정 과정과 집행 과정에 지역 주민들이 직접 참여할 수 있는 길을 여는 것 역시 연구소의 주요 활동이었다. 팔당댐 상수원 수질 보전 대책을 마련할 때도 행정 요원들은 수질 개선의 기술적인 측면에만 관심을 갖는 데 반해 연구소에서는 어떻게 하면 주민이 참여해 환경 개선을 좀 더 효과적으로 이루어 낼 수 있을까에 관심을 두었다. 그래서 사안별로 공청회를 열고 정책을 평가하고 입안하는 과정에 주민들의 역할이 포함되도록 방법을 모색했다. 이 과정에서 주민들이 환경 문제에 일상적으로 참여하도록 녹색수첩을 제작해 배포하는 등 다양한 시민 참여 활동을 전개한다.

이렇게 정책 토론회를 통해 나온 결과는 국회에서 또는 지방 의회에서 정책화할 수 있도록 정치적 네트워크를 형성했다. 특히 지방 자치가 실시된 이후로는 지방 의회 의원들과 지방 정부의 정책 담당자들이 이 결과물들을 적극적으로 활용할 수 있도록 모든 자료를 공개했다.

자료 공개는 특히 환경 단체들의 적극적인 호응을 얻었다. 당시 많은 민간단체들이 정부 관련 문건을 열람하려고 해도 자료에 접근할 수가 없었다. 국민의 알 권리와 국민의 국정 참여 확보 그리고 참여 민주주의 실현에 있어서 정보 공개 제도는 필수적이다. 그런데 그 당시는 정보 공개 제도가 제대로 실현되지 않았다. 정보 공개 제도 없이는 지속 가능 사회 유지에 필요한 시민, 기업, 정부의 대등 협력 관계를 이루어 낼 수 없다고 생각한 박영숙은 연구소가 가지고 있는 자료를 모두 공개하는 것을 원칙으로 했다. 원혜영, 이해찬, 박영숙 모두가 현역 국회의원으로 활동하며 수집한 자료들 중에는 일반 국민이 구하기 힘든 자료들도 많았다.

1993년 가을부터 연구소는 계간 『환경과 사회』를 발간한다. 이 잡지에는 환경·복지·여성·보건·노동 등 삶의 질에 직결되는 제반 사회 문제를 다룬 학자들의 연구 논문이 발표되었다. 박영숙도 창간 특집호에 「미국의 폐기물 관리 정책과 재활용 사업」이라는 논문을 발표했는데 그때가 한창 쓰레기 문제가 크게 부각되던 때여서 관련 부처나 환경 단체의 활동에 도움이 되었다는 평가를 받앉다. 3호에는 국제적인 환경 동향을 바탕으로 「지구 환경과 정치 경제학」을 발표했고, 9호에는 「폐기물 통합 관리와 소각 정책의 쟁점」이라는 논문을 게재했다. 박영숙이 영국에서 공부한 분야는 지구 환경 정책이었는데, 그 당시 미국 - 아시아 환경 친선 교환 프로그램에 참여하면서 연구한 것은 폐기물 관리였다. 어느 분야 나 그렇겠지만 특히 환경 문제는 열정과 의지만으로 해결되지 않는다. 오랜 세월 현장에서 쌓은 경험과 예순이 넘은 나이에 본격적으로 한 공부는 그녀가 환경 전문가가 되는 데 결정적인 역할을 했다.

계간지는 9호까지 만들고 재정상 더 유지할 수가 없어 폐간되지만, 이후 15년 동안 박영숙은 소장직과 이사장직을 맡아 재정과 조직 관리는 물론 연구자의 역할까지 1인 3역을 해낸다. 특히 환경 문제는 짧은 시간 내에 가시적인 성과를 기대하지 못한다는 걸 잘 알고 있던 박영숙은 갈등과 시행착오마저도 기꺼이 수용하고 다음 단계로 넘어가기 위한 디딤돌로 여기며 일했다. 한번 시작하면 몸을 바쳐 헌신적으로 일하는 그녀의 품성은 환경 문제를 풀어 나가는 데 가장 적합한 스타일이었다. 특히 한국처럼 경제 성장 위주로 국가 정책을 입안하고 집행하는 국가에서 그나마 환경을 배려하는 정책들이 만들어지는 건 누가 뭐라 해도 우직하게 한길을 가는 개인이나 단체가 있기 때문인데, 그 한가운데 박영숙이 늘 처음처럼 푸르게 서 있었다.

박영숙이 케임브리지에서 공부를 마친 1994년 6월 영국 맨체스터에서 '94 지구포럼이 개최되었다. 리우 회의 이후 2년 만이었다. 박영숙은 이 포럼에 참석하기 위해 귀국 일자를 늦췄다. 지방 정부 대표와 NGO들의 포럼이었기 때문에 그야말로 지구 환경을 살리는 구체적인 대안들이 모색되었다. 한국에서도 정부 연구 기관 대표들이 10여 명 참석했다. 박영숙은 이들과 함께 포럼에 참여하면서 리우 회의가 끝난 지 2년이나 됐는데 한국은 의제 21의 논의조차 하지 않았음을 반성하고 귀국하는 대로 착수하기로 한다.

포럼 참가단은 귀국 즉시 공개 토론회를 개최하고 중앙 정부와 지방 자치 단체에게 의제 21을 제정할 것을 촉구한다. 마침내 한국에도 지방 자치 단체들이 의제 21을 만드는 작업에 들어갔다. 다른 국가들에 비해 상당히 늦게 발동했지만 그렇게라도 할 수 있었던 건 박영숙을 비롯한 맨체스터 포럼에 참여했던 사람들의 노력이 있었기 때문이다. 1996년 10월에 한국의 '국가 의제 21'이 제정되었고, 1997년 6월 5일 제25회 세계 환경의 날에는 '서울 의제 21'이 선포되었다. 붐을 일으키며 추진된 '지방 의제 21' 제정 성과는 2002년에는 지자체의 94%가 의제 작성을 완수하기에 이르렀고, 2002년의 WSSD에서 '가장 우수한 실천 사례'로 선정된다. 이러한 성과를 올리게 되는 데는 염태영이 사무처장으로 실무를 담당한 '지방 의제 21 전국협의회'의 역할이 컸는데, 박영숙은 협의회의 고문으로 활약했다.

박영숙이 영국 유학에서 귀국한 즈음 한국은 단체장에 한정된 것이지만 지방 자치제가 막 실현된 때였다. 조순이 서울시장에 당선되고 이해찬이 정무 부시장이 되었다. 이해찬은 평민당 시절부터 박영숙과 여러 가지 일을 같이하고 특히 환경·사회정책연구소를 함께한 이다. 박영숙이 바라보는 이해찬은 여러 부문의 능력이 뛰어나 어떤 일을 하든 업적을 남기는 사람이었다. 이해찬은 조순 시장의 3년 임기 동안 서울 시정의 정책을 법적으로 확정짓는 작업에 착수한다. 시정 역사상 유례없이 부시장, 실국장, 그리고 16개 부서의 담당자가 한자리에 모여서 정책 논의를 통합적으로 진행했고 각 부서에 민간 전문가 3명씩을 배치해 자문을 받도록 했다. 서울시의 각 부서 관료들은 그때까지 자기 부서의 일만 했지 다른 부서 사람들과 정책을 논의하는 회의를 한 번도 해 본 적이 없었다. 영역을 넘나들며 협력하는 경험이 전무한 이들에게 다른 부서 사람들을 만나 협의와 논의를 할 수 있는 구조는 총체적 시정을 가늠해 볼 수 있는 기회이자 경험이었다. 부시장 이해찬의 독창적인 구상으로 부서 간 경계를 넘나들고 공무원과 민간 분야 전문가들이 서로 만나 정책을 입안할 수 있는 자리가 만들어진 셈이었다.

이때 박영숙은 환경 부서의 민간 분야 전문가로 서울시의 환경정책을 만들어 내는 일에 참여한다. 박영숙은 일단 행정, 기업, 시민이 함께하는 거버넌스 체제의 위원회 구성을 제안하는데 이렇게 만들어진 것이 녹색서울시민위원회다. 정부 측에서는 시장, 기업 측에서는 대한상공회의소 회장, 시민 측에서는 시민 대표가 공동 대표가 되는 구도였다.

그런데 첫 위원회 구성에서는 정부 측 공동 대표를 환경국장으로 하자고 서울시가 고집을 부렸다. 박영숙은 시장이 공동 대표직을 맡아야 한다고 강력히 주장했다. 이는 동등한 파트너로서의 위상을 찾으려는 의도도 있었지만 실질적인 행정 업무 때문이기도 했다. 이런저런 사안들이 결정되고 문서를 만들어 올리면 다음 날 결재 과정에서 무효가 되는 경우가 한두 번이 아니었다.

그러나 당시만 하더라도 공무원 사회는 '어디 감히 민간이 시장과 동등한 위상에' 하는 권위 의식에 젖어 있었다. 박영숙은 포기하지 않고 끝까지 시장이 공동 대표가 되어야 한다고 주장했다. 효율적이고 합리적인 일 처리와 환경 문제에 대한 위상을 위해 끝끝내 시장의 참여를 주장한 박영숙의 요구는 결국 수용되었다. 고건 시장이 정부 측 공동 대표가 되기까지 걸린 시간은 3년이었다. 녹색서울시민위원회를 만드는 과정에서 가장 어려웠던 점은 법적 근거인 규약을 만드는 과정에서 대등한 파트너십의 정착을 위해 '관존민비', '남존여비', '중존지비(중앙정부 대 지방정부 관계)'의 관행을 걷어 내는 작업이었다.

상당한 시간이 경과한 뒤에야 느린 걸음으로 자리 잡아 갔지만 박영숙은 집요하게 이 관계 개선에 힘을 기울였다. 사실 행정 업무를 맡은 공무원들은 대부분 시민을 행정의 파트너로 생각하는 것이 아니라 관리 대상으로 인식하는 경향이 짙다. 하지만 국제 사회는 이미 거버넌스 시대로 가고 있었다. 공적 영역인 정부, 민간 영역인 기업, 그리고 제3영역인 시민 사회라는 3개 영역의 사회 운영 체계가 협치를 하는 거버넌스를 잘 실현해 낼 때 지속 가능한 사회가 만들어진다는 것이 이미 국제적인 대세였다. 국민을 대상으로 하는 일방적인 통치 시기는 막을 내리고 있었다. 박영숙은 환경 분야에선 특히 그러한 거버넌스 체제를 구축하는 일에 심혈을 기울인다. 위원회가 꾸려지고 난 후 시민 사회 측 의제 1기 공동 대표가 된 박영숙은 '서울 의제 21' 제정 작업에 착수한다.

서울을 환경 친화적인 도시로 만들기 위해 모인 민과 관과 기업 삼자로 구성된 녹색서울시민위원회는 일단 정부가 독단적으로 의제 21을 작성하지 못하도록 하는 데 힘을 기울였다. 유엔 의제 21의 지침 사항이기도 했지만 어떤 정책이든지 정부, 기업, 시민 사회가 함께 만들어야만 실효를 거둘 수 있다고 믿었기 때문이다. 예를 들어 쓰레기 문제에서 정부는 정부의 역할, 기업은 기업의 역할, 시민은 시민의 역할을 구분해서 각기 실천 강령을 만들었다. 그리고 여기에 반드시 여성이 30% 이상 참여하는 것을 원칙으로 삼았다. 환경 문제는 여성이 참여해야만 효력이 있다는 걸 박영숙은 누구보다 잘 알고 있었다. 당시 녹색서울시민위원회에는 원로 교수들뿐만 아니라 각 부서의 책임자, 젊은 현장 운동가 등이 총동원됐다. 그야말로 서울시 환경 정책의 근간이 여기에서 나왔다고 해도 과언이 아닐 정도로 모두들 심혈을 기울여 정책을 만들어 냈다.

그러나 민과 관과 기업이 만나니 입장 차이가 엄청났다. 그 첨예한 현장에서 민간 전문가 박영숙은 기업과 관의 논리를 비판해 내고 대안을 만들어 갔다. 입장 차이 때문에 의견이 대립되고 부딪치기도 했지만 옳다고 생각하는 사안에 대해서는 박영숙은 물러서지 않았다. 사실 남자들은 웬만해선 싸우려 하지 않았다. 그들은 네트워크에서 벗어나는 걸 몹시 두려워했고 언젠가는 만날 사람과는 대립의 각을 세우지 않았다. 하지만 박영숙은 본인의 표현대로 걸리는 게 없었다. 그래서 어떤 사안에 관한 한 절대 물러서지 않고 양보하지 않았다. 그러느라 때때로 격하게 싸우기도 했지만 개인적인 감정으로 싸운 것이 아니었기 때문에 사석으로 돌아오면 금방 풀어졌다. 그때 박영숙과 가장 많이 부딪친 사람이 서울시 환경국장이었는데 나중에 민선 구청장이 되어서 박영숙이 만든 여성재단에 기부금을 들고 찾아왔다. 일을 할 때는 분명하게 하지만 사적인 감정은 쌓아 두지 않는 것이 박영숙의 스타일이었다.

이런 과정을 거쳐 마침내 서울시의 의제 21이 만들어졌다. 환경 관련 최전선에서 일을 하는 300여 명의 사람들이 모여 만들어 낸 결과물이었다. 이어서 서울환경헌장이 만들어지고 1997년 유엔 환경 특별 총회 때 의제 21의 영문판을 제출했다.

1997년 김대중 대통령의 국민의 정부 출범 당시 항간에는 박영숙을 환경부 장관으로 점치기도 했다. 제13대 국회의원 시절 행정부와 입법부에 환경 인식을 강하게 불러일으키는 의정 활동을 폈을 뿐 아니라 당에서는 환경특별위원회 위원장으로, 민간에서는 환경·사회정책연구소 이사장과 녹색의전화 대표로 활약했던 이력, 또 1992년 대선 때는 김대중 선거 캠프의 환경 정책 개발에 주력한 것을 비롯해 환경 관련 조사 활동으로 문제가 있는 현장을 샅샅이 누비며 활동한 경력이 있었기 때문이다. 환경기자클럽이 결성되면서 '올해의 환경인상'이 제정됐는데, 정치인에게 인색한 기자들이 제1회 수상자로 박영숙을 지명한다. 긴 세월 박영숙의 활동을 함께 뛰어다니며 지켜본 기자들이 안겨 준 영예였다. 그러다보니 자연스레 언론에서는 박영숙을 환경부 장관으로 거론했다. 그러나 이 과정에서 박영숙은 인생에서 가장 **뼈아픈** 경험을 한다.

시련

국민의 정부가 들어서고 각료 인선 시점에서 계속 박영숙의 이름이 거론되고 언론에서도 그녀가 환경부 장관이 될 것이라는 추측을 내놓았다. 그렇지만 김대중 대통령과 김종필 총리서리의 연대로 구축된 정부는 양측이 행정부를 균분하는 시스템으로 갈 수밖에 없었고 어느 한 사람의 의중이 관철되지 못하는 상황이었다. 박영숙이 거론되었던 환경부 장관엔 결국 자민련계의 남성이 임명되었다. 또 보건복지부 장관으로 내정되는 분위기였다가 하룻밤 사이에 그 자리에 다른 이가 임명되었고, 그 과정에서 박영숙의 부동산 투기 혐의가 신문에 보도되었다. 박영숙은 한 평생 열심히 일궈 온 생애가 구렁텅이에 빠지는 느낌이었다.

박영숙과 안병무는 집과 양계장을 재산으로 소유하고 있었다. 무소유를 생의 철학으로 살았던 안병무에게는 많은 재산일 수 있다. 양계장은 안병무가 독재 정부와 각을 세우는 활동을 하며 해직과 투옥을 반복하는 위협적인 상황에서 박영숙이 생계 대책으로 1972년 매입한 것이었다. 어느 날 경기도 하남에 있는 선린협

동조합에 있는 교회에 강연차 갔던 안병무가 한 조합원이 팔려고 내놓은 양계장 이야기를 듣고 와서 박영숙에게 이야기했다. 별다른 생계 수단이 없던 박영숙은 조합에서 운영의 편의를 제공한다고 하고, 자신도 달걀을 걷고 사료를 주는 등의 단순 노동은 할 수 있을 것 같아 양계장을 인수했다. 실제 박영숙의 어머니가 양계장에 상주하면서 4년간 운영을 했다. 그런데 그 지역이 오염되어 양계장을 더 운영할 수 없게 되자 양계장은 다른 지역으로 옮겨 가고 터는 그린벨트 지역이라 매수자가 나타나지 않아 그대로 소유하고 있던 터였다. 26년간 갖고 있던 소유지가 하루아침에 투기 대상이 되는 어처구니없는 일이 벌어진 것이다.

또 우면동 집과 관련해서 녹지를 훼손했다는 혐의도 받았다. 우면동 집은 어떤 사람이 짓다가 울타리 완성을 못하고 사정상 팔려고 내놓은 것을 마침 이사를 고려하고 있던 박영숙과 안병무가 산 것이었다. 당시 그 집 마당은 풀 한 포기 없는 황량한 땅이었다. 박영숙은 수유리 집에서 나무와 돌을 가져다가 마당을 가꾸었다. 수유리 집 자리에는 빌라가 들어서는 바람에 나무와 돌을 없애 버린다고 하는 소리를 듣고 아끼던 나무와 돌들을 옮겨 와 아늑한 정원을 만들었다. 어딜 가나 잔디와 나무를 잘 가꾸는 안병무 덕에 마당은 금방 비단결처럼 아름다운 잔디로 덮였고 나무가 우거진 멋진 전경이 되었다. 언론은 1993년 서울시장에 당선된 김상철이 그린벨트 무단 형질 변경 문제로 시장에 임명된 지 7일 만에 낙마한 사실을 들며 박영숙도 같은 사례로 보도했다.

부당하기 짝이 없었다. 당시 박영숙은 영국 유학에서 돌아와 환경 전문가로 활발하게 활동하던 때였다. 아무런 사심 없이 일하고 있는 사람을 언론에서 들었다 놨다 하다가 결국 부정한 사람으로 만들어 버린 상황이었다. 무엇보다 박영숙은 안병무에게 미안했다. 평생 자기 소유를 모르고 살던 사람이었다.

분통이 터진 박영숙은 그 당시 낙상으로 병원 치료 중인 영부인을 찾아가 대통령과의 면담을 요청했다. 누구보다 박영숙, 안병무 부부를 잘 알고 있던 영부인은 먼저 박영숙을 위로했다. 민주화 운동 시절 박영숙의 집에서 그녀의 어머니가 양계장에서 농사지은 옥수수며 갖은 채소를 먹은 기억을 되살리며 살다 보면 억울한 일도 있고 누명을 쓰는 일도 있다고 위무하며 방법을 찾아보자고 했다. 다음 날 영부인한테서 전화가 왔다. 「미디어 오늘」을 읽어 보라는 것이었다. 박영숙은 「미디어 오늘」이 가판에서 판매되는 신문인 줄 알고 조카에게 사 오라고 했다. 하지만 그 신문은 언론을 비평하고 논하는 신문이지 시민들이 보는 신문은 아니었다. 조카는 발행사까지 찾아가 신문을 구해 들고 귀가했다. 1998년 5월 3일치에 "정치권 – 언론에 생매장당한 인생"이라는 제목의 기사가 실렸는데 서두를 이렇게 쓰고 있다.

무분별한 '하마평 보도'가 한평생 쌓아 올린 명예를 송두리째 앗아가 버렸다. 밀실에서 이루어지는 인선 내용에 담겨 있는 '흥밋거리'에 치우쳐 '귀동냥에 의존한 추측성 보도를 남발하다 한 사람의 '평생'을 치유할 수 없는 나락으로 몰아넣은 것이다. 보건복지부 후임 장관 일선 보도는 우리 언론의 병폐가 집약돼 있다. 속보와 흥미에 이끌린 추측성 보도에, 그것이 오보로 판명 나도 정정 기사 한 줄 없는, 그래서 한 사람의 인권을 무참히 짓밟는 우리 언론의 부끄러운 구태가 고스란히 담겨 있는 것이다.

이 신문은 이번 사태는 한 개인의 인권보다는 철저히 청와대와 총리실의 권력 암투에만 관심을 갖고 '공동 정권의 한계' 그리고 양분되어 있는 '인선 진통'의 문제를 파헤치는 데 치중한 나머지 희생양이 된 피해 당사자의 부동산 투기에 대해서는 검증하지 않았을 뿐만 아니라 당사자에게 사실 여부를 확인하는 최소한의 성의도 없었던 것을 지적했다. 청와대 출입 기자에게 확인했더니 재산 형성 과정은 '생계용'으로 결론 났다고 덧붙이면서, 신문은 고위직에 대한 인사 청문회 등 제도적 보완책이 없다면 얼마든지 언론과 정치권이 연대해 한 개인의 사회적 생명을 '압사'할 수 있다는 현실을 명확히 보여 준 사건이었다고 결론 내렸다.

며칠 후 영부인이 관저로 불렀고, 박영숙은 부동산 관련 모든 서류를 챙겨 들고 대통령을 만났다. 대통령은 잘해 보려고 했는데 이렇게 되어 미안하다고 전제한 후, 박지원이 공개 사과하고 해명하게 해 달란 박영숙의 요구에 자신이 며칠 전 월간 『말』지와 한 인터뷰에서 분명하게 말했는데도 불구하고 몇 줄로밖에 써 주지 않았듯이 공개 사과해도 언론이 속 시원하게 보도해 줄 리 만무하니 참으라는 말과 함께 "남의 소문은 며칠 안 갑니다." 하는 말로 위로했다. 『말』지에 보도된 내용은 "김대통령은 보건복지부 장관 임명과 관련 김종필 총리서리가 박영숙 전 평민당 부총재와 김모임 현 장관을 복수로 추천해 박 씨를 선택했으나 박 씨 자신이 고사했다."는 것과 "박 씨가 보건복지부 장관에 임명되지 않은 것은 재산 문제 때문이 아니었다."는 것뿐이었다.

박영숙의 상심은 컸다. 먹지도 자지도 못할 만큼 몸과 마음이 피폐해졌다. 전화만 와도 깜짝깜짝 놀라고 가만히 있으면 부아가 치밀었다. 지금이나 당시나 박영숙은 지하철을 타고 다녔는데 그 중에 몇 명은 꼭 박영숙을 알아보고 인사를 건넸다. 전에야 아무런 부끄럼 없이 함께 인사를 나누고 이야기도 들었지만 이제 사람들을 만날 엄두가 나지 않았다.

박영숙이 한 발자국도 나가지 않자 사람들이 집으로 찾아왔다. 박영숙을 누구보다 잘 알던 사람들은 다들 위로를 했지만 도무지 위로가 되지 않았다. 박지원을 소송하겠다고 하는 말을 듣고 박영숙이 평소에 좋아하던 박원순 변호사는 소송은 아무 때나 할 수 있는 것이지만 언론 중재는 시한이 있는 것이니 우선 언론중재위원회에 반론 보도 청구를 하자고 제의했다. 도저히 그냥 넘어갈 수 없다고 판단한 박영숙은 언론중재위원회에 반론 보도 청구를 했다.

그 와중에 하루는 한 기자가 찾아왔다. 기자라면 만나고 싶지도 않다고 했지만 굳이 집에까지 찾아와 대문을 두드렸다. 정계 진출 초기에 박영숙을 인터뷰한 적이 있는 젊은 기자였다. 그녀는 박영숙의 누명을 벗겨 보겠다고 혼자 자료를 찾아 가며 취재를 하고 있었다. 구청에 가서는 우면동 집이 허가 없이 불법으로 녹지를 훼손한 것이 없다는 점을 조사하고 양계장과 관련해서도 주위 사람들을 인터뷰해 놓은 터였다.

시민 단체 쪽에서도 그녀를 잘 아는 사람들이 저녁 식사 자리에 기어이 불러냈다. 그러고는 그녀의 명예 회복을 위해 친구들에게 보낼 편지를 46명의 이름으로 썼다. 이런저런 도움과 협조로 결국 사건에 대한 진실 보도가 나가고 신문사와 언론에서는 정정 보도를 냈다. 그렇지만 정정 보도를 보는 사람이 몇 명이나 있겠나 생각하면 박영숙은 여전히 속이 터졌다.

1970년대에 여성단체협의회 등에서 함께 활동한 이연숙(전 국회 의원)은 이렇게 말했다.

"재산이 많다고 신문에 보도되었을 때는 우리도 깜짝 놀랐습니다. 얼마 후에 남편이 감옥이 있을 때 혼자서 아이와 함께 먹고살기 위해 양계장이라도 하려고 구매한 땅이 땅 재벌로 둔갑했다는 얘기를 들었을 때 '그러면 그렇지 무슨 재주로 돈을 벌어.' 하면서 실소를 했지요."

이 사건은 지금도 박영숙으로서는 어이가 없는, 두고두고 가슴 아픈 사건이다. 그러나 시련만큼 좋은 소득은 없는 법이라는 말이 있듯이 박영숙은 또한 시련을 겪으면서 많이 배우고 남의 사정을 배려해 주는 마음 씀씀이가 얼마나 귀중한 것인가를 깨달았다고 털어놓았다. 많은 친지들과 동료들의 격려에 박영숙은 지금도 크게 감사하고 있다. 어쨌든 박영숙이 이 상처를 극복하는 데는 상당한 시간이 필요했다.

지속가능발전위원회 위원장, 정부를 비판하다

2000년 9월 김대중 당시 대통령은 유엔이 권고한 국가 의제 21에 따라 지속가능발전위원회(지속위)를 발족한다. 이는 국가의 주요 정책들을 자문하는 기구로 경제 정책과 환경 정책의 사전 조율과 상호 협력 기능을 강화하겠다는 대통령의 의지가 반영된 기구였다. 현직 장관 12명과 민간 위원(장관급) 20여 명으로 구성된 지속위는 총론적 담론을 생산하고 실제 행정에 반영한다는 목적을 가지고 출발한다. 강문규가 위원장을 맡은 1기 지속위에서 박영숙은 국제협력분과 위원장을 맡는다.

"지속위에서 일하는 동안 측근에서 일을 했어요. 꼼꼼하고 성실하고 처음부터 끝까지 앉아 있을 수 있는 자리에만 참석하셨죠. 늘 배우려는 입장에 서 계신 성실한 선생님을 보면서 정말 귀감이 되는 분이라고 생각했어요."

지속위에서 운영협의회분과 위원장을 맡았던 염태영의 말이다. 사실 말이 상호 협력과 사전 조율이지 실질적인 정책에서 지속가능발전위원회는 끊임없는 갈등에 시달려야 했다. 특히 새만금 문제부터 시작해 경제 논리와 환경 보전의 문제는 가장 첨예하게 대립하며 갈등을 노정하고 있었다. 또한 지속위 활동 속에서도 박영숙은 여성주의 시각을 견지하려고 애썼다. 여성계의 입장을 대변하고 지속가능발전 세계정상회의(WSSD)에도 여성 대표들을 참여시키려고 노력했다. 때때로 이런 문제들로 인해 강문규 당시 위원장과 대립하는 일까지 벌어지곤 했지만 그녀는 원칙과 소신을 지키며 여성의 시선으로 사안을 분석하고 실질적인 대안들을 모색했다.

2002년 9월 1기 지속위의 임기가 끝나자 김대중 대통령은 박영숙에게 2기 위원장을 맡아 줄 것을 제안했다. 그해 12월에 대통령 선거가 있고 2003년 2월이면 새 정부가 출범할 시점에서 지속위 위원장을 맡는 것은 사실 어려운 일이다. 어떤 정부가 되건 새 정부와 부딪쳐야 할 건 자명한 일이고 임기도 제대로 채우지 못할 것이었다. 박영숙은 거절했다. 염태영은 그런 박영숙의 마음을 돌려놓았다.

"읍소했죠. 지속위에서 축적한 노하우를 다음 정부에도 핵심적 의제로 계승시켜야 하는 것이 중요하다고, 한국 사회에 정말 지속 가능한 흐름을 만들어 두기 위해선 선생님이 꼭 계셔야 한다고 정말 간절한 마음으로 설득했어요. 결국 선생님이 받아들이셨죠. 시대가 필요로 하는 소명이라면 일하시겠다고. 지금도 진정 헌신적 자세로 결단해 주셨다고 생각해요."

그해 대선에서 노무현 후보가 당선되고 참여정부가 출범한다. 정치적 채무가 없는 정부, 후보 시절 환경 운동에 대한 이해도 있던 대통령이 당선되자 시민 사회 측에서는 실질적인 성과에 대한 기대감이 한껏 고조되었다. 지속위 역시 12대 국정과제위원회로 격상되었다. 그러나 거기까지였다. 참여정부는 새만금 사업에서 부터 환경 단체들과 의견을 달리 했다. 노무현 대통령 역시 새만금은 환경 문제가 아니라 정치적인 사안으로 이해하고 해법을 찾았다. 이 과정에서 박영숙은 위원장의 신분임에도 불구하고 노무현 정부의 환경 정책을 신랄히 비판했다. 청와대 보좌진에 환경 전문가가 한 사람도 없고 10대 국정 과제에 환경 문제가 포함돼 있지 않은 점을 들어 "노무현 정부가 다른 부분에서는 개혁적일지 모르지만 정작 환경 분야에 대해서는 비민주적"임을 거침없이 지적했다. 결국 그녀는 2003년 5월, '노무현 정부의 환경 분야 개혁 상실을 규탄하는 1천인 선언'에 당시 지속위 위원장의 신분으로 참여한다. 2003년 5월 그녀의 사표는 수리되고 지속위는 3기로 넘어간다.

지속위에서 그녀의 활약을 지켜본 염태영은 보자기를 크게 펼쳐서 담을 줄 아는 분이라는 말로 박영숙을 표현하며, 이렇게 말했다.

"한국 사회 1세대 운동가들은 대부분 국제적인 경험이 풍부한 분들이세요. 국제회의에서 커뮤니케이션에 문제가 없고 자유롭게 발언할 수 있으며 무엇보다 국제적 네트워크를 가지고 있습니다. 풍부한 경륜과 국제무대에서 몸으로 익힌 현장성은 한국 사회의 큰 재산입니다. 사안을 읽어 내는 통찰력이나 국제 사회에서 갖고 있는 위상도 젊은 세대와는 궤를 달리하죠.

대표적인 분이 박영숙 선생님이세요. 선생님은 70대이지만 아직도 대단히 필요한 분이죠. 리우 회의를 비롯한 국제무대에서 갖고 온 경험과 자료들이 국내에서 정말 유용하게 사용되었습니다. 국제적 흐름을 잡아내는 데는 대단한 안목을 가진 분이세요. 특히나 요즘처럼 사회적 리더십이 문제가 되고 구심점이 모아지지 않을 때는 선생님의 역할이 절실히 필요하다고 봅니다.

　촛불 집회 현장에서 맨바닥에 앉아 계시는 걸 보면 젊은 사람으로서 정말 가슴이 아픕니다. 그렇지만 선생님이 현장에 계시는 것만으로도 젊은 세대들에겐 한편으론 채찍이 되고 한편으론 격려가 됩니다. 죄송스럽지만 아직도 선생님의 역할이 필요하고 해 주셔야 할 일이 많습니다."

　이미영(페어트레이드 코리아 대표)은 이렇게 말한다.

　"환경 분야에서 박 선생님은 '존경받는 어른'이세요. 각별한 애정을 갖고 있는 일에는 체면도 중시하지 않고 나서 주시죠. 참여정부 시절 새만금을 비롯하여 정부와 갈등이 깊었어요. 환경 분야는 정말 힘들었는데 박영숙은 그때마다 자기 이익을 바라지 않고 담백하게 나서 주는 분이에요. 활동가들은 정말 어려울 때 나서 주는 사람이 '어른'이라고 생각해요. 기자 회견할 때 반듯한 말 해 주시고."

　'지속 가능한 발전'이라는 개념은 사회적, 경제적으로 많은 갈등을 일으킨다. '지속 가능성'에는 미래 세대를 위해 가치를 보전해야 한다는 의지가 들어가 있다. 부안에 핵폐기물 처리장을 설립하는 문제를 놓고 거의 민란에 가까운 저항이 일어난 원인도 여기에 있다. 변화는 어떤 이한테는 발전으로, 다른 어떤 이한테는 퇴보로 다가올 수 있다. 따라서 환경 보전과 경제 발전을 함께 도모하려면, 즉 지속 가능한 발전을 이끌어 내려면 누군가 가치관의 갈등, 이해관계의 갈등을 해소하는 노하우를 만들고 전파해야 한다.

박영숙의 환경 이야기

여러 과정을 거치면서 박영숙은 환경 문제에 관한 한 적극적인 운동가인 동시에 연구자, 전문가로서 한몫을 감당해야 하는 자리에 서 있다. 그녀의 머릿속에 자리 잡고 있는 환경 이야기를 들어 보자.

지역적인 인간의 삶의 양식을 문화라고 한다면 문명은 인간의 지구적인 생활양식을 말한다. 인류는 지금 문명의 기로에 서 있다. 정확하게 말하면 오늘 우리의 문명은 위기적 상황에 처해 있다. 반세기 전만 해도 환경 문제가 전쟁, 질병, 기아 등의 문제를 제치고 인류 생존의 가장 위협적인 요소로 부상되리라고 생각한 사람은 드물었다. 환경 문제는 '자연이란 무엇인가', '인간이란 무엇인가'에 대한 인식을 분명히 하지 않은 채 인간의 욕망 충족을 위해 무한대로 자연 자원을 소모하고 순환 기능을 교란한 데서 비롯된다. 인류가 어떤 생산과 소비 양식을 선택하느냐에 따라서 인류의 지속적인 생존 여부가 결정되게 되어 있다. 현대 문명이 위기에 처했다고 하는 것은 오늘의 인류의 삶의 양식이 죽음으로 줄

달음치고 있음을 의미한다.

인류는 지금까지 위기에 처할 때마다 필요한 혁명을 일궈 냈다. 농업 혁명, 도시 혁명, 과학 혁명, 산업 혁명 등이 그 예인데 이러한 것들은 기술 혁명으로 극복할 수 있는 변화였다. 그러나 환경 문제를 해결하려는 '환경 혁명' '지속 가능성 혁명'은 기술 혁명만으로는 불가능하다는 데 문제가 있다. 공급 확대가 아니라 수요 억제가 필요한 것이다.

과소비와 편의 추구에서 비롯된 환경 문제를 해결하는 첩경은 지금까지 먹던 빵 열 개를 다섯 개로 줄여도 만족할 수 있는 '정신 혁명', 즉 '욕망 억제의 철학'이 뒷받침되어야 한다. 하지만 인권, 민주주의, 시장주의 경제 체제에 익숙해진 사람들이 욕망을 쉽게 포기하지 않는다는 데서 그 전망은 흐리다. 혁명은 위기의식에서 싹이 트는데 경제를 우선 걱정해야 하는 상황에서는 환경 의식의 성숙을 기대하기 어렵다. '다 함께 죽는데 뭐가 걱정이냐. 나 혼자 죽는 게 문제지.' 하는 생각이 깔려 있는 것이다.

환경 호르몬, 광우병, GMO 등의 먹을거리 문제가 불거지고 기후 이변으로 세계 곳곳에서 사람들이 피해를 입는 환경 위기의 징후를 직접 체감하면서도, 생태계 훼손을 막아 보겠다고 고통을 감수하며 생명을 내놓기까지 하는 환경 지킴이들의 저항이 하늘에 닿았는데도, 광우병 쇠고기 수입을 반대하는 백만 명의 촛불 시위가 끝없이 이어지는데도 정책 결정자들은 나 몰라라 하는 것이 현실이다.

온 세계를 무한 경쟁으로 몰아가고 있는 '신자유주의' 물결은 환경 문제와 같은 공동체적 가치의 설 자리를 허용하지 않는다. 한국을 포함한 온 세계가 인류의 생존을 담보로 도박을 하고 있는 꼴이다. 그렇다고 환경 문제를 구경만 하고 있어도 되는 것인가. 아니라는 데 고민이 따른다.

환경이란 인간의 주변 여건을 말하는 것으로 환경은 인간 활동에 필요한 자원과 에너지 등을 제공해 주고, 인간 활동에서 배출되는 폐기물을 정화해 준다. 이 두 기능의 관계는 인간 활동과 지구 생태계의 순환 기능의 일부다. 환경 문제란 이러한 순환 기능을 교란하고 파괴하는 것을 말한다. 사람과 생물이 지금까지 향유해 온 환경상의 편익이 감축된다는 것을 의미한다.

오늘날 우리가 걱정하는 환경 문제는 '산업공해 문제 = 환경오염'과 '오존층 파괴, 지구 온난화, 사막화 등 자연 고갈, 물 부족 등의 지구 환경 문제 = 환경 파괴'로 구분하고 있다. 산업공해는 국지적인 문제로 시정이 가능하다. 그에 비해 지구 환경 문제는 국경을 초월하며 미래 세대에게 영향을 미치며 인류의 존속 문제와 관련이 있다. 환경은 일단 훼손이 되면 그 복구가 거의 불가능하며 그 비용이 엄청난 것은 물론 복구 기간도 장구하다. 그래서 '사후 대책'이 아니라 '사전 예방'이 중요하다는 것이다.

환경 부하는 인류 역사와 더불어 이루어지고 있지만 오늘의 환경 위기의 원인은 지난 200년간의 산업화 과정에서, 특히 제2차 세계 대전 이후 전쟁을 위해 개발된 기술이 민수용품 생산에 투입되면서 소모품을 대량 생산, 대량 소비, 대량 폐기하게 된 현대인의 생활양식에 일차적인 원인이 있다. 여기에 인구 폭등, 도시화, 빈부 격차의 문제가 더해지면서 지구 환경 파괴 현상은 증폭되고 있다.

근본적인 원인은 환경에 대한 잘못된 인식에서 비롯된다. 자연이 인간만을 위해 있는 것으로 그리고 자연을 개발 대상으로 여기는 것, 자연은 후손에게서 빌려 쓰고 있는 것인데 현 세대만의 것인 양 남용하는 것, 자원과 정화 능력에 한계가 있는데 무한대라고 착각하는 것, 기술로 문제 해결이 가능하다는 기술 낙관론은 무지의 소산이며 심각한 착각이다.

환경 문제는 자원 소비를 많이 하는 '풍요'와 생존을 위해 환경을 훼손할 수밖에 없는 '빈곤'의 양면에서 발생하는 문제로서 선진 공업국의 문제이면서 발전도상국의 문제다. 세계 인구 20%가 지구 자원 80%를 소비하는 반면, 80%에 해당하는 발전도상국 인구는 생존을 위해 20% 자원에 매달릴 수밖에 없는 형편이다. 그런가 하면 버터를 전기기기로 썰기까지 하는 편리와 풍요의 극치를 달리고 있는 선진국을 추구하는 정책이 전 세계적으로 판을 치는 한 인류는 멸망을 향해 달릴 뿐이다.

중국의 전 인구가 미국의 LA 시민의 최저 생활수준을 누리려면 4~5개의 지구가 필요하다는 연구 결과가 있다. 최근 중국과 인도의 24억 인구의 소비 증대가 야기하는 문제는 판도라의 상자가 열린 것처럼 걷잡을 수 없는 형국이다. 기존의 자원 다소비국이 소비를 감축하려는 노력이 없이는 그동안 억제되어 있었던 24억 인구의 소비 욕구의 증대는 엄청난 소용돌이로 나타날 것이다.

환경 문제를 '기술의 문제' 또는 '자연 과학의 문제'로 간주하는 이들도 있는데 이 문제는 자연과 인간, 부유와 빈곤, 강자(선진국)와 약자(개발도상국), 현 세대와 미래 세대 등의 관계를 바로잡는 데서 문제 해결의 실마리를 찾아야 한다.

초기의 환경 문제는 환경오염의 문제로서 국지적인 문제였다. 그러한 공해 문제가 점철되어 지구 환경 문제로 전이되고 국제적인 해결책이 필요해짐에 따라 국가 정상들이 참여하는 대형 국제 회의가 개최되고, 국가마다 대책 마련에 부심하게 되었다.

환경 문제 인식은 공론화 과정을 거쳐서 국제적 화두로 부상했다. 여기에 촉매제 또는 촉진제 역할을 한 것은 1960년대 말 농약의 폐해를 파헤친 환경 문제 인식의 원전이기도 한 레이첼 카슨의 『침묵의 봄』과, 비슷한 시기에 세계 여러 나라의 정치·경제·사회·과학 분야의 석학들로 구성된 로마클럽이 인류 위기를 분석한 보고서 『성장의 한계』다. 『침묵의 봄』이 생명 자체에 대한 문제 제기였다면 『성장의 한계』는 인류의 생존 기반인 지구 위기에 대한 경고였다.

유엔이 정한 의제 21에서는 환경 문제 해결의 중요한 행위자로 사회 구성원과 가장 가까운 거리에서 영향을 미칠 수 있는 지방 정부를, 그리고 문제 해결의 실질적인 실천자인 행동 주체로 여성, 청년, 노동자, 농민 등을 꼽고 있다. 이것은 환경 문제는 아무리 거창하고 복잡하다고 해도 결국 사회 구성원 개개인의 작은 실천이 변화를 이끌어 낸다는 것을 의미한다. 환경 운동에서 풀뿌리 운동이 중시되는 이유가 여기에 있다. 지역 사회에서 의제 21을 실천함으로써 내 나라를 변화시켜야만 지구 환경을 보존할 수 있다. 정부는 정부대로, 기업은 기업대로, 개인은 개인대로 각자 선자리에서 정책·생산·소비를 환경 친화적으로 실천해야 한다. 이 일에서 여성의 몫을 감당하기 위해 박영숙은 여성환경연대를 설립한다.

젠더 감수성이 환경과 만나

여성환경연대가 발족하게 된 계기는 베이징여성대회를 준비하면서다. '1995 베이징여성대회'는 모두 12개의 주제로 진행되었는데 11번째 주제가 '여성과 환경'이었다. 이 대회를 준비하기 위해 당시 환경 단체, 여성 단체의 여성 활동가, 전문가들이 모여 워크숍, 심포지엄, 강연회, 관련 서적 번역 출판, 자료집 발간 등 활발한 활동을 하면서 교류하게 되고 이후 대회에도 함께 참여한다. 이 과정에서 여성 환경 운동가들은 자신의 정체성에 대해 질문을 던지고 네트워크의 필요성을 절감했다.

사실 환경 단체에서 일하는 대부분의 활동가들이 여성이고, 여성 단체에서도 환경 이슈를 중요하게 다루지만 이는 한편으로 환경 단체에서는 여성 문제가, 여성 단체에서는 환경 문제가 주류가 되지 못함을 말하는 것이기도 했다. 베이징대회 이후 박영숙은 김상희(18대 국회의원, 민주당) 등과 함께 차를 마시는 모임을 하며 여성과 환경을 주제로 만남을 지속한다. 이 모임을 중심으로 여성환경 활동가들은 서로에게 격려가 되는 장, 진지한 토론의 장, 정

318

보 소통의 장이 필요하다는 점을 공유하며 연대의 지점을 모색하고, 마침내 1999년 다양한 차원에서 다양한 방식으로 활동하고 있던 여성 환경인들이 모여 여성환경연대를 창립한다. 당시 박영숙이 운영하고 있던 한국환경·사회정책연구소 사무실에 책상 하나와 컴퓨터 하나를 놓고 시작한 소박한 출발이었다. 유학에서 돌아와 다른 일을 준비하고 있던 이미영은 여성환경연대 사무국장 일을 맡게 된다. 그녀는 초기 참여 과정을 이렇게 회상했다.

"진지하고 연배도 높으신 분이 수첩에다 깨알 같은 글씨로 메모를 해 와서 여성환경연대의 중요성을 설명하시는 거예요. 아 참 이 노인네가 이 일에 대한 애정이 깊구나 하고 생각했지요. 생각해 보세요. 한참 어린 후배에게, 30년이나 후배인 사람한테 정말 진지하게 설명을 하시더라니까요. 어떻게 거절을 할 수가 있어요. 네, 하겠습니다 했지요."

처음 출발할 때 여성환경연대는 대중 조직의 성격을 띠지 않았다. 이후 조건과 상황의 변화에 따라 대중 조직으로 전환하긴 하지만 첫 출발은 환경 단체에서 일하는 여성들과 여성 단체에서 환경 일을 하는 여성들의 네트워크 모임으로 시작했다. 그러다 보니 소속된 단체도 다르고 지역도 다르고 활동 영역도 달랐다. 시민단체 활동가에서 학자, 공무원, 정치인 등 그야말로 다양하기 이를 데 없는 배경을 가진 여성들이 '환경'을 고민한다는 한 가지 이유로 만났다. 그렇다고 여성환경연대가 환경과 관련한 '일'을 중심에 놓고 만나는 모임은 아니었다. 환경 단체에서 일하는 여성으로서의 어려움과 고민, 여성 단체에서 환경 일을 하면서 느끼는 갈등 등 그동안 자신이 속한 영역에서 느낀 문제점과 난관, 심지어 '외로움'을 토로할 수 있는 장, 가장 절실한 건 사업이 아니라 그것이었기에 초기 여성환경연대는 여성으로서 환경 운동을 한다는 것의 의미와 목적을 질문하고 목소리를 크게 내기보다는 서로의 힘을 북돋고 키우자는 데 모임의 의의를 두었다. 새로운 일거리를 만드는 조직이 아니라 각자 하던 일을 더 잘하게 하는 조직, 남성적 위계질서가 있는 조직이 아니라 수평적이고 개방적인 여성 조직, 아주 오랫동안 꿈꾸던 모임이었다.

여성 생태주의적인 연대 문화를 창조하기 위해 만들어진 만큼 여성환경연대는 색다른 조직 구성과 '새로운 말'을 만들어 냈다. 예를 들면 정관 규약을 '우리의 약속', 총회를 '모두모임', 대표를 '으뜸지기', 운영위원을 '살림꾼', 감사를 '지킴이'로 부르기로 합의하는가 하면 또 으뜸지기를 세대별로 구성해 각 세대의 의견이 골고루 반영될 수 있도록 배려했다. 즉, 70대부터 20대까지의 으뜸지기들이 있고 이들이 모두 공동 대표, 으뜸지기가 되는 것이다. 창립 당시 박영숙은 60대 으뜸지기였는데 지금은 70대 으뜸지기가 되었다.

여성환경연대의 초기 프로그램들은 한 가지 주제를 정해 놓고 2박 3일 동안 진행되는 예가 많았다. 같이 먹고 같이 자고 함께 공부하면서 여성들은 자신들이 속해 있는 장에서 부딪치는 고민을 토로하고, 새로운 영역의 선후배들과 만나고, 때로는 다른 어떤 곳에서도 말하지 못한 가슴 아픈 이야기들을 쏟아 냈다. 이미영 전 사무국장의 말이다.

"처음 한동안 프로그램의 마지막에는 늘 파티를 열었는데 그때마다 매번 울음바다가 되곤 했어요. 힘들고 서럽던 일들은 얼마나 많았는지, 그렇게 눈물 보따리를 풀어 놓고 헤어질 때면 서로에게 깊은 애정과 신뢰가 생겨났던 거 같아요. 시니어, 주니어별로 자체 토론을 갖기도 하고 이슈별 네트워크를 만들기도 하고 지역별로 만나기도 했죠. 끝나고 나면 반드시 포럼을 열어 사고의 전환이 필요함을 공식화했어요."

의도하진 않았지만 여성 환경 운동의 아젠다가 자연스럽게 만들어졌다. 사실 여성들의 환경 운동은 지금까지 주로 집안 살림살이와 관련된 실천 운동에 주력한 측면이 있었다. 합성 세제 안 쓰기 운동, 절수 절전 운동, 쓰레기 줄이기 운동, 재활용 운동, 녹색 구매 운동 등 대부분 마지막 소비 단계의 생활 실천 운동에 치중한 셈이다. 이러한 운동은 생활양식의 변화를 꾀하는 매우 중요한 것이긴 하지만, 더 나아가 환경 운동을 사회 구조와 연관시켜 체제의 문제로 인식할 필요가 있었다. 예를 들어 생협을 실질적으로 움직이는 힘은 여성들에게서 나오는데 유통과 권력은 왜 남성들이 장악하고 있는가, 쓰레기 분리수거는 왜 여성의 역할로 고착화되는가 등 환경 문제 전반에 대해 젠더 감수성으로 분석하고 성찰하는 과정이 이어졌다.

쓰레기 분리수거 운동에서 주부들의 역할이 매우 컸음은 주지의 사실이다. 가정에서 발생하는 쓰레기 수거가 가족 구성원 모두에게 분담되는 것이 아니라 전적으로 주부에 의해 이루어지면서 폐기물 관리 정책의 소비자·생산자 간, 세대 간, 남녀 간 균형 잡힌 책임 의식이 확보되지 못하고 또 하나의 주부의 일로 고착되었다. 젠더 감수성이 반영되지 않는 정책은 새로운 패러다임을 만들어 내지 못하고 다만 또 하나의 편견을 만들어 내는 일에 복무하게 되는 대표적인 예에 주목하면서, 여성의 관점으로 환경 운동을 한다는 것이 무엇인지에 대한 접근부터 시작해 여성 운동과 환경 운동에 대한 성찰이 꼼꼼하고 정밀하게 이루어졌다.

또한 민우회, 한살림, 두레 등 생협 운동을 하는 여성들이 한자리에 모이게 됨으로써 소통의 경로가 만들어지기도 했다. 사람과 사람 사이의 네트워킹은 새로운 비전을 만들어 냈다. 여성적 관점에서 환경 운동을 하는 이들이 모이다 보니 에코 페미니즘과 관련한 새로운 담론이 자연스레 모임 속에서 형성된 것이다. 또한 여성 리더십이 발휘되지 않으면 환경 운동의 진보성, 대안성이 담보될 수 없다는 의견들이 제시되면서 자연스럽게 여성환경연대는 여성 리더십에 주목한다.

현재 환경 운동 단체에서 활동하는 여성 실무자들의 비율은 60%를 넘어서고 있다. 박봉과 열악한 조건 속에서도 여성 활동가들은 책임감을 가지고 실질적인 일을 수행해 내고 있다. 하지만 여성들이 단체 내 주요 의사 결정 과정에 참여하는 양적/질적 정도는 남성에 비해 상대적으로 '몹시' 미약하다. 한 예로 환경운동연합의 경우 팀장급(실무조정위)은 약 50%, 간사급은 56%가 여성 인력으로 가동되고 있다. 하지만 실국장급 8명 중 여성은 1명에 불과하다. 여전히 대다수 환경 운동 단체들의 대표는 남성들이다.

유엔의 「인간 개발 보고서」에 의하면 한국 여성의 권한 척도는

64개국 중 61위다. 국민의 교육 수준, 국민 소득, 평균 수명을 기준으로 측정한 '인간 개발 지수'가 146개국 중 29위인 데 비해 여성의 권한 척도는 64개국 중 61위인 것이다.

여성환경연대는 인간의 자연에 대한 지배와 남성의 여성에 대한 지배를 같은 맥락으로 보고 성 인지적인 관점에서 환경 운동을 해 나가지 않으면 이 문제는 해결될 수 없다고 본다. 또한 여성이 개인의 노력만으로 자신의 분야에서 전문성을 쌓고 역량을 키워 지도자로 성장해 나가는 데는 구조적 한계가 있다고 보고 '의식적인 연대'의 시스템을 만들어 나간다. 개개인 혹은 개별 조직 차원에서 해결하기 어려운 과제는 연대 속에서 풀어 나가야 하는 것이다.

이 모임에서 박영숙은 든든한 버팀목이었다. 여성환경연대의 모임에는 항상 그녀가 있었다. 박영숙은 진심으로 후배 여성 활동가들이 잘 살아 나갈 수 있는 텃밭을 마련해 주고 싶어 했고, 실제로 길을 터 주고 다리를 놓아 주는 역할을 해낸다.

"우산 같은 역할을 해 주셨죠. 사무실 마련에서부터 어려운 일이 있을 때마다 적극적으로 움직여 주셨어요. 본인이 실무부터 시작한 분이라 현실을 아는 분이셨죠. 아이디어가 현실로 구현되기 위한 과정을 아는 분이라고나 할까. 그러다 보니 무슨 큰일이 생기면 항상 마지막엔 '박영숙 선생님께 의논드려서 결정하자'는 말이 나왔죠. 진정한 '어른'의 역할을 해내는 분이라고 생각해요."

여성환경연대에서 함께 활동한 장우주(고른기회장학재단 장학사업팀장)의 말이다.

사실 박영숙은 한국 환경 운동의 산증인이며 최전선에서 일한 리더다. 1970년대 '경성세제 반대운동'과 '생명문화창조운동'으로 시작하여 1980년대에는 환경 정책 대안을 만들어 내는 일에 본격 참여하고, 1990년대에는 전 지구적 환경 위기를 세계인과 함께 극복해 나가기까지 그녀의 생의 한 뿌리는 한국 환경 운동의 역사와 연계되어 있다. 여성환경연대는 그녀가 평생의 화두로 삼았던 '여성'과 '환경'이 행복하게 만난 지점이다. 초기 환경 운동 시절부터 그녀는 자연 억압과 여성 억압은 한 뿌리에서 비롯된 것임을 간파하고, 환경 운동이란 여성을 해방시키고 모든 생명체의 삶의 터전인 생태계와 인류의 생존을 가능하게 하는 대안을 만드는 것임을 몸으로 실현했다. 환경 운동과 관련해 그녀는 조용한 환경 청소부 노릇도, 용감한 투사 역할도 마다하지 않았다. 그리고 무엇보다 새로운 가치관을 만들어 내는 데 기꺼이 몸과 마음을 헌신했다.

　여성환경연대가 워크숍과 간담회를 개최하고 지역별 연대의 중심을 세우는 한편 세계여성환경과발전기구(WEDO)에도 가입하고 UN 특별 총회와 ESCAP 회의에 살림꾼들을 참석시키는 등 활발하게 움직이자 한쪽에선 항변이 들려오기도 했다. 오늘날 국내외적으로 여성들이 압도적으로 환경 운동을 하고 있는 상황에서 여성들만의 결속은 남성에 대한 역차별의 요인이 된다는 것이었다. 박영숙은 이 항의에 전제가 하나 빠져 있음을 지적한다.

　"지금까지 인류의 이름으로 진행되어 온 역사에 여성은 들어 있지 않았다. 히스토리는 그야말로 '그들'의 역사다. '환경 운동의 역사'도 마찬가지다. 그러므로 이제부터는 환경 운동의 허스토리가 필요하다."

여성 환경 단체를 창립한 건 지금까지 환경 아젠다를 '누가' 선정하고 정의를 하는가에 대한 질문으로부터 시작된다. 여성 환경 운동이란 자연 파괴와 함께 여성 억압을 사회 구조적으로 인식하고 그 해결을 위해 여성들이 조직적, 주체적으로 전개해 나가는 운동을 의미한다. 이것은 환경 문제에서 여성이 특정 지위를 차지하거나 환경 운동은 여성이 훨씬 잘한다는 생각이 결코 아니다. 즉 지속 가능한 발전을 개념화하는 작업에서 인간의 자연에 대한 지배와 남성의 여성에 대한 지배가 맥을 같이하고 있다는 관점을 견지한다면 남성 역시 얼마든지 여성 환경 운동의 주체가 될 수 있는 것이다.

여성/환경/연대는 관 주도의 가부장적 개발로 인한 환경 파괴와 죽음의 문화를 성찰하는 데서 시작한다. 지속 가능한 대안 문화로 전환하기 위해선 무엇보다 새로운 대안 세력이 필요하다. 환경 운동은 무엇보다 지역에 기반을 둔 운동이며 가장 일상적인 삶을 성찰하고 바꿔 내는 운동이다. 지역에 대해 누구보다 잘 아는 사람은 그 지역에서 실질적으로 아이들을 키우고 살림을 꾸려 가는 여성들이다. 또한 환경 운동이 미래 세대와 연결되는 운동이라 할 때 육아와 교육을 전담하다시피하고 있는 한국 여성들은 그야말로 환경 운동의 진정한 대안 세력이 될 수 있다. 먹을거리 운동과 작은 학교 운동 등이 환경 운동과 밀접한 관련을 갖고 진행되고 있는 것을 보면 알 수 있다.

실제로 여성환경연대는 각자의 지역에서 서로의 경험들을 주고받으며 활동하고 있는 풀뿌리 조직이다. 각 지역별로 여성들이 모여 워크숍을 꾸려 내고 가족 단위의 답사 여행을 하고 생협 운동을 벌인다. 이 과정에서 여성들은 지역의 살림에 관심을 갖게 되고 주민 의식을 갖게 되고 또한 주민의 권리를 스스로 찾아 나가는 방법을 알게 되기도 한다. 환경과 개발 논리에 젠더의 입장을 반영하는 것이 현재의 지구 환경 위기를 극복하는 데 필수적이라는 것을 알아 가면서 성 인지적인 관점으로 다시 한 번 세상을 재구성하는 경험을 하게 되는 것이다. 그리고 그 세상이 인드라망처럼 촘촘한 그물로 연결되어 있어 내가 사는 물건 하나가 저 먼 나라 여자의 희망과 만난다는 것을 발견해 가는 것이다. 나비의 몸짓, 그 대표적인 예가 '희망무역'이다.

패션모델

2006년 11월 1일 박영숙은 새로운 경험을 또 하나 하게 된다. 패션 모델로 데뷔한 것이다. 약간 두근거리기는 했지만 그녀는 평소의 당당한 걸음걸이로 런웨이를 한 바퀴 휘 돌고 포즈를 취한 후 무대 뒤로 돌아왔다. 모두들 박수와 환호성으로 이 최고령 패션모델을 맞았다. 서울 명동 YWCA회관에서 열린 이날 패션쇼에는 김상희 여성환경연대 으뜸지기, 아름다운재단의 윤정숙 상임이사를 비롯해 열린우리당 이은영 의원, 이혜경 서울국제여성영화제 집행위원장, 여러 시민 단체 활동가들이 함께 참여했다.

이날 패션쇼에서 소개된 의상들은 네팔, 인도, 베트남 등지에서 들여온 '수입 의류'들이었다. 유명 디자이너들의 패션쇼에서는 결코 볼 수 없는 소박하고 생명력 넘치는 옷들을 무대 위에서 선보였다. 이 옷들은 여성환경연대가 새롭게 시작하는 공정무역 사업을 위해 들여온 제품들로, '희망무역'이라는 이름으로 새롭게 시작할 사업을 소개하는 자리였다. 공정무역(Fair Trade)이란 이른바 자유무역(Free Trade)이 개발도상국, 저개발국의 희생 위에 선진국과 다국적 기업의 이익만 증진시킨다는 문제의식에서 자유무역의 대안 개념으로 만들어진 용어다. 일반적으로 무역을 하는 이들은 제품을 만드는 사람의 생활 따위는 전혀 생각하지 않는다. 당연히 물건을 만들기 위해 자연 환경이 얼마나 파괴되는지 같은 건 고려하지 않는다. 그러므로 전 세계에서 사용되는 농약 중 25% 이상이 면화에 뿌려지고 있다는 사실은 소비자들도 거의 모르는 사실이다. 희망무역은 환경적으로 지속 가능한 무역을 목표로 한다. 희망무역을 통해 판매되는 유기농 면 제품들로 저개발 국가의 환경을 살리고 소비자들의 건강도 지킬 수 있게 하자는 것이 공정무역이 잡으려는 두 마리 토끼다. 즉 생산자들이 만든 물건을 정당한 노동의 대가를 주고 거래함으로써 원조가 아닌 지속 가능한 경제 활동을 통해 저개발 국가들의 빈곤 문제 해결에 일익을 담당하려는 것이다.

　무엇보다 희망무역은 여성의 경제적 자립과 사회적 지위 향상을 지원한다. 가난한 나라 안에서도 사회·경제적으로 가장 열악한 위치에 있는 여성들에게 더 많은 관심을 기울이며 이들을 지원할 수 있는 창의적 무역을 하자는 것이 희망무역의 취지다. 특히 아시아 여성들이 생산하는 물품은 세계 의류 시장에서 큰 비중을 차지하고 있지만 정작 노동자들은 열악한 환경 속에서 하루 12시간이 넘는 일을 하면서도 정당한 대가를 받지 못하고 있다. 희망무역은 이 점에 주목하고 가난한 생산자들에게 노동의 대가가 공평하게 지불되는 일자리를 제공하고 인간적이며 윤리적인 시장을 만드는 데 기여하려는 것이다. 이 과정에서 생산 과정의 생태계 파괴를 줄이고 그 나라와 지역의 자연환경에 맞는 농법과 전통 기술을 장려하여 사람과 자연이 공존하는 대안적 발전을 추구한다.

예를 들어 인도의 공정무역 단체 사샤는 인도 각지의 여성들이 만드는 자수 제품 및 수공업품을 수출한다. 전 세계적으로 가장 빈곤한 계층의 사람들은 주로 소수 민족이나 외딴 지역에 사는 사람들이다. 이들 중 옷감이나 침구, 조리 기구, 바구니, 쿠션, 양탄자 등을 만들 수 있는 숙련된 장인인 여성들이 수백만 명에 달한다. 사샤는 이들 여성들에게 일자리를 제공하고 한국의 여성환경연대와의 거래를 통해 이 지역 여성들이 더욱 안정적으로 일에 전념하고 미래를 만들어 나가는 일에 공조하며 소비자들에게는 친환경적인 상품을 공급한다.

한편 사샤와 여성환경연대를 통해 유통되는 물건을 사는 소비자는 이 물건이 건너온 경로에 대한 이야기를 함께 사게 된다. 스토리가 있는 거래를 하는 것이다. 이 물건을 만든 이가 누구인지 그녀가 어떤 상황에 있는 사람인지에 대한 이야기를 함께 소비하면서 인간적인 시장 경제의 모델을 만들어 내는 것이다. 그 옛날 시장에 가지고 나온 물건들이 제각각 사연을 가지고 있었던 것처럼.

희망무역을 준비하면서 여성환경연대는 일본 및 인도를 방문했다. 인도 방문은 생산자들을 만나 보기 위함이었고 일본 방문은 이 일을 먼저 시작해 성공한 케이스를 보기 위해서였다. 일본 시민 사회는 한국보다 앞서 이 일을 시작해 네팔과 인도 등지와 네트워크를 구축해 생산과 유통과 소비를 성공적으로 해내고 있었다. 선례를 배우기 위한 학습 투어에는 이 일을 총체적으로 맡을 이미영을 비롯해 김상희, 윤정숙, 박영숙 등이 함께했다. 이미영의 말이다.

"아이고, 완전 어미닭 쫓아다니는 병아리 같았다니까요. 박 선생님이 일본말을 잘하시잖아요. 지하철 타고 택시 잡는 것에서부터 스케줄 잡고 약도 보고 찾아가는 것까지 선생님이 다 하셨다니까요."

박영숙은 대접받는 것에 익숙하지 않은 사람이다. 가방을 남에게 들게 하는 일도 없고 물심부름을 시키는 일도 없다. 자신이 쓴 컵도 언제나 직접 닦는다. 권위를 내세워 앞자리에 앉으려 하는 일도 없고 뒷자리에서 에헴 하고 있는 일도 없다. 자신이 해야 한다고 생각하면 실무든 기획이든 통역이든 '가차 없이' 실행한다.

일본 일정은 강행군이었다. 둘러보아야 할 곳도 많았고 만나야 할 사람도 많았다. 박영숙은 누구보다 일찍 일어나 준비하고 하루 일정을 체크하고 전화를 걸어 약속들을 다시 확인했다. 앞으로 진행될 사업에 관한 일이었으므로 꼼꼼하고 치밀하게 질문을 하고 매장을 둘러보고 현실적인 어려움과 당면한 문제 등을 짚어 나갔다. 젊은 사람들도 녹초가 되는 빡빡한 일정을 박영숙은 조금의 흐트러짐 없이 처음부터 끝까지 소화해 냈다.

모든 일이 끝나고 드디어 마지막 날, 모두가 지쳐서 쉬고 있을 때 박영숙이 괜찮다면 개인 시간을 좀 가지고 싶다고 말했다. 어차피 한나절은 자유 시간이었으므로 뭘 하든 상관없었다. 안경을 정성스레 닦아 쓰고 옷매무새를 가다듬고 혼자 호텔을 나가자 다들 저 꼿꼿한 양반이 일본에서 꼭 하고 싶은 일이 무엇일까 궁금

해했다. 나중에 알고 보니 그녀는 그 반나절을 오롯이 서점에 있었다. 외국에 갔을 때 대형 서점에 들러 이런저런 책들을 구경하고 읽고 맘에 드는 책을 사는 것, 시간 가는 줄 모르고 책의 숲을 서성이는 것, 그것이 외국 여행을 할 때 그녀가 유일하게 즐기는 여유이자 쇼핑이었던 것이다.

희망무역이라고 이름 지어진, 여성들이 이끄는 공정무역 사업은 독립 주식회사로 현재 안국동에 '그루'라는 이름으로 첫 가게를 열었다. 뜻 있는 이들의 출자로 꾸려진 그루는 공정무역에 관심 있는 사람이면 누구나 함께할 수 있다. 그루의 문은 언제나 활짝 열려 있고 보다 많은 이들이 '이야기가 있는 무역'에 참여해 공정무역의 길이 보다 탄탄하고 넓어지기를 기대하고 있다. 주식은 기본이 1만 원으로 아무나 출자할 수 있다. 이 사업은 생산자에게는 온당한 임금과 환경 친화적인 생산 양식 독려를, 소비자에게는 윤리적이며 의미 있는 그리고 생태적인 소비를 할 수 있는 징검다리 역할을 하는 상생적인 활동이다.

여성환경연대를 시작할 때 박영숙은 60대였다. 모두들 은퇴하는 나이에 새로운 일을 시작할 수 있었던 데는 그녀가 가진 전문성이 주요한 역할을 했다. 케임브리지에서 한 공부는 안병무의 예견대로 박영숙에게 평생 일을 할 수 있는 힘을 만들어 주었다고 할 수 있다. 그렇지만 그게 다는 아니었다. 그녀는 여전히 새로운 상상력을 갖고 있었고 무엇보다 젊은이들한테 배우겠다는 의지도 분명했다. 자신이 모르는 부분은 집중해서 공부했고 기꺼이 다른 사람들의 충고나 의견을 받아들였다. 연륜은 새로운 기운과 만나 창조성을 발현하고 젊은이들의 잠재력은 오랜 경험과 만나 구체화되고 현실화될 수 있었다. 여성환경연대가 바로 그렇게 탄생했다.

여성환경연대는 박영숙 개인에게도 매우 의미 깊은 조직이다. YWCA나 국회 활동이 기존 조직 내에서 일을 한 것이었다면 여성환경연대는 틀 자체를 완전히 새로 짜는 경험이었다. 이미 만들어져 있는 조직에서는 개인의 상상력이 쉽게 수용되지 않는 일이 종종 발생한다. 특히 국회 같은 정치 조직은 새로운 실험이나 모색을 절대 용납하지 않는 구조다. 그런 조직 안에서는 의견을 반영하기 위한 조직 문화를 개선하느라 더 많은 일을 해야 하는 경우가 있다.

조직 문화를 고쳐 나가기 위해선 장기간의 헌신이 필요하며 의지와 인내를 요구한다. 그만큼 한번 만들어진 조직 문화는 결코 신속하게 고쳐지지 않는다. 새로운 도전은 벽에 부딪히고 신선한 발상은 비웃음거리가 되기도 한다. 박영숙은 조직 속에서 적응하며 변화를 시도하는 것도 의미 있지만 새로운 내용을 담아 내기 위해서 새로운 틀을 만들어 내는 것도 중요하다고 생각한다. 다른 목표를 위해서는 그야말로 '다른' 조직이 필요하다. 특히 여성 문제는 더욱 그렇다. 카리스마 있는 남성 리더에 따라 조직의 방향과 조직원의 행동 방식이 정해지는 조직에서 여성이 차지할 수 있는 자리는 칼끝처럼 좁고 위태로울 수밖에 없다. 남성들은 자신들의 네트워크 속에 여성이 함께하는 것을 불편해하고 자신들의 경험을 전수하기를 꺼린다. 여성들 역시 마찬가지다. 어떤 여성들은 남성들이 만들고 계승해 왔던 조직 문화를 불편해하고 남성들의 경험을 전수받는 것을 거부하기도 한다. 오랜 세월 이어 온 가부장적 조직은 때때로 미래 세대의 가치마저도 한입에 잡아먹는다는 걸 누구보다 잘 알기 때문이었다. 그래서 여성들은 자신들의 경험을 나눌 새로운 틀을 모색하고 실험한다.

오랜 경험을 통해 박영숙은 여자들의 마음속에 얼마나 많은 열정이 있는지 잘 알고 있었고, 조직은 그들의 열정을 발견하여 자극해 주고 새로운 가치로 만들어 낼 때 의미가 있다는 것도 알고 있었다. 여성환경연대를 창립하면서 박영숙은 이곳을 꿈꾸기 좋은 환경으로 만들어 내야겠다는 생각을 가장 먼저 했다.

꿈은 각자가 개별적으로 꿀 때 비로소 창조성이 발현되며 환경운동은 자신이 꾸는 꿈과 다른 사람이 꾸는 꿈이 연대할 때 실현되는 것이다. 서로의 꿈을 들여다보고 격려하는 새로운 장, 사람과 사람 사이에 징검다리를 놓는 일, 그것이 사회의 나이든 사람들이 해야 하는 일이라고 그녀는 생각하고 있었다.

사실 조직을 새로 만드는 일이야 녹색의전화 이후 한국환경·사회정책연구소에서도 이미 시도했지만 틀 자체에 새로운 상상력을 발휘하지는 못한 감이 없지 않았다. 여성환경연대에 이르러 그녀는 비로소 기존 조직과는 다른 조직을 직접 만들어 실험하고 경험을 역사로 만드는 기쁨을 맛볼 수 있었다.

여성환경연대 활동을 하면서 박영숙은 자신이 배운 경험과 교훈을 다른 여성들과 나누고자 했다. 자신의 경험이 젊은 여성들을 개발하고 다른 여성을 지원하는 관계의 의미망으로 작용했으면 .

하는 바람과 함께 차세대 여성 리더들을 육성하고 싶은 책임감도 가졌다. 물론 그녀 스스로도 다양한 세대의 문화와 접속하면서 끊임없이 새로워지려고 노력했다.

여성환경연대 이후 그녀는 새로운 조직들을 계속 만들어 나간다. 새로운 꿈을 꾸는 사람들은 과거의 전제 조건을 가볍게 뛰어넘어 새로운 규칙을 창조하고 새로운 사고방식과 행동 방식을 창출해 나간다. 그 속에서 그녀는 새로운 지도를 만들어 나갔다. 방위를 정확히 표시하고 평지는 초록색으로, 높은 곳은 갈색으로 등고선을 꼼꼼히 그려 나갔다. 생의 급경사와 완경사를 가늠해 계곡선과 주곡선, 간곡선과 조곡선도 잊지 않았다. 그러므로 이 지도를 읽는 사람은 축척을 계산해 실제 거리를 가늠하고 기호를 정확히 해석하면 원하는 목적지에 도달하게 된다.

엘리너 프로젝트

1997년 말 외환 위기의 혼란 속에서 정권 교체가 이루어졌다. 네 번의 도전 끝에 드디어 대통령이 되었지만 김대중 정부가 처한 상황은 그렇게 만만치 않았다. 무엇보다 경제 사정은 사상 최대의 위기로 불릴 만큼 좋지 않았다. 외환 위기가 심각한 국면에서 정부의 선택은 자연히 경제 위기를 극복하는 것이었고 그것은 곧 신자유주의적 구조 개혁으로 이어졌다. 그 과정에서 수많은 문제들이 터져 나왔다. 소득 불평등은 심화되고 실업자가 양산됐다. 사회적 양극화는 더욱 심각해지고 고착화되는 경향을 보이기 시작했다. 까마득한 시절의 이야기로 치부했던 '점심을 굶는 아이'들이 신문 사회면에 등장하기 시작한 것도 이 무렵이었다. 이 문제에 가장 먼저 대응을 한 건 영부인이었다.

여성 운동가이자 민주화 운동가, 그리고 늘 소외된 이웃에 시선을 돌리려 애썼던 이희호가 영부인이 되면서 청와대에도 작은 변화들이 생겨났다. 현 여성부의 모태가 되는 '대통령 직속 여성특별위원회'가 출범했고, 장관들의 임명장 수여식 때는 부부가 동반

해서 임명장을 받는 새로운 관행도 생겨났다. 이전까지 영부인의 집무 공간은 비서실장 방 밑의 조그마한 지하 공간에 배치돼 있었는데 "도대체 우리가 이 좁은 방에 어떻게 다 있으란 말이냐"란 영부인의 항의에 아래층 전부가 퍼스트레이디의 집무실로 자리 잡게 되는 것도 이때의 일이다. 이런 일들은 김대중 이희호 부부에게는 자연스러운 일이었다. 청와대로 이사하기 전까지 이들 부부가 살았던 동교동 자택 문패에는 '김대중 이희호'의 이름이 나란히 적혀 있었다. 박정희 정권의 탄압으로 죽음을 넘나드는 고난을 겪으면서 두 사람은 부부이면서 동시에 동지였다.

"아내의 동역자로서의 지원은 정말 값진 것으로서 그러한 아내가 없었던들 오늘의 내가 있을 수 없었을 것이다."[10]

영부인 측으로부터 결식아동 사업과 관련하여 연락이 왔을 때 박영숙은 한국환경·사회정책연구소 일로 한창 바쁘던 시점이었다. 여력이 없었지만 당장 밥을 굶는 아이들 문제보다 더 급한 것은 없다고 판단해 박영숙은 청와대로 간다. 이희호는 김성재(한신대 교수, 국민의 정부 문화관광부 장관)와 박영숙에게 이 사업의 골격을 만들어 줄 것을 요청한다. 일 진행 과정에서 김성재 교수와 박영숙은 의견 차이가 있었다. 김성재 교수는 대학생들이 참여하는 단체 구성을 제안했고, 박영숙은 결식아동을 돕는 일만 하는 기구를 만들자는 입장을 견지했다. 이희호는 박영숙의 제안을 받아들인다. 결국 일의 이름과 틀은 김성재 교수가 만들었지만, 일의 내용은 박영숙이 채워 나갔다. 이렇게 해서 1998년 사랑의친구들이 창립된다. 30여 년 전 YWCA에서 만나 민주화 운동의 과정에서 고난을 함께 겪고 정치적 장에서 만났던 두 사람이 대통령 영부인과 단체 총재로 만나 또 함께 일을 시작하게 된 것이다.

"박영숙 선생과 깊은 인연이 있어요. 그리고 여러 면에서 도움을 많이 받았습니다. 내가 YWCA 연합회 총무로 일할 당시 박영숙 선생은 와이틴 간사로 여자 중고등학생들을 위한 많은 일을 하고 있었어요. 대학 시절부터 학생회 임원도 역임했고 활발하고 지성적이며 영어도 잘하고 언변도 좋았어요. 그리고 아이디어가 뛰어난 이였습니다.

내가 YWCA를 퇴임하게 되자 내 후임으로 연합회 총무가 되었지요. 박영숙 선생과 다시 만난 것은 1976년 3·1민주구국선언 사건으로 남편 옥바라지의 동지로 구속자 가족이 되어서예요. 우리는 남편의 석방을 위해 재판이 있는 날에는 가두시위를 다녔고 민주회복을 속으로 외우며 뜨개질을 했습니다. 그러다 보니 우리는 더욱더 가까운 사이가 되었죠.

그 후 내가 청와대에 들어갔을 때도 내 할 일에 대해서 많은 조언을 해 주었어요. 나는 박영숙 선생과 김성재 교수 등과 의논하여 결식아동을 위해 사랑의친구들을 만들게 되었죠. 우리는 오늘까지도 서로서로 협조하며 지내는 사이예요."

사랑의친구들의 첫 사업은 '굶는 어린이가 없는 세상을 위한 사랑의 바자 한마당'이었다. 서울 이화여고에서 열린 이 바자회에는 많은 사람들이 참가해 성황을 이루었다. 서울에서 시작된 결식아동 돕기는 부산, 해남, 광주 지역의 바자로 확산된다. 작은 물방울처럼 모아진 돈은 큰 힘을 발휘했다. 서울 바자에서 모아진 돈만으로도 1만 9천여 명에 이르는 어린이들에게 추운 겨울 방학 동안 따뜻한 밥을 먹일 수 있었고 어린이들을 위한 프로그램을 지원할 수 있었다. 공부방과 민간단체에 지원된 금액은 그 지역 사회 안에서 따뜻한 식사와 공간을 제공할 수 있게 해 방치된 어린이들에게 기댈 언덕이 되어 주었다. 이러한 활동은 결식아동에 대한 심각성을 사회적으로 널리 알리고 해결 방안을 정책화하는 성과도 가져왔다.

이 과정에서 문제가 발생하기도 한다. 사업은 투명하게 해야 한다는 원칙을 갖고 있던 박영숙이 바자가 끝난 후 감사의 글과 함께 기부자와 기부 내역과 모금된 기금의 사용처 등을 세밀하게 공개하는 보고 브로셔를 5천 부 작성하여 사회에 배포했다. 그러자 야당인 한나라당에서 기부한 사람들을 일일이 체크해 전화와 방문을 통해 외부 압력은 없었는지 등을 꼬치꼬치 따지고 드는 통에 기부를 한 사람들이 난감한 입장에 빠지게 될 정도였다. 한나라당은 계속해서 영부인을 통해 자금을 축적한다는 등 엉뚱한 소리를 했지만 워낙 투명하고 공정하게 사업이 진행되는 통에 아무도 더 시비를 걸 수 없었다.

사랑의친구들 일을 하면서 박영숙은 밥을 먹이는 것 이상으로 결식아동들에게 필요한 게 있다는 걸 알게 된다. 빈곤 가정의 문제는 경제적 어려움 외에도 심리·정서적인 불안과 산만함, 학습 부진, 질병 등으로 다양하게 나타났다. 박영숙은 밥을 나누면서 마음을 나눌 수 있는 특별한 행사를 준비한다. 과거 YWCA 시절 경험을 떠올리며 기획한 이벤트였다.

박영숙이 활동을 하던 1950~60년대에는 설날에 떡국을 못 끓이는 사람들이 많았다. 그래서 당시 YWCA 고문총무인 박에스더는 연말이 되면 큰 박스에 설날 한 가족이 잘 먹을 수 있도록 떡, 고기, 아이들 간식거리, 과일을 넣은 상자를 마련해 가난한 동네를 찾아가곤 했다. 매해 크리스마스 때마다 빠짐없이 한 일인데 사연도 많았다. 어느 해인가 중랑천에 있는 '하꼬방' 동네에 갔을 때는 아기를 낳은 지 얼마 안 된 산모가 냉기가 도는 방 안에 아이를 안고 누워 있었다. 먹은 게 없어 젖도 제대로 나오지 않는지 아기는 젖을 빨다 울고 또 젖을 빨다 울고 있는 가정을 방문한 일을 박영숙은 잊지 못하고 있었다.

　그때 일을 떠올리며 이번에도 떡국을 끓일 양지머리, 아이들이 좋아한다는 방울소시지, 과자 등을 초록색 바구니에 담아 노란색 보자기로 예쁘게 쌌다. 수천 개를 만드느라 힘들기도 했지만 누군가 기쁘게 받을 생각에 자원 활동가들의 입에서 미소가 떠나지 않았다. 그 바구니를 들고 직접 달동네로 찾아갔다. 관악구의 달동네엔 일을 나간 부모들이 돌아오지 않은 빈 집에서 난방을 제대로 못해 아이들이 이불이란 이불은 다 꺼내 깔아 놓고 있었다. 노인들의 가정도 형편은 마찬가지였다. 뜻밖의 선물에 아이들과 노인들은 환호성을 지르며 좋아했다. 박영숙과 이희호 등 자원 봉사자들의 마음이 더 환해지는 순간이었다.

　이러한 활동은 소외된 전국의 빈곤 지역 공부방과 그룹 홈에 대한 중점적인 지원을 강화하도록 사회 여론을 일으키는 데 작용하기도 했다. 박영숙은 탁아법을 만들 때의 일이 저절로 떠올랐다.

빈곤 지역 어린이들을 위한 공간들은 더욱 확충되고 지원받아야 한다는 점을 그녀는 늘 지적했다. 빈곤 지역의 공부방은 돌봐 줄 어른이 없이 방치된 아이들을 위해 학습과 식사를 제공하는 역할은 물론 정서적인 교류를 할 수 있는 장이 되기 때문이다.

박영숙이 2년간 사랑의친구들에서 함께한 일은 결식아동 돕기, 실직이 된 여성 가장의 창업 지원 사업, 연말연시에 떡국 나누기, 사랑 나누기 운동으로서의 의료 지원 및 생계 지원 활동, 외국인 노동자 쉼터 마련 지원 활동, 북쪽 어린이 지원 사업 등이다. 이러한 활동은 재미교포 어머니들로 구성된 '나라사랑어머니회'가 앞장서 주어서 가능했다. 나라사랑어머니회는 미국 전역에 지부가 있는 최초의 한국 여성 단체로 성장했으며, 이 운동은 미국 외 지역에서도 활동하게 되었고 지금까지도 해마다 가을에 개최되는 사랑의바자에 회원들이 대거 참여하여 나눔과 돌봄 운동을 지속하고 있다. 한국의 결식아동 문제가 진정 국면에 들어서자 그들은 국제 어린이 재단과 같은 역할로 세계의 어린이들을 돕고 있다.

사랑의친구들이 안정적으로 자리 잡을 무렵 박영숙은 이사장 직을 물러난다. 그리고 또 다른 과제를 시도하는데 일단의 여성들과 함께 '엘리너 프로젝트'를 추진하는 것이었다. 미국에서 가장 존경받는 퍼스트레이디인 엘리너 루스벨트처럼 우리나라도 퍼스트레이디의 바람직한 역할 모델을 적극적으로 만들어 보자는 취지였다. 박영숙은 이희호가 지금까지와는 다른 대통령 영부인의 역할을 해낼 수 있으며, 해내야 한다는 기대를 갖고 있었다. 일반적으로 영부인은 대통령이 지나칠 수 있는 부분, 감당하지 못하는 부분을 정서적·제도적으로 보완하는 역할을 해야 한다고 생각하지만 박영숙은 이희호라면 그 이상의 창의적 역할을 할 수 있다고 믿었다. 박영숙은 바람직한 영부인의 지위와 역할에 대한 매뉴얼을 만들 수 있는 기회라고 생각해 본격 '영부인 프로젝트'를 시도해 보려고 했다.

군주제에서 대통령제 중심의 근대 정치 체제로 전환하면서 영부인은 분명 공적인 위치에 있게 됐지만 사람들은 종종 영부인에게 이중적인 잣대를 적용하면서 공과 사의 모호한 경계에 서 있기를 요구한다. 즉 영부인에 대해 한 남자의 반려자 이상의 의미를 부여하면서도 공적인 장에 지나치게 드러나는 것을 경계하는 것이다. 여전히 여성이 정치의 일선에서 움직이는 것에 대한 불편한 심기가 잠재해 있다가 결정적인 순간이 되면 수면 위로 올라오곤 한다. 미국이든 한국이든, 독재 정권 시절이든 국민의 정부 시절이든 영부인에 대한 이 '수상한 이중 잣대'는 계속 적용됐다. 클린턴 정부 시절 힐러리에 대한 수많은 비난과 비판이 있었던 것도 그녀가 이전의 영부인과 '다른' 행로를 택했기 때문이다.

박영숙은 이희호가 '다른' 행로를 택하기를 바랐다. 소리 없이 대통령의 내·외부 행사를 수행하는 것만으로 영부인의 역할을 다하는 것이 아니라고 생각했던 것이다. 영부인의 새로운 위상을 정립하는 데 이희호만큼 적절한 인물은 없다고 그녀는 판단했다. 그러나 엘리너 프로젝트는 '영부인의 활동은 잘하면 본전이고 못하면 마이너스'라는 청와대의 인식에 발목이 잡혀 있어서 순탄하게 진행되지 못했다.

그럼에도 이희호는 교착 전 한일 관계를 완화하기 위한 민간 외교 활동, 새로 열린 중국 관계에 한국을 알리는 활동 등을 전개한다. 또한 여성단체들의 요구에 기꺼이 응해 한국여성재단의 명예 추진위원장직도 받아들이고 적극 지원하기로 한다.

하지만 호사다마라고, 때마침 터진 옷 로비 사건의 여파로 엘리너 프로젝트는 제동이 걸린다. 옷 로비 사건이란 1999년 외화 밀반출 혐의를 받고 있던 신동아그룹 최순영 회장의 부인 이형자가 김태정 검찰총장 부인 연정희에게 고급 옷을 선물했다는 기사가 나오면서 촉발된 로비 사건이었다. 영부인과 직접적인 연루는 없었지만 청와대 참모들은 이희호가 드러나지 않기를 바랐고, 결국 영부인 프로젝트는 힘을 받지 못하게 되고 말았다. 이 부분에 박영숙은 아쉬움이 많다.

"박 선생님은 비전을 크게 보는 분이에요. 이희호 선생님이 여성 운동가 출신이고 여성에 대한 애정이 있었으므로 거시적인 안목에서 영부인에 대한 정치적 위상을 만들어 내고자 하셨죠. 정치권에 옷 로비 사건이 나면서 청와대에서는 어떻든 영부인의 역할을 축소하고자 했고 소리 없이 지내기를 바라는 분위기였어요. 영부인의 위상에 대한 논의, 영부인의 정치적인 위치에 대한 고민을 하면서 제자리를 찾아낼 수 있는 기회였는데 아쉬움이 크죠. 그렇지만 박 선생님의 선진적인 시도는 높이 사야 한다고 생각해요."

전 한국여성재단 사무처장 이재은은 이렇게 말한다.

박영숙은 정치 영역에서 여성은 끊임없이 가시적 존재가 되어야 한다고 생각하는 사람이다. 비난이든 칭찬이든 그 시간을 거치지 않고 여성이 정치 영역에서 '자연'스러워지는 건 불가능하기 때문이다. 일부의 견제로 프로젝트가 축소되긴 했지만 영부인으로서 이희호는 나름대로의 업적을 남겼다. 독자적인 해외 순방 영역을 개척했고, 역대 영부인으로서는 처음으로 2002년 5월 대통령을 대신해 유엔 아동특별총회에 참석, 의장국으로 임시 회의를 주재하고 기조연설을 하는 기록을 남겼다. 특히 남녀차별금지법을 만들 때 적극적으로 지원하는 등 여성 정책이 제대로 앞으로 나가지 못할 때 늘 적극적으로 후원하고 지지했다. 대한민국의 영부인으로서 이희호만큼 젠더 이슈를 직접 제기하고, 그것을 움직여 나간 영부인은 없었다. 무엇보다 여성 운동가 출신 대통령 영부인이라는 존재 그 자체만으로도 여성 관련 이슈들이 쉽게 풀렸다. 영부인의 정치적 위상이 얼마나 중요한지 가늠할 수 있는 일이다.

진행 도중에 제동이 걸리긴 했지만 엘리너 프로젝트는 일정 부분 성과를 거두었다. 이희호가 청와대를 벗어난 지금까지도 사랑의친구들은 흔들림 없이 활동하고 있고, 명예총재인 영부인 역시 여전히 직접 시설을 방문하고 지원하고 있다.

딸들에게 희망을

사랑의친구들과 여성환경연대 일을 하는 동안 새로운 세기가 오고 있었다. 신문도 텔레비전도 온통 뉴밀레니엄에 대한 이야기로 꽃을 피우고 있었다. 쉽게 마음이 들뜨지 않는 박영숙도 어떻게 새로운 세기를 맞을까 생각하는 자신을 발견할 수 있었다. 새로운 세기, 어리고 젊은 여성들이 살아갈 저 시대에 가장 필요한 일은 무엇일까. 이제 박영숙의 고민은 후세대 여성들이 더 나은 조건에서 살아갈 환경을 조성하는 데 있었다. 후세 여성을 위해 사회의 리더들이 할 수 있는 일, 그건 여성들이 꿈을 꿀 수 있는 시스템과 환경을 만드는 일이었다. 이 관심사는 여전히 박영숙에겐 기쁨의 원천이고 새로운 상상력을 발휘하게 하는 원동력이었다.

"양성 평등한 세상을 만드는 일, 그 대의명분에 누가 선뜻 반론을 제기하겠는가. 그러나 우리의 꿈이 정당하고 옳다고 해서 그 꿈이 저절로 현실이 되는 것은 아니다. 각자의 영역에서 자신이 할 수 있는 구체적인 실천을 직접 하는 노력이 무엇보다 중요하다. 뭔가 획기적인 역사적 사연이 있을 것 같은 여성재단의 탄생 역시 이런 작은 노력에서 시작됐다."[11]

20세기의 마지막 봄, 박영숙은 어떤 자리에서나, 어떤 만남에서나 말문을 열면 한국 여성 기금의 필요성을 피력한다.

"1999년 어느 따뜻한 봄날, 새천년을 눈앞에 두고 일평생을 평등한 세상을 꿈꾸어 온 몇몇 여성 운동 선배들이 차 한 잔을 앞에 두고 담소를 나눈 이야기의 주제는 평등한 세상을 앞당기기 위한 선배들의 역할로 자연스럽게 옮겨 갔고, 후배들이 좀 더 안정적인 기반 위에 더 많은 꿈을 펼칠 수 있도록 열악한 조건 속에서도 사회에 대한 헌신 하나로 묵묵히 활동하고 있는 여성 단체들의 재정 마련의 어려움을 덜어 주어야겠다는 생각으로까지 어느새 의견이 모아졌다. 그리고 내친 김에 그 자리에서 바로 머리를 맞대 '여성기금'을 마련한다는 큰 뜻을 세웠던 것이다."[12]

이날의 모임은 이후 한국여성재단이라는 새로운 조직을 탄생시키는 데 결정적인 역할을 했다.

박영숙은 여성들을 위한 기금 조성을 꿈꾸면서 그 밑그림을 그리기 시작한다. 이 재단의 성격은 정파성과 이념성을 초월한, 정부 지원이 없는 순수 민간 재단으로 한다. 인구의 절반인 여성들을 위하는 일이니 남녀를 불문한 사회 각계각층의 대표자들이 앞장서게 한다. 여성 단체들이 겪고 있는 특수 사정을 고려해 대통령 영부인이 재단의 후견인이 되게 한다.

박영숙은 재단 설립을 공개적으로 추진하기 앞서 상황 점검에 들어간다. 여성계의 견해를 확인한 다음, 그녀는 일단 기부 시장을 타진해 보았다. 때마침 출범한 전국경제인연합회의 사회공헌

위원회 장영신 위원장을 비롯한 상임 임원들을 만났는데, 그 자리에서 확인한 것은 전경련이 해마다 1천억 규모의 사회 환원을 하고 있음에도 돌아오는 것은 불명예라는 반응이었다. 그도 그럴 것이 환원금의 절대액이 정치권으로 들어가고 있었기 때문이다. 그들도 명예로운 기부 풍토가 조성되기를 바라고 있었다.

박영숙은 다음 단계로 영부인을 재단의 후견인으로 하는 것이 적합한가를 확인했다. 이 판단을 내리기 위해 그가 만난 이는 강원용 목사였다. 재단의 첫 번째 후견인이 될 이희호 영부인을 오랫동안 잘 알고 있을 뿐만 아니라 세상사를 빠르게 판단한다고 평소에 생각하고 있었기 때문이다. 그 다음 그녀가 찾아 나선 사람들은 재단의 이사장을 비롯한 임원진 후보자들과 재단을 함께 추진할 사람들이었다.

마침내 모두의 긍정적인 반응을 확인한 그녀는 꿈을 현실화하는 발걸음을 내딛는다. 한국여성재단이 공개적으로 드러나기 시작한 것은 1999년 9월 1일 여성신문이 주최한 '여성기금 마련을 위한 공개 토론회'서부터였다. 바로 그 달 15일에는 11명의 여성계 원로, 124개의 여성 단체 대표, 26명의 개인 지도자들이 함께하는 (가칭)한국여성기금 발족을 제안하는 공개 기자 회견을 개최하고, 일사천리로 그해 12월 6일 대통령 영부인을 명예추진위원장으로, 각계각층 남녀 대표 57명을 공동추진위원장으로 하는 '한국여성기금 추진위원회'를 출범시킨다. 기자 회견을 통해 영부인이 추진위원장이 되어 줄 것을 요청했고 교섭을 위해 방문단을 지명했다. 청와대 측은 영부인이 추진위원장의 기능을 다하기는 어려

운 상황임을 지적하며 명예직을 수락하고, 여성재단은 이후 이 선
례에 따라 재단의 명예직을 영부인이 맡는 관례를 지켜 나간다.

재단이 법인체 인가를 얻기 위해서는 부처 선정과 출연금 모금
을 해야 했다. 여성부가 없던 때라 행정자치부를 선택했는데, 부
처에서는 선례가 없는 일이라 난처해했다. 공무원 사회를 설득해
내는 데도 많은 노력이 필요했다. 출연금은 대통령 내외를 비롯한
추진위원 전원의 염출로 충당했다.

한국여성기금 추진위원회가 공익 재단법인 자격을 취득함으
로서 최초의 여성을 위한 재단이자 최초의 시민 사회 공익 재단인
한국여성재단이 창설된다. 그 후 이름다운재단, 환경재단 등이 이
어서 탄생하며 한국에도 시민 사회 공익 재단 시대가 열린다. 시
민 단체가 주체가 되는 공익 재단 설립은 그 선례가 없던 관계로
출연금 모금의 난제부터 관계 부처를 설득하여 재단 설립을 인가
받는 것 등 어려움이 많았지만 여성재단 설립은 한국 사회에 존재
하지 않던 새로운 조직의 탄생을 알리는 신기원이 되었다.

한국여성재단의 목적은 '딸들에게 희망을'이란 기치 아래 여성
복지를 위해 활동하는 여성 단체들을 지원하는 일과 우리 사회에
나눔과 돌봄의 문화를 정착시키기 위한 기부 문화 확산에 있었다.

재단이 설정한 기금의 목표액은 1천억 원이었다. 당시 한국이
IMF 사태 등 경제적으로 어려운 상황이었기에 이 목표액은 세상
을 놀라게 했다. 그러나 박영숙을 비롯한 여성재단의 위원들은
이 땅 인구의 절반인 2천만이 넘는 전체 여성들을 위한 기금이니
만큼 이는 최소한의 목표라고 생각했다. 그러나 창립 9주년을 눈

앞에 두고 있는 지금까지도 목표의 10분의 1밖에 달성하지 못한 것은 많은 생각을 하게 한다.

한국의 기부 문화는 기본적으로 척박하다. 일시적이고 사후적이긴 해도 '불우이웃'이라 말해지는 이들에 대한 나눔의 문화는 그나마 관대하지만 시민 사회 단체의 공익 활동을 위한 기부에는 유독 인색하다. 많은 시민 단체들이 재정 문제로 어려움을 겪는 이유가 여기에 있다. 그중에서도 여성들을 위해 흔쾌히 가진 것을 쾌척하는 이를 찾기란 쉽지 않다. 기부 문화에도 성 차별이 분명 존재하기 때문이다.

"왜 여성재단의 기금은 후발 재단들에 비해 그 성장이 늦느냐?"는 질문을 가끔 받으면 박영숙은 이런 경험을 이야기한다.

"얼마 전에 있었던 일이다. 여성들을 주 고객으로 하고 있는 화장품 제조업체 CEO가 그의 유산을 여성을 위해 써 달라고 하면서 선택한 기부처는 여성재단이 아니었다. 그것은 그들이 여성재단의 존재를 몰랐거나, 알고 있었으나 신뢰할 수 없어서이거나, 그도 아니면 여성재단에 기부하면 생색이 나지 않아서 중에 하나일 것이다. 어느 쪽이었거나 여성재단은 크게 반성하면서 재확인한 것은 우리 사회에 성 차별의 뿌리가 깊게, 넓게 자리하고 있다는 것이다. 여성 운동의 궁극적인 목적은 여성 운동을 종식시키는 데 목적이 있다. 우리 딸들과 아들들이 함께 우뚝 서는 사회를 만드는 일을 하는 재단 활동을 하면서 새삼스럽게 여성 운동을 해야 하는 또 하나의 이유를 찾게 된 것은 유감이 아닐 수 없다."[13]

여성들의 끈질긴 요구와 지속적인 노력이 없이 여성의 몫을 찾는 일은 불가능하다. 로또 복권 기금이 그 대표적인 예다. 여러 부처에 흩어져 관리되던 복권 제도가 통합 관리되는 '통합복권법'이 제정되면서 로또 복권이 만들어질 때 일이다. 새로 제정된 법에 따라 복권 수익의 혜택이 기득권이 있는 부처에만 주어지게 되자 후발 부처인 여성부는 수혜 대상에서 제외된다. 재단 파트너인 여성 단체들은 로또 수익은 많은 성인 여성들도 기여해 조성된 것이니 마땅히 여성에게도 혜택이 주어져야 한다고 주장했고, 그 결과 여성부도 수혜 대상이 되었다.

기업의 사회 공헌 활동과 나눔의 문화가 확산되는 분위기에 힘입어 최근 여러 분야에서 기금이 조성되고 있지만 여성의 몫이 저절로 분배되는 건 아니다. 여성들의 집요한 요구와 요청이 있을 때라야만 비로소 그 열매는 여성의 몫이 된다. 여성재단과 여성계의 노력으로 다행히 정부 차원에서도 정책과 기관 운영의 성별 영향 평가를 하여 국가 예산 집행에서도 '성 인지 예산 제도'가 도입되고 있는 실정이다. 성 인지 예산 제도란 국가 예산에서 성 차별 없는 예산 집행을 하고 있는가를 평가하는 제도다.

재단의 기부 모금액의 달성은 아직 멀리 있지만 사업 지원 규모는 해마다 꾸준히 늘고 있다. 그 이유는 2002년부터 여성재단의 모금 활동의 중점을 영구 기금(기금은 존치해 내면서 수익만 사용하는 기금)에서 사업 지원금 모금으로 방향을 틀었기 때문이다. 재단이 사업 모금 방향을 전환한 이유는 기금을 활용한 수익 활동은 은행 예치에 의존할 수밖에 없는 상황에서 저금리 현상은 기금 축적의 의미를 약화시키기 때문이다.

　재단의 존재 이유는 여성 단체의 사업을 지원하는 데 있다. 그러므로 좀 더 많은 단체들을 지원하려면 다양한 방식의 모금 활동을 시도해야 한다. 사업별로 지원금을 받는 형식도 그중 하나다.

　좀 더 많은 단체에 더 많은 지원금을 배분하기 위해서 현재 힘을 기울이고 있는 부분은 사업별로 지정 기부를 받는 일이다. 우리 사회가 요구하고 있는 과제 해결을 위해 프로젝트를 개발하여 기업의 사회 공헌팀들에게 제안하고 사업 추진을 공동으로 하는 것이다. 상호 협력을 통해 효율성을 높이는 방안으로서 점차 힘을 얻고 있는 추세다.

　재단의 배분 사업에서 박영숙이 굽히지 않고 있는 첫 번째 기본 원칙은 재단은 단체를 지원하기 위해 있는 것이니 재단이 직접 사업을 펼치지 않는 것, 다시 말해 재단이 또 하나의 단체가 되어서는 안 된다는 것이다. 둘째는 단체들의 지원 사업을 선정할 때 재단이 선호하는 사업이 아니라 단체의 목적에 부합하는 사업을 지원하는 것, 그것은 단체들이 지원을 받기 위해 목적 외 사업을 할 경우 목적에서 이탈하는 결과를 가져올 수 있기 때문이다. 셋째, 단체들이 실질적인 예산 편성과 집행을 하게 할 것, 그것은 경영 방식이 다른 지원 기관이 요구하는 양식에 맞추기 위해 위장된 문서 작성을 하지 않게 하기 위함이다. 재단의 지원금 중에는 경상비 지원도 일정 정도 포함하게 하는 것이 그 예인데 여타 지원과 차별화되는 지점이기도 하다. 박영숙은 한국여성재단의 배분위원회는 가장 모범적인 배분 기능을 다하고 있어 여타 재단들이

벤치마킹하고 있다고 자랑하기도 한다. 이유미 전 한국여성재단 배분팀장은 이렇게 말했다.

"박영숙 이사장은 재단의 배분 사업은 공정하고 투명해야 한다는 조언만 주시고 전적으로 배분위원회에 일을 위임하셨습니다. 그동안 당신이 직접 관계를 맺어 왔던 단체들도 있고 관계를 맺지 않더라도 여러 단체들로부터 아쉬운 소리도 들으셨을 법도 한데 단 한 번도 배분위원회에서나 실무진들에게 어느 단체를 지원했으면 한다는 말씀을 하신 적이 없습니다. 모금은 하시지만 배분은 전적으로 위원회에게 맡기시는 그분의 투명하고 엄격하신 품성이 한국여성재단을 건강한 시민 사회 재단의 모범적인 조직으로 지켜 왔던 힘일 것입니다."

박영숙이 시민 사회와 기업의 사회 공헌 활동 사이의 중간 기구로서의 시민 사회 공익 재단의 역할을 중시한 것은 자신이 오랫동안 시민 사회 운동을 경험한 데서 비롯됐다. 세계 어느 나라에도 회원의 회비만으로 단체가 운영되는 운동 단체는 없다. 회비는 통상 30%가 고작이고, 그 나머지는 사회의 독지가나 정부 지원으로 이루어진다. 여기에서 불거지는 문제들을 해결하기 위해 대안들이 개발된다. 기업의 직접 지원으로 단체의 정체성의 훼손을 막는 방법이 중간 기구 역할을 하는 공익 재단의 설치. 정부 지원으로 빚어지는 수직 상하 관계에서 탈피하기 위해 영국에서는 시민 사회와 정부 간의 '협약'이 만들어진다. 우리나라 언론이 번번이 시민 사회에 대한 기업과 정부의 지원을 싸잡아서 비판하는 데 대해 박영숙은 이렇게 말한다.

"우리나라의 시민 단체를 하나로 묶어서 보는 것은 잘못이다. 단체 중에는 정부나 기업을 비판하고 감시하는 운동체도 있지만 절대 다수는 정부가 못하고 있는 정책을 실질적으로 감당하고 있는 것이 우리 현실이다. 후자의 경우는 당연히 정부의 지원이 따라야 하며 기업의 후원도 있어야 한다. 무조건 정부와 기업의 지원을 받아서는 안 된다는 시각은 정정되어야 한다."

시민 사회의 건전한 육성을 위해서는 기부 문화가 활성화되어야 한다. 정부가 기업의 이윤을 세금으로 환수하는 것도 중요하지만 기업의 사회적 책임 이행으로서의 기부도 장려해야 하고 무엇보다 중요한 것은 시민들이 적극 참여할 제도와 대책, 사회 분위기를 만들어 가는 것이다.

재단의 기본적인 기능은 모금과 배분이다. 박영숙은 기부 문화를 확장하는 데는 큰손들의 기부가 한몫을 하지만 십시일반의 개미떼 기부가 중요하다고 강조한다. 그녀를 비롯한 여성계의 인사들은 창의적인 아이디어를 내며 다양한 모금 방법을 제시한다. 희망의 동전 모으기, 월급의 0.1% 나누기, 결혼 축의금 1% 나누기, 아이들의 백일 또는 생일 축의금 나누기, 가계 수입 나누기, 특정 상품의 매출액 일부 나누기, 인세 또는 출연료 나누기 등 나눌 수 없는 것은 세상에 없다 할 정도로 다양한 모금 방법이 동원된다.

재단의 대표적인 모금 방법의 하나는 5월 한 달 동안 진행되는 '100인 기부 릴레이'다. 한국여성재단이 5월을 집중 모금의 달로 정하고 2003년부터 시작한 캠페인이다. 100명의 이끔이들이 1일에는 자기가 기부하고 다음 주자에게 바통을 넘기면 두 번째 주자가 같은 식으로 기부하고 바통을 세 번째 주자에게 넘겨 주는 식의 모금 방법이다. 100개의 릴레이 줄이 완주하면 5월 31일에 총 3,100명의 릴레이 주자들이 탄생한다. 이들은 기부자가 될 뿐만 아니라 기부를 권하는 모금자가 된다는 데 큰 의미가 있다. 이 기간에는 돈뿐만이 아닌 시간과 재능, 음식, 물품 등의 기부도 이어진다. 재단 홍보대사로 '딸들에게 희망을' 사진전에서 사인회 및 기념 촬영 나눔을 한 영화배우 김보성의 말은 의미심장하다.

"우리는 작은 물방울이지만 혼자 동떨어진 물방울이 아니라 바다 속의 물방울입니다. 그러니까 내가 다른 이를 돕는 것은 큰 바다 전체를 좋게 하는 일이고 결국은 나를 위한 일이기도 하거든요. 모든 여성들이 존중받는 사회를 만들기 위해 남성 가운데서도 '터프가이'라고 불리는 제가 조금이나마 힘이 되었으면 좋겠습니다."[14]

지금까지 여섯 번 추진한 100인 기부 릴레이는 2만 명에 가까운 수의 재단 식구를 만들어 주었다. 든든한 버팀목이 마련된 것이다. 2008년 5월 100인 기부 릴레이에서는 『여성신문』과 공동 캠페인을 전개하면서 그 주제를 '이제 기부도 롱테일 시대로'라고 하며 평범한 사람들이 참여하는 기부의 대중화 시대를 연 것은 그 의미가 크다. 롱테일이란 상위 20%가 전체 매출의 80%를 차지한다는 경제학상의 '파레토 법칙'에 반대되는 개념으로 평범한 80%가 주도하는 시장을 의미한다.

재단이 기부자와 사업 추진 주체 사이의 가교 역할을 한다는 초기의 미션을 꾸준히 그리고 성실하게 지켜 온 결과 언제부터인가 여성재단에 대한 긍정적인 평가가 나타나기 시작했다. 여성 단체들은 필요한 후원금을 후원 기관에서 직접 받을 때 알게 모르게 후원 기관이 단체의 정체성에 영향을 미칠 가능성을 염려한다. 중간에서 단체와 기업을 이어 주는 역할을 하는 재단의 존재는 필수적이며 그래서 존재 자체가 여성 단체에 격려가 되고 있다. 여성을 위해 기부하고 싶은 이들은 창구가 있어서 다행이라며 여성재단의 문을 스스로 두드리는 이들도 늘고 있다. 일터 나눔에 참여한 인폴리머의 홍태희 사장은 이렇게 말했다.

"사회 이곳저곳에 도움을 필요로 하는 사람들이 많이 있다는 것을 어림짐작으로 알고 있지만 그런 곳이 어디인지 우리는 잘 알지 못합니다. 그런 사회의 음지를 찾아내는 일이 여성재단이 하는 일일 테고, 우리와 같은 기업들은 각자의 영역에서 열심히 일하면서 얻은 수익으로 일터 나눔과 같은 기부에 참여한다면 사회 역할이 제대로 분담되어 건강하게 돌아가는 것이 아닐까요."[15]

재단 설립을 전후해 박영숙은 미국, 영국 등 기부 선진국들의 기부 문화와 공익 재단의 운영 상황을 직접 돌아보았다. 외국의 경험을 조사하고 연구하면서 박영숙은 한국에 적합한 한국의 모델을 만들어 내기 위해 최선을 다했다.

"재단 일을 하기에 박 선생님만큼 적임자도 드물었죠. 돈을 모으고 배분하는 일을 하는 곳이 재단이니만큼 사람들이 신뢰하는 사람, 즉 투명하고 깨끗해야 하며 사심이 없고 원칙에 맞게 노력하는 사람이 재단의 책임자가 되어야 하거든요. 연세도 좀 있어야 하고, 정치할 욕심도 없고, 여성계를 두루 아우르고, 진보적이면서도 보수 진영에서도 존경을 받는 사람, 바로 박 선생님이었죠. 재단을 하기에 더할 나위 없이 훌륭한 조건이 없을 만큼 적합한 인물이었어요. 사실 여성계의 중요한 역할을 할 디딤돌을 하나 만들려 했을 때 박영숙만큼 맞는 인물이 없죠. 한국여성재단은 박 선생님이 있었기에 가능했다고 봐요."

한국여성재단 설립 초기에 사무처장으로 일했던 이재은의 말이다.

딸들이 밝힌 촛불의 힘

2008년 6월 10일, 1987년 6·10민중항쟁 21주년이 되는 날, 서울 시청 앞 광장에는 100만 개의 촛불이 모여 일렁이며 춤추며 그야말로 '촛불의 길'을 만들어 내고 있었다. '촛불 문화제', '촛불 시위', '촛불 항쟁' 등 다양하게 명명되고 있는 이 촛불의 바다는 '거대한 민주주의 배움터' 구실을 해내면서 한국 사회에 새로운 변화와 가능성을 예고하고 있다.

박영숙이 이번 촛불 정국에서 특별히 주목하고 있는 부분은 100만 인파가 100일 동안 촛불을 밝혔고 이 대장정을 촉발한 것이 10대 소녀들이었다는 점이다. 2008년 5월 2일 서울 청계천 소라광장에서 교복을 입은 10대 소녀들이 급식 식탁에 오를 미국산 쇠고기 수입 반대와 그들의 삶을 옥죄는 교육 정책의 시정을 요구하며 촛불을 든 것이 이 대장정의 발화점이었다. 소녀들이 밝힌 촛불은 유모차를 앞세운 주부들, 하이힐의 직장 여성들, 시민들, 운동가들, 정치인들 그리고 종교인들을 시청 광장으로 불러 모았고, 해외의 촛불 집회를 이끌어 냈고, 급기야는 미국 언론을 비롯한 국제 여론을 움직이는 힘을 발휘했다. 이 촛불 거사는 한국의 정치사, 사회 운동사, 여성사에 있어 촛불 시위 이전과 이후로 구분하여 운동의 주체들을 새롭게 바라보게 만들고 있다. 촛불 시위 이전과 그 이후의 주체들을 구분하게 될지도 모른다고들 한다. 특히 한국 여성 운동사에서 촛불 시위를 기점으로 그 전후의 여성이 확실하게 구분된다.

지금까지 여성 운동에서도 소녀들은 운동의 대상이었다. 어린 소녀들은 어른들이 돌보아 주어야 하는 보호 대상으로 인식되었다. 그러나 촛불 대행진을 통해 소녀들은 더는 피보호자, 관리 대상, 보살핌의 대상이 아니며 다른 누군가가 일을 처리해 주기를 기다리는 존재가 아닌 당당한 주체로서 자기의 주권 의식을 행사하는 참여 민주주의 실현의 행위자임을 입증했다. 성숙한 시민 사회의 구성원이 갖추어야 할 자조, 독립, 자율 정신을 보여 준 것이다.

정치와는 거리가 멀다고 추정되던 소녀들, 탈정치적으로 보이던 평범한 여성들이 피동적 '대중'에서 능동적 '다중'이 된 것은 그들이 갖고 있는 '정보력' 덕분이다. 소녀들과 젊은 여성들은 일상의 한 부분인 인터넷을 통해 정보를 교환하고 학습하고 분노하고 격려하며 낯설고도 신선한 민주주의를 실험하고 실천했다. 아무도 예상하지 못했던 촛불 시위는 관례와 관행에 익숙해져 있던 기존의 세대들에 충격과 동시에 희망을 던져 주었다. 박영숙 역시 이 어린 딸들에게서 또 하나의 미래를 읽어 내고 있다. 한편으로 그동안 여성재단이 꾸준히 지원해 온 여성의 정치 세력화 활동이 이제 본격 수면 위로 떠오르는 것이 아닌가 하는 생각에 뿌듯하기도 하다.

한국여성재단은 2004년 제17대 총선에서 특정 지원 사업의 하나로 여성의 의회 진출을 독려하는 활동을 지원한 경험이 있다. 321개 여성 단체들이 결속하여 100여 명의 여성 후보를 발굴하여 각 정당에 공개 추천한 맑은정치여성네트워크의 활동을 지원하고, 여성 후보 당선 운동과 유권자 운동에 필요한 재정을 마련하기 위해 여성재단이 주축이 되어 맑은정치여성기금운동본부를 운영했다.

이러한 지원 사업은 큰 성과를 거두었다. 제17대 국회에 여성 의원 40명이 진출하면서 2004년을 '여성 정치 원년'으로 기록하는가 하면, 2005년 3월에는 우리나라 여성들의 반세기 숙원이던 호주제 폐지를 골자로 하는 민법 개정안이 국회 본회의에서 통과됨으로써 2005년은 양성 평등을 가로막는 마지막 족쇄를 제거한 해로 역사에 기록되었다. 역사 이래 처음으로 여성 국회의원의 의석 비율이 두 자리 숫자인 13.4%를 차지했는데, 비록 세계 평균치에는 못 미치지만 세계 여성 의원 비율 101위에서 62위로 39계단이나 뛰어올랐다. 이를 두고 언론은 원내에서 여성 의원이 두 개의 교섭 단체를 꾸릴 수 있으며 하기에 따라서는 이제 여성 의원이 들러리가 아닌 실세로서 인구 절반의 요구를 당당하게 이루어 낼 수 있는 주역들이 되었다고 했다. '호주제 폐지'와 '성매매 방지'를 이루어 낸 것이 이를 입증한다.

여성의 정치 세력화 운동의 지형이 이만큼이라도 변화된 것은 그냥 주어진 것이 아니다. 여성계의 정치 참여 확대를 위한 조직적이고 치밀하며 끈질긴 운동이 있었기에 가능했다. 여기에 남성 주도의 부패 정치를 척결하려는 국민들의 강한 의지가 맞물리면서 여성들이 정당의 대표로, 대변인으로, 선거대책위원회의 위원장 등으로 앞장서서 이끌어 낸 제17대 국회에는 여성 의원들을 포함해 과반수가 넘는 초선 의원들이 진출했다. 정치 문화 개혁에 대한 국민들의 기대는 한껏 제고되었으나, 유감스럽게도 여성 의원 40명과 전체 의원 과반수를 넘는 초선 의원의 의정 활동 결과는 국민의 뜻을 제대로 반영해 내지 못했다.

성장 논리에 집착하고 있는 행정부와 민생은 뒷전에 두고 권력 싸움에 매몰되어 있는 정치권을 향해, 촛불 집회는 시민들의 삶과 직결된 생활 행정과 정치를 하라고 준엄하게 요구하고 있다.

촛불 바다에서 건져 올린 깨달음은 민주화 운동에서, 모금 활동에서, 그리고 여성 운동에서 평범한 80%의 참여가 상황의 변화를 이끌어 낸다는 교훈이다. 어떤 이는 "6월의 밤을 뜨겁게 달군 촛불이 미국 쇠고기가 불러온 생활의 정치를 넘어 사회 문화적 변혁의 지평을 열 수는 없을까?" 하는 질문을 던진다. 그래야 한다. 그 질문의 답은 여성의 정치 세력화에 있다고 박영숙은 생각한다. 여성들이 앞장서서 추구하고 있는 우리 딸들이 안전하고 건강하게, 그리고 평등하게 자랄 수 있는 사회, 다양성을 포용하는 사회, 나눔과 돌봄의 사회, 자연과 조화되는 사회, 빈곤이 여성에게 치우치지 않는 사회를 위해 사회 문화적인 변혁이 일어나야 한다. 촛불은 그 변혁의 시작을 예고했고 그 중심에 버닝 걸스, 10대 소녀들이 있었다. 이 소녀들이 정치 세력으로 커 나가기 위해서는 지속적인 지원과 격려, 지지와 연대가 필요하다.

제17대 총선에 관련된 한시적 기구들은 선거가 끝난 후 2004년 6월에 해체되었다. 그러나 여성들에게 정치는 멀리 있는 것이 아니며, 여성의 정치 참여가 양성 평등 사회를 실천하는 데 필수적인 조건임을 깨닫게 하는 일은 여전히 필요하다.

2004년 의정사상 유례없는 숫자의 여성 의원들이 국회에 진출하고 2005년에는 여성들의 발목을 붙잡고 있던 호주제가 폐지되었으며, 성매매 및 성폭력 관련 제도 개혁과 정책 전환이 이루어졌다. 그리고 2006년에는 헌정 사상 최초로 여성 총리가 탄생했다. 해가 바뀔 때마다 여성계의 괄목할 만한 발전과 변화로 인하여 역사가 새롭게 기술되는 감동을 경험해 왔다. 그야말로 21세기는 대한민국에서도 여성의 시대임을 입증하는 것 같다. 그러나 최근 UNDP가 발표한 「2006 인간 개발 보고서」에 따르면 한국은 인간 개발 지수에서 전체 조사 대상국 177개 나라 중에서 26위에 올랐으나, 여성 권한 척도는 53위로 보고되었다. 아울러 여성 의원, 전문 기술직, 행정 관리직 진출 비율이 모두 조사 대상국 평균치로 결과가 나왔다. 이 사실은 한국 사회 여성들의 교육 수준은 높아졌으나 그에 비해 사회적 지위나 권한은 여전히 낮은 수준임을 입증하는 것이다. 여성의 능력에 대한 편견과 기회의 불분명 구조가 경제적, 사회적, 문화적으로 개선되지 않고 있음을 의미한다.[16]

정치가 일상적인 삶과 분리되어 별도로 존재하는 영역이 아니라 일상생활의 모순과 갈등을 풀기 위한 최전선임을 생각한다면 여성들의 정치 참여는 지속되어야 한다. 여성 정치의 역량 강화를 위해서는 정당과의 연계, 정부 정책에의 적극적 관여, 그리고 무엇보다 풀뿌리 여성 조직들의 확산이 필요하다. 여성의 정치 참여를 위한 한국여성재단의 지원이 멈추지 않고 계속되는 것은 이 때문이다.

여성재단의 지원을 받아 지역 정치 프로젝트를 수행한 대전여민회 조직국장 임원정국은 이렇게 말했다.

"한국여성재단의 지원으로 펼쳐 가고 있는 '지역의 희망, 여성의 정치 참여 — 정치 횡단 프로젝트'는 나의 또 다른 출발을 알리는 신호다. 지난 3월 '아주 특별한 여성 리더십' 강좌를 진행하면서 여성의 리더십이 중요하다는 것을 혼자 생각으로만 그치거나 일회적인 프로그램으로 끝내지 않고 뜻을 함께하는 사람들을 만날 수 있었기 때문이다. 또 함께하는 사람들과 여성의 눈으로 지역 살림을 보고, 적극적으로 여성의 의회 진출을 할 수 있도록 생각을 모아 보고, 직접 현장에서 같이 땀방울을 흘리면서 앞으로 내가 우리 지역에서 어떤 역할을 해야 하는지 '길 위에서 나의 길'을 찾게 해 주었기 때문이다."[17]

사오정 오륙도를 넘어서

70대에 들어서면서 박영숙의 활동 영역은 평생을 바쳐 몰두해 온 여성 운동과 환경 운동을 뛰어넘어 사회 통합적인 문제로 전이된다. 전체 사회를 통찰하고 아우르는 운동의 가운데에 자연스럽게 서게 된 건 그녀가 이제 한국 사회의 '원로'가 되었기 때문이다. 원하든 원하지 않든 박영숙 개인의 경험은 한 사회의 경험으로 축적되었고 그녀의 삶은 한 사회의 공식적 기록으로 남게 되었다. 한국 사회가 기꺼이 그녀를 '원로'라 부르는 건 그녀 삶의 행로가 이 사회에 끼친 공로에 대한 기억 때문일 것이다.

한 사회의 원로가 되는 건 쉬운 일이 아니다. 원로란 인격을 실어 당대를 담보해 내고 사회를 이끌어 갈 담론을 생산해 냈으며, 위기와 갈등의 순간에 사람들의 힘을 결집해 낼 수 있었던 사람들을 일컫는다. 그렇기 때문에 사람들은 적어도 그들이 사리와 사욕을 위한 거짓말은 하지 않을 것이라는 믿음을 갖는 것이다. 그들의 발언이 가치를 갖고 많은 사람들에게 영향을 끼치는 건 바로 그 삶의 진실성 때문이다.

박영숙이 '원로' 그룹으로 자신이 분류되는 걸 의식하게 되는 건 '희망포럼' 때부터다. 2004년 가을 문국현, 오충일, 이형모, 정현백, 이필상, 최열 등 시민 운동가들이 한자리에 모인다. 2005년 해방 60주년을 어떻게 맞이할 것인가를 논의하기 위해서였다. 60이란 인간의 나이로 하면 환갑이다. 사람 사는 세상에서 환갑은 한 순환을 의미한다. 끝이자 시작이며, 양적으로 채우고, 질적으로 전환하는 시점이다. 국가 공동체도 60년이 되면 성숙한 사회로 가기 위한 새로운 패러다임을 모색해야 한다는 게 이들의 생각이었다.

그날 모임에서 이들은 당시 한국이 겪고 있는 경제 위기, 민생 파탄, 양극화 현상의 원인을 독식의 논리에 근거를 둔 신자유주의 정책이라고 진단했다. 개인의 삶을 피폐시키고 사회적 분열을 가속화하는 양극화 사회에서는 모두가 불안하고 아무도 행복할 수 없다는 결론에 이르러 지금 한국 사회에 필요한 건 지속 가능한 사회 건설을 위한 사회적 협약이라는 합의가 도출되었다. 이런 논의는 분명 젊은 사람들이 할 수 있는 건 아니었다. 그야말로 한 사회의 시니어들이 의견을 내고 토의할 법한 의제였다. 회의를 마친 이들은 자신의 현장으로 돌아가 토론과 제안, 격론을 벌였다. 그리고 그 결과를 통합해 2005년 새해 벽두에 희망을 만들기 위한 제안을 하기에 이르렀다.

2005년 1월 6일, 보수와 진보를 아우르는 188명의 사회 원로들이 모여 '일자리 만들기와 새 공동체 건설을 위한 2005 희망 제안'을 선포한다. 김수환, 강원용, 청화, 이선종, 강영훈, 서영훈, 백낙

청, 한승헌, 최병모, 신창제, 현정은 등 종교계·학계·법조계·재계·문화 예술계 그리고 시민 사회 대표들이 대거 참여했다.

서명자들은 한국 사회 경제는 지금 쓰러지느냐 다시 일어나느냐 역사적 갈림길에 서 있다고 전제하고, 사람 중심의 경제 사회 발전을 위한 새로운 패러다임 구축, 사회적 일자리 창출, 다양성을 인정하는 상생의 공동체 만들기를 강조하면서 2005년을 희망 만들기 원년으로 삼자고 제안했다.

희망 제안을 실천해 내기 위해 이들은 정부 당국과 정치권에는 제도적 장치 마련을, 기업에게는 인간적이고 생산적인 경영 체제 구축을, 노동조합에는 과도한 임금 인상 요구 자제를, 지식인과 사회 지도자층에는 사회 통합에 앞장설 것을 호소했다.

희망 제안이 제안에 그치지 않고 본격적으로 실행되게 하기 위해 1월 20일 '희망포럼'이 창립되었다. 창립총회에서는 박상증, 손봉호, 이세중, 이종훈과 함께 박영숙을 공동 대표로 선출했다. 박영숙은 김성훈, 송보경 등 10명의 상임위원들과 함께 활동하게 되는데 누구보다 더 열심히, 그리고 헌신적으로 참여한다. 한국 경제가 세계 경제 변화에 발 빠르게 대응하고 당면 과제를 해결하여 국민 모두에게 희망을 주기 위해서 미래 성장 동력을 찾고 사회 통합을 이루려면 정부, 기업, 국민 모두의 발상의 전환과 합의를 이루어 내야 한다는 생각에 그녀는 근본적으로 동의했다. 일단 결단을 내리면 그야말로 '올인'하는 그녀의 성격은 이번에도 그대로 드러나 그녀는 누구보다도 적극적으로 희망포럼 일을 한다.

첫 번째 과제는 상생의 공동체를 위한 사회적 대협약을 이끌어 내는 작업이었다. 박영숙을 비롯한 대표들은 즉각 민주노총, 한국노총, 상공회의소, 경영자총협회, 중소기업협동조합, 여야 정당들, 정부, 그리고 시민 사회 단체들과의 대화를 시도한다. 그러나 각각의 입장 차도 만만치 않았다. 특히 당시 교착 상태에 빠져 있던 노사정의 깊은 감정의 골은 쉽게 풀릴 성질의 것이 아니었다. 게다가 비정규직을 비롯한 다양한 문제들이 갈 길이 험하다는 것을 예고하고 있었다. 원로들은 연륜만큼이나 신중한 행보를 취하면서 각계의 입장 차이를 조율해 나간다. 그 결과, 마침내 모두에게서 동의를 얻어 내는 성과를 거둔다. 다양한 이익 단체들이 각자 손실을 감수하면서도 기꺼이 이 사회적 합의 도출 작업에 참여한 건 그 당시 사회 문제로 부상했던 공동 과제가 곧 자신들의 문제라는 것을 인식했기 때문이었다. 곧이어 숨 가쁜 마라톤 활동이 이어진다.

5월 3일 개최된 '일자리 만들기와 사회적 협약을 위한 사회 원로들의 모임'에서는 구체적인 논의를 추진하기 위한 '희망회의' 구성이 공식 제안된다. 5월 20일에는 같은 주제의 국민 대토론회가 개최되고, 7월 1일에는 프레스센터 국제회의장에서 정부 대표인 한덕수 부총리를 비롯한 각계의 최고 정책 결정자들 51명이 원탁회의에서 희망회의를 공식화한다.

박영숙은 그 회의에서 이렇게 맺음말을 한다.

"이 대화의 자리는 어렵게 만들어졌다. 경제 주체의 대표들의 진솔한 토론과 대화를 통해 정도의 차이는 있으나 위기의식에 대한 공감대가 형성되었고, 사회적 협약을 이루어 내는 새로운 방안

모색이 필요하다는 데 의견 일치를 보았으며 그 결과 희망회의가 출범했다. 희망회의의 내용을 조율해 내기 위해서는 수시로 모일 수 있는 실무 회의가 있어야 하기에 그 구성을 제안한다."

박영숙이 회의나 논의에서 보여 주는 강점은 그것들이 논의에 그치지 않게 하기 위한 대책 제시에 있다. 이날 회의에서도 박영숙은 지금까지의 모든 토론들이 탁상공론에 그치지 않고 실질적인 활동으로 이어지게 하기 위한 제안을 한 것이다.

그 결과, 실무회의가 꾸려지고 사회적 대협약을 실현시키기 위한 작업에 동력이 붙기 시작한다. 말이 쉬워 상생의 공동체지 사실 이것은 자기 몸을 깎아 내는 고충이 따르지 않으면 이루어질 수 없다. 사회적 타협을 일구어 내기 위해서는 모든 이들이 자기 기득권의 일정 부분을 포기하지 않으면 안 되기 때문이다. 쉬운 일이 아닐뿐더러 하루아침에 될 일도 아니었다. 각계를 향한 설득 작업이 꾸준히 진행되고 마침내 청와대의 지지까지도 견인해 낸 단계에서 희망회의는 새로운 국면에 접어든다. 이해찬 국무총리가 대독한 정기 국회 시정 연설에서 노무현 당시 대통령이 '사회적 대통합을 위한 국민 통합 연석회의'를 제안한 것이다. 10월 17일, 이해찬 총리는 희망포럼 임원과 간담회를 가진 자리에서 희망회의가 정부가 시도하는 연석회의에 합류하기를 요청한다. 이에 대해 희망포럼은 사회적 합의는 정부 주도보다 민간 주도가 효율적이라는 것을 강조하며 희망회의에 정부가 힘을 실어 줄 것을 역제의한다.

서로의 제안을 조정하는 과정에서 국무총리실은 결국 정부 주도로 국민 통합 연석회의가 아닌 '저출산 고령화 대책 연석회의'를 출범시킨다. 박영숙은 원로 대표로 연석회의에 참여하게 되고, 정부, 기업, 시민 사회의 3인 공동 대표 중 시민 사회의 몫을 담당하게 된다.

이 연석회의는 총리실 주관으로 추진되면서, 이해찬 총리에서 한명숙 총리로 이어지며 진행된다. 그 결과 한덕수 총리가 재임하던 2006년 6월 20일에는 '저출산 고령화 문제 해결을 위한 사회협약이 체결된다. 사회 협약은 출산 양육, 능력 개발과 고용 확대, 노후 생활 기반 구축, 역할 분담 등 모두 4개 분야로 나누어졌다. 연석회의는 순차적으로 4대 분야별 대책 마련에 들어갔다. 그러나 차기 정부로 과제가 이양되면서 현재 그 추진 상황은 점검이 불가능하다.

박영숙이 몹시 아쉬워하는 점이 바로 이 부분이다. 사회적 대협약이 민간 주도로 추진되었더라면 정권이 바뀌는 것에 상관없이 그 이행 노력이 지속되었을 것이다. 사회적 대타협을 이루어 내기 위해 공들인 시간과 품을 생각하면 더욱 그러하다. 경제·사회적으로 양극화된 사회를 통합하고 지속 가능한 발전을 위해서는 사회적 협약이 절실하다는 인식을 같이했기에 박영숙은 기꺼이 포럼의 공동의장직을 수락하고 시간을 바치는 데 주저하지 않았다.

지금껏 그녀는 늘 우리 사회의 격랑, 분열, 갈등과 마주하고 사회적 정의를 위해 헌신하는 생을 살았다. 일흔이 넘어 희망회의와 연석회의에 그토록 열정적으로 참여한 것도 여전히 정의와 평등과 평화로운 세상에 대한 꿈이 조금도 바래지 않았기 때문이다. 다양한 경험과 풍부한 삶의 체험을 사회로 환원하는 일을 할 수 있는 건 나이가 들어 가고 있기 때문이다. 나이 든 세대의 존재가 사회의 밑거름을 더욱 두터워지고 풍요로워지게 하는 근간임을, 사회가 영혼이 진화하게 하는 힘임을, 젊은 세대들은 짐작이나 할까.

"처음엔 굉장히 조심스럽고 약간 어려운 것도 사실이에요. 하지만 지낼수록 좋아요. 사람을 아낀다는 건 저런 거구나 하는 것도 배우게 되죠. 정서적 감정적으로 배려하는 스타일은 아니지만 마음을 준 이는 끝까지 지지해 주시죠.

자리에 연연하거나 권력 때문에 머리 숙이지 않는 것도 배울 점이지만 무엇보다 멈추지 않고 끊임없이 자기 진화를 하는 분이라는 것이 놀라워요. 환경 문제만 하더라도 육십 넘어 시작한 일을 젊은 사람들과 같이 발맞추며 활동하시잖아요. 균형 감각과 공평함을 갖고 있는 분이라 젊은 친구들도 전혀 불편해하지 않아요. 오히려 '선생님 꼭 오셔야 돼요.' 하고 요구할 때가 많은걸요. 선생님 또한 일단 동의를 하는 일에 최선을 다하시고요.

늘 그 자리에 변함없이 존재하며 지도력을 발휘하는 사람이 흔치 않은 한국 사회에서 박영숙 선생님은 진정한 어른의 역할을 하는 분이라고 생각해요. 무엇보다 박영숙 선생님에게 가장 독특한 점은 정치인이었으면서 다시 시민 사회 단체로 돌아와 '올인'하는 삶을 사는 것이라고 봐요. 그런 분, 참 드물잖아요. 웬만하면 자기 영역을 만들어 안주하려 하는데 선생님은 오히려 그와는 반대예요. 사랑의친구도, 여성환경연대도, 한국여성재단도 처음엔 몸과 마음을 다 바쳐 헌신적으로 일하지만 단체가 혼자 자생할 시기가 되면 슬그머니 몸을 빼 또 다른 일을 시작하시거든요."

여성환경연대 사무국장을 지내고 현재 공정무역 매장 '그루'를 운영하는 페어트레이드코리아 대표 이미영의 증언을 통해 본 박영숙의 삶은 '공성이불거(功成而不居)'란 말로 요약할 수 있다. '공성이불거'란 공을 이룬 자리에 머물지 않는다는 뜻으로 박영숙의 평생 멘토인 안병무가 살아온 길이기도 하다.

희망포럼의 예에서 짐작할 수 있듯, 박영숙이 일흔 살 이후에 참여한 시민 사회 운동은 한 차원 다른 양태를 보여 준다. 이제 그녀는 비판하고 항의하고 요구하는 데 그치는 것이 아니라, 모든 주체들이 스스로 나서서 함께 이루어 내는 판을 짜고 있다. 모두가 공동으로 주체가 되는 새로운 판이 그녀가 만들어 내는 새로운 운동의 장이다.

한 인연은 또 다른 인연을 가져오고, 또 다른 활동으로 확장된다. 희망포럼의 태동과 비슷한 시기에 박영숙을 중심으로 또 하나의 포럼이 준비되고 있었다. 성 평등 사회를 지향하는 여성 운동도 남녀가 공동으로 참여할 때 성취가 앞당겨지고 질 높은 결과를 기대할 수 있다고 믿고 있는 박영숙의 의지가 반영된 이 포럼은 우리 사회의 여성 오피니언 리더들과 기업의 사회적 책임 이행에 힘쓰고 있는 CEO들을 구성원으로 '미래포럼'이라는 이름으로 출범한다. 남녀가 공동으로 문제를 풀어 나가는 시민운동이 시작된 것이다.

2004년 12월 6일, 한국여성재단의 창립 4주년 기념행사에서 발족식을 가진 미래포럼은 남승우, 문국현, 안철수, 박주현, 김상희, 오세훈 등을 중심으로 한국 사회가 당면한 현실을 진단하고 미래 사회가 요구하는 대안을 제시하는 것을 목적으로 하고 있다. 포럼이 선정한 6대 과제를 연구하고 토론해서 대안을 제시하고 중요한 것은 '정책화' 하는 것이다. 미래포럼 이사장으로 그녀는 건강한 미래 사회, 투명하고 신뢰할 수 있는 미래 사회, 다음 세대가 안심하고 살 수 있는 안전한 미래 사회 건설이라는 비전을 가지고 활동하고 있다. 새로운 세계의 동향을 발 빠르게 감지하고 도입하여 한국 사회 시스템에 적절하게 접목하고 있다는 것을 무엇보다 보람으로 느끼고 있다.

예를 들면, 2005년 4월에 열린 창립 기념 포럼은 경제 성장을 위해서는 가족과 가정의 희생을 무릅써야 한다는 기존의 통념을 통쾌하게 깨 나갔다. '가족 친화적인 기업체로'라는 이슈는 기업과 사회에는 새로운 바람을 일으키고, 정부에게는 새로운 정책을 이끌어 낼 수 있는 사고 전환의 기틀을 제공했다. 2차 공개 포럼인 '2020년 초고령사회 - 인생을 이모작하라'와 3차 포럼 '양육과 노동의 조화 - 새로운 교육 패러다임의 모색' 역시 관련 부문에 영향을 미쳤다. 패러다임 전환의 촉진을 위해 미래포럼은 지속 가능한 기업 경영 인덱스를 만들어서 인증 제도를 마련하고 기업의 참여를 독려하고 있다. 한편 17대 대선에 즈음해서는 미래포럼의 6대 과제에 따른 정책 제안을 후보들에게 제시하기도 했다.

또한 미래포럼은 회원 기업들의 사회 공헌 활동을 공동으로 하기 위해 '만분클럽'을 포럼 산하에 구성하고 회원 각자의 매출액의 만분의 일, 또는 세전 이익의 천분의 일을 출연하여 다음 세대를 위한 구체적인 사업을 추진하고 있다. 일차적으로 착수한 것이 지역 사회가 공동으로 그 지역의 아동들을 돌보는 시스템인 어린이 도서관을 소외 지역에 설립하여 운영하는 것이다.

박영숙이 이렇듯 남녀가 공동으로 참여하는 다양한 활동을 전개하는 배경에는 남성 지도자들이 여성 문제에 관해 더는 냉소적이거나 방관적 자세에 머물러 있지 않게 하려는 의도가 있다. 또한 그녀는 미래포럼 활동을 통해 정부와 기업, 그리고 시민 단체들이 상호간의 관계를 새로 정립하기를 기대하고 있다.

이 과정에서 그녀가 세상을 보는 시각은 점점 확장되고 있다. 중소기업이 겪고 있는 문제들, 비정규직이 안고 있는 문제들, 경영학의 세계적인 석학인 피터 드러커가 제기한 지식 노동 사회가 필요로 하는 과제 등 이전에는 미처 관심을 갖지 못했던 분야들까지 그녀의 시선 속으로 들어오고 있다. 이 문제들을 풀기 위해 그녀는 여전히 공부한다. 배움에는 끝이 없고, 알고 나면 행동할 수밖에 없다. 여든 살을 바라보는 나이에도 그녀가 여전히 활동을 멈출 수 없는 이유다.

희망은 늘 가장 문제적인 곳에서, 가장 아픈 곳에서 피어나지 않던가. 진흙 밭에서 연꽃이 피어나듯, 지금의 어려움을 극복하면 또 새로운 삶의 지평이 열릴 것이라 믿으며 그녀는 오늘도 분주히 일하고 있다.

에필로그

인생 삼모작

2008년은 박영숙이 공인으로 활동하는 마지막 해가 된다. 한국여성재단의 이사장 직에서 물러나면, 그녀의 표현대로라면, '제3기 인생의 막이 오르는 셈이다. 그녀는 인생을 크게 세 부분으로 나눈다. 의무를 이행해야 하는 시기인 제1기의 삶, 보람을 찾는 제2기의 삶 그리고 모든 공적인 자리에서 물러나는 제3기의 삶. 그녀는 어쩌면 이런 식으로 생을 사는 1세대인지도 모르겠다. 그녀 이전에는 누구도 78세까지, 그것도 여성이, 현역에서 일을 한다는 생각을 하지 못했다.

박영숙은 현재 일산에 살고 있다. 활동 현장이 서울인 것을 감안하면 오고 가는 버스와 지하철 안에서 서너 시간을 보내야 한다. 지하철 안에서 책도 읽고 회의 자료도 정리한다지만 여든을 바라보는 그녀에겐 무리한 일이다. 우면동 집에서 일산으로 이사하게 된 데는 '사오정 오륙도'라는 사회 분위기가 작용했다.

2002년 참여정부가 출범하면서 세대교체 바람이 거세게 불어 닥쳤다. 6070세대는 물론 4050세대에 속한 사람들까지도 생업에서 밀려나는가 하면 심지어 자원 봉사 활동에서도 올드 세대는 냉소적인 시선을 느껴야 했다.

사람은 밥숟가락을 놓을 때까지 일해야 하고 자원 봉사는 자기 의지가 있는 한 지속할 수 있다고 믿어 왔던 박영숙에게 사오정 오륙도의 바람은 충격이었다. 사회 분위기의 반전은 당시 70세였던 그녀로 하여금 주변의 요청을 선별해서 받아들이게 만들고 스스로 활동 반경을 좁히게끔 작용했다. 박영숙은 이제 번다한 서울살이를 정리하고 외곽으로 옮겨야겠다는 판단을 하고 현재의 집으로 이사를 한다.

그러나 사회적 분위기는 채 반년도 되지 않아 급반전된다. '사오정 오륙도'라는 사회적 풍토는 곧이어 고령화와 저출산 문제로 급박하게 이어진다.

한국 사람들의 평균 수명이 지난 40년간 20년이 연장되었으며 앞으로는 그 속도가 더 빨라져서 사람들은 90에서 100세의 인생을 살 것이라는 통계청의 발표와 때맞추어, 생물학자인 최재천 교수가 출간한 『당신의 인생을 이모작하라』라는 책은 후반부의 길어진 생을 낙오자로 살지 않을 수 있도록 하자는 메시지를 전달하면서 화제가 되었다. 과학과 의학의 발달로 인류의 오랜 꿈인 수명이 연장되고 장수 사회가 실현되기 시작했으나 그에 비해 사회 시스템은 생명 연장의 속도를 따라오지 못하고 있었다. 조기 퇴직은 사람들의 후반부의 생을 길고 문제적으로 만들었다. 거기에 세계 어느 나라보다 더 낮은 저출산 문제가 맞물리면서 고령화 사회와 저출산은 심각한 사회 문제로 부상했다.

박영숙은 이 문제의 최전선에 서 있다. 지난 반세기 동안 여성 운동, 환경 운동, 민주화 운동, 시민운동 등에 종사하고, 환갑을 넘은 나이에 외국에 유학하여 지구 환경 정책 등을 공부하는 일을 주저하지 않았던 박영숙은 지금도 다양한 학습 모임에 참여하면서 우리 사회의 화두이자 곧 자신의 화두인 '평생 현역으로 활동하는 것'에 대한 길을 찾고 있다.

이 길에서 그녀는 새로운 삶의 모델을 만난다. 구로다 다츠히코가 쓴 『오가타 사다코가 사는 법』이라는 책의 주인공인 제8대 유엔 난민고등판무관 오가타 사다코가 그녀가 찾은 후반부 삶의 멘토다.

난민의 세기라고도 불리는 20세기 말, 오가타 사다코는 예순이 넘은 나이에 10년이 넘는 기간 동안 해마다 지구를 세 바퀴 도는 거리를 누비면서, 그것도 10kg 무게의 방탄조끼를 입고, 남성들의 관행인 탁상 업무를 떨치고 현장을 중시하는 활동을 했다. 난민의 어머니라는 칭호를 얻기까지 오가다는 진정 대차고 헌신적이며 강인하고 따뜻한 품성으로 국제무대에서 유감없이 활약한다.

고등판무관에서 퇴임한 후 국가가 제의한 훈장 수여를 '훈장은 일을 끝낸 사람에게 주는 영예'라고 거절할 만큼, 80대 나이에도 그녀는 여전히 아직 할 일이 남아 있음을 밝히며 의욕적으로 활동하고 있다. 박영숙이 눈여겨보는 점은 오가타 사다코가 지금도 국제무대에서 현역으로 활동하고 있다는 점이다. 실력과 체력, 의지 그리고 자신감은 나이를 떠나 새로운 도전이 가능하다는 것을 보여 주고 있다. 박영숙은 그녀의 삶을 통해 동시대를 살지만 어떻게 준비하고 사는가에 따라 삶의 내용이 달라진다는 것을 목격하고 후배들에게 늘 자기 준비의 시기를 어떤 이유로도 놓치지 말라고 충고한다.

때로 그녀는 공부의 기초를 다져야 하는 청소년기에 학교를 옮겨 다닐 수밖에 없던 상황, 대학 생활 때는 전쟁이 남긴 상흔을 치유해야 한다는 사명감으로 동분서주했던 시기가 아쉽기도 하다. 그렇기 때문에 더욱 자기 준비의 시기가 주어졌을 때 최선을 다해 실력을 쌓으라는 충고를 아끼지 않는다. 심지어 노는 것을 위해서도 그 기량과 수단은 젊었을 때 익혀 두어야 한다고 강조한다.

그와 더불어 사람은 생을 마칠 때까지 자기 자신의 자원을 활용해야 한다는 것이 박영숙의 지론이다. 그러나 아무리 평생 현역으로 활동하고자 해도 남이 주는 일자리는 언젠가는 끊기게 되어 있다. 그녀는 말한다. 이제 살아야 하는 제3기의 삶은 자기가 자기를 고용하는 창의적인 새 업종을 찾아야 한다고. 박영숙 역시 자신이 자신을 고용하는 일을 계획하고 있다.

그녀가 최근 부쩍 관심을 갖게 된 일거리는 지속 가능한 여성 운동과 여성 단체 활동을 위한 대책들이다. 여성 운동의 궁극적인 목표는 여성 운동이 필요 없는 세상을 만드는 것이다. 그런 세상을 만드는 데 꼭 필요한 활동을 하고 있는 여성 단체는 또한 중앙 정부와 지방 자치 단체가 다 해내지 못하는 사회 구성원의 다양한 요구를 알아내 사회적 서비스를 제공하고 있기도 하다.

여성 단체들의 활동이 지속 가능하기 위해서는 여성 활동가들의 근무 조건부터 개선해야 한다. 그녀는 여성 단체 실무자들이 겪고 있는 어려움을 누구보다 잘 알고 있다. 출근 시간은 있으나 퇴근 시간은 없고, 행사들이 주로 일반 시민들이 쉬는 날 하는 관계로 주말이나 공휴일은 반납할 수밖에 없는 실정, 그렇다고 적절한 임금도 주어지는 것도 아니고 시간외 수당 같은 건 꿈도 꿀 수 없으며 일반 직장과 같이 승진 제도도 복지 혜택도 제대로 없는 상황. 더욱 문제가 되는 것은 오늘날과 같이 지식 노동이 요구되는 상황에서 재충전 또는 재훈련의 기회를 얻기가 쉽지 않다는 것이다. 열정과 헌신으로 일을 시작하고 주어진 여건들을 극복하지만 일반 생활인이 된 활동가들이 평생 직업으로 선택하기는 어려운 일이다.

그럼에도 크고 작은 여성 단체에서 수많은 활동가들이 여성으로 태어났다는 이유 하나로 차별받고 소외당하지 않는 사회를 만들려는 활동에 헌신하고 있다. 사회 구성원 모두가 더불어 잘 살 수 있는 공동체 사회를 꿈꾸며 자신의 이익을 뒤로한 채 묵묵히 일하고 있는 사람들을 박영숙은 '거룩한 바보들'이라고 부른다.

"어떤 일에 대한 애정과 헌신 때문에 자기의 이익을 버리고 어려움을 무릅쓰는 오직 한길만 걸어온 사람들을 두고 '거룩한 바보들'이라고 합니다. 우리가 지향하고 있는 정의로운 사회는 원래 성직자들을 지칭했다는 거룩한 바보들의 부단한 행진에 의해서만 기대할 수 있습니다. 우리나라에는 4,000개의 작고 큰 여성단체들이 있고, 이들 단체들에는 자신의 열정과 시간을 바쳐 묵묵히 일하는 활동가들이 있습니다. 그들은 꿈을 현실로 만드는 당찬 여

성 공익 활동가들로서 거룩한 바보들입니다." [18]

그들의 애환을 잘 아는 것은 아마도 그녀 역시 평생 그러한 과정을 거쳤기 때문일 것이다. 그래도 지난 반세기, 그녀가 중단 없이 한 길을 걷게 된 데는 사회생활의 첫 출발점이었던 YWCA가 실무자들에게 재충전 또는 재교육의 기회를 주기적으로 주었기 때문이라고 그녀는 말한다. 당시 YWCA가 국제적인 연대를 가지고 있었고, 전란을 겪은 나라에 대한 외국의 원조가 있었기에 가능한 일이었다. 자신을 되돌아보며 성찰할 수 있는 기회를 가지지 못한 채 계속 활동하는 것은 불가능하며 효율적이지 않다는 것을 그녀는 경험을 통해서 잘 알고 있다. 새로운 패러다임은 상상력에서 나오고 상상력은 몸과 마음이 한껏 여유로운 상황에서 나오는 것이다.

여성재단이 근래에 와서 활동가들에게 쉼의 기회를 주고 재교육을 받게 하려는 노력을 애써 하고 있는 것은 우연이 아니다. 박영숙은 지속 가능한 여성 운동을 위해 활동가들을 위한 종합적인 대책이 마련되어야 한다고 생각하고 있다. 생각이 구체성을 획득하기 위해서는 재정이 뒷받침되어야 한다. 박영숙은 활동가들의 재충전을 위한 공적 재정 마련에 대한 계획을 세우고 있다. 재단 일에서 벗어난 후, 그녀의 상상력이 또 한 번 나래를 펼칠 것이다.

박영숙이 제3기의 인생에 들어서면서 구체적으로 실천하고 있는 것은 몸으로 하는 노동 봉사다. 어찌 보면 평생을 자원 봉사를 하며 살아온 그녀가 굳이 몸으로 하는 자원 봉사를 하고자 하는 것은 직업으로 하는 자원 봉사에서 희석된 봉사의 보람을 찾기 위해서이다. 벌써 1년 가까이 그녀는 교회의 동료들과 함께 적십자사가 운영하고 있는 홀몸노인을 위한 반찬 만들기 봉사에 참여하고 있다. 한 가정의 한 달 식재료비를 자원 봉사자가 내고 직접 서너 시간 요리를 해서 동회를 통해 공급하는 일이다.

특별한 의미를 느끼게 하는 노동 봉사가 앞으로 어떤 형태의 봉사로 이어질지 박영숙 자신도 예측하지 못한다. 분명한 것은 사회가 필요로 하는 어떤 분야에서건 몸으로 하는 봉사는 꾸준히 이어질 것이라는 점이다. 동네의 어린이들을 보살피는 어린이 도서관 일이 될지, 내 고장 꾸미기가 될지 아니면 누군가를 돕기 위한 돈벌이가 될지 아직은 알 수 없다. 다만 건강이 허락하는 한 몸으로 하는 노동 봉사는 이어질 것이며 그 내용은 무궁무진한 내용으로 채워질 것이다.

돌이켜 그녀의 생을 보면 그 속에 오래된 미래가 있었다. 황량하고 척박한 환경에서 만들어 낸 인간에 대한 애정, 검소한 생활에서 찾아낸 생태적 지혜, 여성들과 아이들과 노인들이 존경받는 긴밀한 공동체적 삶, 그녀의 삶은 이 꿈을 구체적으로 실현하는 과정이었고 오늘 그녀의 삶 속에 인류의 오래된 미래가 있다.

박영숙의 남은 소원은 다섯 살 손녀가 제 솜씨로 쓴 생일 카드로 빌어 준 "할머니 돌아가실려면 행복해 + 즐겁게 돌아가세요."를 이루는 것이다.

1 이 장에서 박에스더의 말은 김현자, 『풍요한 삶—박에스더 선생의 생애』, 대한YWCA연합회, 1979에서 재인용했다.

2 박영숙, 「남편이 존경하는 아내」, 피천득 외, 『내가 만난 이희호』, 명림당, 1997, 104-105쪽.

3 안병무, 『선천댁』, 범우사, 1996, 207쪽.

4 같은 글, 190쪽.

5 「실록 민주화 운동(70): 부천서 성고문 사건」, 경향신문, 2004. 9. 19

6 한국여성단체연합 창립선언문.

7 이종옥, 「20년을 가까운 거리에서」, 피천득 외, 『내가 만난 이희호』, 명림당, 1997, 146-147쪽.

8 박용길, 「안병무 박사님」, 아우내재단 한국신학연구소 안병무 선생 추모 문집 사이트 http://www.ktsi.or.kr/bbs/view.php?id=t_ahn_4&page=3&sn1=&divpage=1&sn=off&ss=on&sc=on&select_arrange=headnum&desc=asc&no=5

9 김재일, 「의정 활동 평점 1위 이해찬」, 『시사저널』108호, 1991년 11월 21일.

10 박영숙, 「남편이 존경하는 아내」, 피천득 외, 『내가 만난 이희호』, 명림당, 1997, 105-106쪽.

11 박영숙, 「한국여성재단과 양성평등사회」, 한국여성개발원.

12 같은 글.

13 박영숙, 「재단 소식지」50호 2003년 8월호.

14 「한국여성재단 2007 지속가능경영보고서」, 한국여성재단, 2007, 19쪽.

15 「한국여성재단 2007 지속가능경영보고서」, 한국여성재단, 2007, 22쪽.

16 박영숙, "인사말", 「한국여성재단 2006 연차 보고서」, 한국여성재단, 2007, 3쪽.

17 「한국여성재단 2006 연차보고서」, 2007, 22쪽.

18 「한국여성재단 2006 연차보고서」, 2007, 3쪽.

참고문헌

기사 및 논문

고승현, 「한국 역대 대통령 영부인들의 정치적 역할에 관한 연구」, 단국대학교 대학원 석사 학위 논문, 1994

김대오, 「여성 정치인 탐방, 박영숙 민주당 최고위원」, 『의정저널』, 1992년 7월 호, 110-113쪽

김상희, 「여성환경연대의 전망과 전략」, 여성환경연대, 2000

김영희, 「1980년대 한국여성운동의 성격에 관한 연구: 민주화운동과의 관계를 중심으로」, 숙명여자대학교 대학원 석사 학위 논문, 2000

김정숙, 「17대 총선과 여성의 정치 참여」, 21세기 여성정치연합 대전시지부 창립 2주년 워크숍, 2004년 8월 28일

김현옥, 「다시 시작하는 이야기 여성사, 여성 환경 운동의 대모 박영숙 한국여성 재단 이사장」, 『여성신문』, 2007년 937-942호

박석, 「길벗이 만난 사람, 열정과 신념의 운동가 박영숙 한국여성재단 이사장」, 『우리길벗』, 2006년 7·8월호 통합본, 8-18쪽

박영숙, 「내가 만난 세계 여성」, 『여성신문』, 1990년 65-68호

_____, 「박영숙 의원이 본 평양 1~4」, 『한겨레신문』, 1991년 5월 7-10일

_____, 「박영숙 의정보고서」, 1992

배영옥, 「한국의 기부 문화에 대한 연구: 아름다운 재단 사례를 중심으로」, 목원 대학교 대학원 석사 학위 논문, 2007

서명선, 「유신 체제 하의 국가와 여성단체: 한국여성단체협의회의 활동을 중심 으로」, 『여성학논집』, 1989

설호정, 「이 사람이 사는 방법, 여성운동인 박영숙 씨」, 『샘이 깊은 물』, 1987년
　　7월호, 106-113쪽

이미영, 「공정무역으로 새로운 미래를 일구는 여성들」, 『환경과생명』 2006년
　　가을호(통권 49호)

장석창, 「오프닝 인터뷰 박영숙 민주당 최고위원, 녹색을 심는 여인」, 『코리아 여
　　성』, 1992년 8월호, 7-9쪽

조원경, 「1960년대 이후 한국 기독교운동에 대한 신학적 반성」, 감리신학대학 대
　　학원 석사 학위 논문, 1985

최일남의 인터뷰, 「이 사람 말인즉슨 '박영숙 평민당부총재'」, 『일요신문』, 1988
　　년 5월 15일

단행본

강만길, 『한국사 20: 자주 민주 통일을 향하여』, 한길사, 1994

강원용, 『역사의 언덕에서』, 한길사, 2003

강준만·편집부, 『시사인물사전』, 인물과사상사, 1999

공덕귀, 『나 그들과 함께 있었네』, 여성신문사, 1994

김남일, 『민중신학자 안병무 평전』, 사계절, 2007

김명수, 『안병무, 시대와 민중의 증언자』, 살림, 2006

김현자, 『풍요한 삶 ─ 박에스더 선생의 생애』, 대한YWCA연합회, 1979

노형석·이종학, 『모던의 유혹 모던의 눈물』, 생각의 나무, 2004

대한YWCA연합회, 『서울 YWCA 오십년사』, 1976

드러커, 피터, 『피터 드러커, 나의 이력서』, 청림출판, 2006

마일즈 리트비노프·존 메딜레이, 『인간의 얼굴을 한 시장경제, 공정무역』, 모티
　　브북, 2007

문국현, 『사람이 희망이다』, 웅진, 2007

박영숙, 『녹색을 심은 여인』, 학민사, 1992

박원순,『한국의 시민운동 프로크루스테스의 침대』, 당대, 2002

박종현 외,『지식의 힘』, 삼진기획, 2005

신수일,『한국교회 에큐메니컬 운동사 1884-1945』, 쿰란출판사, 2008

안병무,『선천댁』, 범우사, 1996

_____,『너는 가능성이다』, 사계절, 1998

_____,『역사와 해석』, 한국신학연구소, 1998

안혜령,『손인실, 사랑과 겸허의 향기』, 이화여자대학교 출판부, 2001

알하이머, 헬무트 외,『재단이란 무엇인가: 세계의 재단과 민간기부』, 재단연구
    회 옮김, 아르케, 2002

여성환경연대,『여성이 새로 짜는 세상』, 박영률출판사, 2001

오이환,『구한말 한인 하와이 이민』, 인하대학교출판부, 2004

유시춘,『우리 강물이 되어: 70,80 민주운동실록』, 경향신문사, 2005

윤정란,『한국기독교여성운동의 역사』, 국학자료원, 2003

이김정희,『여성운동하는 사람들』, 여성신문사, 2002

이희호,『나의 사랑 나의 조국』, 명림당, 1992

장성순,『여성, 정치와 사랑에 빠지다』, 또 하나의 문화, 2006

조대엽 외,『21세기 한국의 기업과 시민사회』, 굿인포메이션, 2007

조병호,『한국기독청년 학생운동 100년사』, 땅에 쓰신 글씨, 2005

조은희,『한국의 퍼스트레이디』, 황금가지, 2007

조현옥,『한국의 여성정치세력화 운동』, 사회와 연대, 2005

_____,『한국의 정치세력화 운동』, 사회와 연대, 2005

편집부,『교회와 여성신학』, 대한기독교서회, 1997

피천득 외,『내가 만난 이희호』, 명림당, 1997

한국여성단체협의회,『한국여성단체협의회 30년사』, 1993

개인의 몸이 역사가 되는 과정의 이야기

처음 선생님을 만나던 날을 기억한다. 희끗희끗한 머리에 한여름인데도 단정한 수트 차림을 한 선생님이 시원하게 웃으며 말했다.

"아이구, 내 이야기가 무슨 재미가 있겠어요. 괜한 일을 하는 것 아닌지 모르겠어요."

평안도 사투리가 약간 밴 말투에서 호방한 기운이 느껴졌다. 먼저 선생님의 이야기를 듣는 시간을 갖기로 했다. 일정을 잡느라 펼친 수첩엔 빈틈이 별로 없었다. 짬짬이 틈을 내어 만나기로 하고 첫 약속을 잡은 후 선생님이 말했다.

"숙제를 내 주시오. 다음 시간까지 해 갈 숙제."

나는 웃으며 유년에 대한 이야기를 듣고 싶다고 했다.

"쉽지 않겠는데."

살짝 펜끝을 물며 미간을 모으는 모습이 진지했다.

인터뷰는 늘 아침 시간에 시작했다. 내가 사는 정릉에서 선생님이 사는 대화까지는 2시간 가까이 걸렸다. 첫날 아침을 못 먹고 출발하면서, 이거 중간에 배가 고프겠구나 생각이 들었는데, 기우였다. 갓 볶은 커피콩을 갈아 우려낸 뜨거운 커피, 신선한 과일, 단물이 입에 고이는 옥수수, 모양도 예쁜 가지가지 떡…

이보다 더 좋을 순 없는 아침이 기다리고 있었다. 이야기를 시작하기도 전에 행복해졌다. 나와 출판사 효진은 먹으며 기록하며 질문을 하고 선생님은 이야기를 들려주셨다. 12시가 넘어서자 선생님은 "점심 먹고 하자." 하시더니 부엌으로 가셨다.

"선생님, 번거로운데 김밥이나 뭐 간단한 거 시켜서 먹어요."

줄래줄래 부엌으로 따라가며 말을 하는 동안 선생님은 미리 준비해 둔 밥을 안치고 또 미리 준비해 둔 닭갈비찜을 렌지 위에 올렸다. 30분도 안 돼 근사한 점심이 차려졌다. 갓 지어 김이 솔솔 나는 뜨거운 밥과 메인 요리를 중심으로 맛깔스런 두어 가지 밑반찬이 놓인 식탁 앞에 앉으니 갑자기 사는 일이 즐거워졌다. 일도 잠시 잊고 우리는 맛있는 음식을 먹으며 사소한 이야기를 나누었다.

인터뷰를 하는 동안 선생님은 늘 커다란 다이어리를 무릎 위에 펴 놓고 이야기를 했는데 그 속에는 그날그날의 '숙제'가 꼼꼼히 정리되어 있었다. 때때로 콧등에 걸친 안경 너머로 연도나 사람 이름 등을 확인해가며 사소한 것도 정확하게 짚고 넘어갔다. 이야기도 살아 있는 생명체 같아 시작이 되면 저절로 전개되고 때로 신명이 붙기 마련인데 그러다가도 선생님은 금방 예의 차분한 태도로 돌아왔다. 감정이 들어가지 않고 연대기를 이야기하다가 문득 그녀의 공로가 나오는 부분에선 짧고 간결하게 정리해 버렸다.

"그러니까 참 성실하신 편이었군요."

라고 내가 이야기하자 그녀는

"흠… 글쎄… 성실하지 않은 것은 아니었던 거 같은데. 그런데 사실 그 정도 성실함은 누구나 가지고 있는 거 아니야."

하고 넘어갔다. 자신을 되돌아보며 그녀는 객관적인 거리를 두고 표현하려고 노력했고 감정보다는 사건 중심으로 이야기를 풀어 나갔다. 그리고 가끔 우리에게 또는 스스로에게 질문했다.

"이 이야기가 왜 필요하지? 이런 이야기가 재미있을까?"

"누가 이런 이야기를 읽으려 할까?"

그건 글을 써야 하는 내 고민이기도 했다. 유년과 청년기, YWCA 이야기를 넘어 민주화 운동으로 넘어올 때쯤 나는 이 이야기가 왜 필요하며 누구에게 전달이 되어야 하는지 확실하게 감이 오기 시작했다. 선생님의 삶은 한 개인의 몸이 그대로 역사가 되는 과정이었다. 1930년대 여성에게 지극히 불리한 가부장적인 식민 사회에서 태어나 전쟁과 독재의 시대를 거치며 한 여성이 사회적 리더로 성장하는 과정의 경험과 기억은 앞으로 이 사회에서 살아갈 여성들에게 길을 밝혀 주는 등불의 구실을 할 것이었다. 그녀의 이야기는 장차 이 사회의 리더가 되고자 하는 여성들에게 단계별 지도를 그려 줄 수 있으며, 사회적 성취를 이루는 딸을 키워 내고 싶은 엄마들에게 유용한 지침서가 될 수 있을 것이다.

흔히 21세기는 여성의 시대라고들 한다. 이런 말들이 공허한 말이 아님을 입증할 수 있는 변화들도 현실에서 어렵지 않게 발견할 수 있다. 여성들은 앞으로 이제 더는 사회적 약자나 주변인이 아니라 21세기 주역으로서 당당히 자리하게 될 것이다. 이런 일들이 자연스럽게 진행되기 위해선 여성의 경험과 기억이 전수되어야 한다. 역할 모델 또한 절실히 필요하다. 위인전 속에 박제화된 인물이 아니라 동시대를 사는 사람의 이야기는 때로 공감을 때로 용기와 위안을 줄 것이다. 또한 이 책은 박영숙이라는 한 여성이 걸어 온 단계들을 주의 깊게 고찰하며 그녀의 삶을 구성하는 테마들이 어떻게 긴밀하고 촘촘하게 수놓아져 하나의 조각보를 이루는지 살펴보는 계기가 될 것이다.

인터뷰를 하는 내내 행복했다. 이제 우리가 함께했던 향기로운 음식들과 맛깔스러운 이야기를 여러분 앞에 내놓는다.

선생님과 함께한 경험과 추억을 기꺼이 들려주신 분들이 계셔 이야기가 더욱 풍성해졌다. 김정임, 박상증, 손봉숙, 안상림, 안재권, 염태영, 이상덕, 이미영, 이연숙, 이유미, 이재은, 이종옥, 이해찬, 이형모, 이희호, 장우주 님께 진심으로 감사드린다. 조세현 님은 표지 사진을 찍는 데 재능을 아낌없이 나누어 주었고, 여성환경연대, 페어트레이드코리아, 한국여성재단, 환경정의에서는 화보에 들어갈 사진을 기꺼이 제공해 주었다. 번거로움과 수고를 끼쳐도 늘 환한 얼굴로 도와주신 한국여성재단 강경희, 이은희 님, 이 책이 탄생할 수 있도록 재정적 후원을 해 준 유한킴벌리에 깊은 감사의 말씀을 전한다. 기록과 정리를 도와준 효진과 강산, 원고를 모니터링해 준 고글리, 수연, 로바, 조형 님께도 마음 모아 감사드린다. 원고를 꼼꼼하게 매만져 묶어 낸 또문 출판사 유이가 있어 책이 완성될 수 있었다. 어찌 감사하지 않을 수 있으랴. 이 모든 분들과 함께 한 작업이다.

2008년 10월
북한산 아래서

박영숙 연보

1932. 5. 28   평남 평양 수정 58번지에서 아버지 박기남과 어머니 윤요순의 3남
               3녀 가운데 둘째로 출생

1945   만주 길림 동영소학교 졸업

               평양 정의여중 2학년 편입

1947   평양 정의여중 재학 중 월남

1950   광주 전남여고 졸업

1955~1963   대한YWCA연합회 청년부, Y-TEEN, 대학생부 간사

1956   이화여자대학교 문리과대학 영어영문학과 졸업

               호주, 뉴질랜드 YWCA 전국 순회, 시찰

1959   기독교사회문제연구회(크리스챤아카데미 전신) 감사

1959~1961   필리핀 파이스턴대학교 대학원 국제관계 수업

1963~1969   대한YWCA연합회 총무

1965~1966   미국YWCA 중견간사 과정 수료

1967~1968   호주YWCA 중견간사 과정 수료

1967   안병무와 결혼

1970~1974   한국여성단체협의회 사무처장

1974~1985   한국기독교장로회 여신도회 부회장

1976   한국기독교장로회 전국연합회 교육위원회 위원장

               한국교회여성연합회 여성문제특별위원회 위원장

               크리스챤아카데미 여성중간집단훈련 지도자

1976~1980	대한YWCA연합회 실행위원
1981~1985	한국기독교교회협의회 여성위원회 위원장
1981	보건사회부 부녀복지위원회 위원
1984	청량리경찰서 여대생성희롱사건 대책위원회 위원장
1984~1988	가족법개정추진위원회 부위원장
1985~1986	아시아교회협의회 여성위원회 위원장
1985	KBS-TV 시청료거부 범국민운동본부 여성연합회 회장
1986	한국여성단체연합 부천경찰서 성고문사건 대책위원회 위원장
	용공조작 및 고문철폐 대책위원회 공동대표
	여성노동자 부당해고 복직운동위원회 위원
	최루탄추방위원회 공동대표
1986~1988	한국여성단체연합 부회장
1987	민주헌법쟁취국민운동본부 고문
	이한열 열사 장례위원회 위원
1987~1992	평화민주당 부총재
1988	평화민주당 총재권한대행
1988~1992	제13대 국회의원(보건사회위원회)
1989	녹색의전화 대표
1990	환경기자클럽 선정 '올해의 환경인상' 수상
1991	제85차 국제의원연맹 총회 한국대표단 고문(평양)
	신민당 최고위원(여성특별위원회 위원장, 환경특별위원회위원장)
1991~1992	환경정책연구소 이사장
	서울대학교 경영대학 최고경영자과정 수료
1992	민주개혁정치모임 이사장
	성폭력특별법 추진위원회 전문위원
	유엔 환경개발회의 한국위원회 공동대표
	『녹색을 심는 여인』 지음

한국여성단체연합 선정 '올해의 여성상' 수상

1992~2004	(사)한국환경·사회정책연구소 소장
1993~1994	영국 케임브리지대학교 객원연구원 국제환경정책 연구
1994~	영국 케임브리지대학교 클레어홀 평생연구원
1994~1995	명지대학교 객원교수(지구환경학)
1995	『지구를 살리는 대변혁』 옮김
1995~1997	서울특별시 녹색서울시민위원회 위원장
	서울의제 21 수립위원회 위원장
1996	한국환경마크협회 이사
	서울환경헌장 제정위원
	제6대 인간과생물권계획(MAB) 한국위원회 위원
	유네스코 한국위원회 '민통선 지역의 생태계 보전과 지역 사회 활성화 동시 달성을 위한 조사 연구 사업' 전문가자문위원회 위원
	환경부 중앙종량제추진협의회 위원장
1996~1997	녹색연합 공동대표
1997~1998	제7대 인간과생물권계획 한국위원회 위원
1997~1999	(사)한국환경교육학회 이사
1998	세민재단 이사, 평화포럼 이사
	대한민국 국민훈장 모란장
1998~2000	(재)사랑의친구들 총재
	한국외국어대학교 재단이사
1998~2003	삼성지구환경연구소 고문
1998~2006	대통령자문 통일고문회의 고문
1999~	여성환경연대 으뜸지기
	(재)한국여성재단 이사장
2000	지방의제 21 전국협의회 고문

	한국여성단체협의회 선정 '김활란여성지도자상' 수상
2000~2002	대통령자문 지속가능발전위원회 위원
2000~	지속가능발전위원회 국제지역협력분과위원회 위원장
2001	서울대학교 환경대학원 CEO 환경경영과정 수료
	이화여자대학교 선정 '자랑스러운 이화인상'
2001~2002	명지대학교 객원교수(지구환경학)
2001~2004	중앙인사위원회 위원
2001~	여성부 정책자문위원
	덕성여자대학교 재단이사
2002~2003	대통령자문 지속가능발전위원회 위원장
2002~2004	녹색서울시민위원회 공동위원장
2004	대한민국 국민훈장 무궁화장
2004~2007	한국환경·사회정책연구소 이사장
2005~2006	녹색문화연구원 이사장
2005~	국가인권위원회 자문위원
	(사)미래포럼 이사장, (사)희망포럼 공동대표
	(사)뉴패러다임포럼 고문
	투명사회협약실천협의회 고문
2006	저출산·고령화 대책 연석회의(국무조정실) 공동의장
	경원대학교 재단이사
	(사)아시아교육원 이사
2007	1325 Peace Club 이사장
	(주)페어트레이드코리아 이사
	복지국가소사이어티 고문
	한국여성단체연합 공로상 수상
2008	교보생명 환경문화재단 특별공로상

엮은이 김현아

작가. 청소년들과 글쓰기 프로젝트를 함께하고, 재미난 기획을 만들어서 마음 맞는 작가들
과 공동 작업 하는 걸 좋아한다. 『전쟁의 기억 기억의 전쟁』, 『전쟁과 여성』, 『부자 엄마 부자
딸』, 『그곳에 가면 그 여자가 있다』를 썼다. 시민 단체 '열린 네트워크 나와우리'를 설립해
사회 소수자의 인권 문제 및 베트남 전쟁 당시 한국군에 의한 민간인 학살 문제를 풀기 위한
활동을 했다. 1993년 전태일문학상을 수상했다.

사진 제공

3 김주예 ; **7** (오른쪽아래)이화역사관 ; **4~22, 28** 박영숙 ; **23~25, 28** 한국여성재단 ;
26 (왼쪽)페어트레이드코리아, (오른쪽위)여성환경연대, (오른쪽아래)한겨레신문 ; **27** (위)
환경정의, (아래)또하나의문화

카페 허스토리

http://cafe.naver.com/cafeherstory

박영숙을 만나다

초판 1쇄 2008년 11월 3일 | 김현아 엮음 | 유승희 펴냄 | 도서출판 또 하나의 문화 | 등록
제9-129호(1987.12.29) | 121-818 서울 마포구 동교동 184-6 대재빌라 302호 | 전화 (02)324-7486
| 팩스 (02)323-2934 | 전자우편 tomoon@tomoon.com | 누리집 www.tomoon.com | 조은
교정 | 전혜순 표지・화보디자인 | 조세현 표지사진 | ISBN 978-89-85635-81-3 03990

※ 이 책은 한국 여성 리더들의 의미 있는 삶을 널리 알리기 위한
   유한킴벌리의 연구 사업으로 만들어졌습니다.